Neue

Kleine Bibliothek 331

Patrick Schreiner / Kai Eicker-Wolf

Wirtschaftsmärchen

Hundertundeine Legende über Ökonomie, Arbeit und Soziales

PapyRossa Verlag

3. Auflage 2025
2. Auflage 2024

Luxemburger Str. 202, 50937 Köln
Tel.: +49 (0) 221 – 44 85 45
Fax: +49 (0) 221 – 44 43 05
E-Mail: mail@papyrossa.de
Internet: www.papyrossa.de

Umschlag: Verlag
Covermotiv: © by klyaksun | Shutterstock [1824823190]
Druck: Interpress

Die Deutsche Nationalbibliothek verzeichnet diese Publikation in der Deutschen Nationalbibliografie; detaillierte bibliografische Daten sind im Internet über http://dnb.d-nb.de abrufbar

ISBN 978-3-89438-814-0

Inhalt

Wirtschaft und Konjunktur

Finanzen, Geld und Steuern

Über dieses Buch

Dieses Buch bezieht Position: für eine demokratische, soziale, solidarische Gesellschaft und für einen nüchternen Blick auf die Wirklichkeit. Es wendet sich damit gegen jenen politischen Zeitgeist, der sich nach wie vor am besten mit dem Schlagwort des »Neoliberalismus« fassen lässt. Dahinter steht ein Denken, das sich seit Mitte der 1970er Jahren immer weiter durchsetzte, das in den späten 1990er und frühen 2000er Jahren schier alternativlos erschien und das noch heute (nicht nur) die Politik dominiert. Auch wenn dieser Neoliberalismus verschiedene – teils widersprüchliche – Strömungen kennt, so teilen seine Anhängerinnen und Anhänger doch mindestens zweierlei: erstens eine marktextremistische Grundhaltung, der zufolge Markt, Konkurrenz und Privateigentum dem höchsten Wohle dienlich seien; zweitens die Überzeugung, dass dem Staat in der Durchsetzung von Markt, Konkurrenz und Privateigentum eine zentrale Rolle zukomme, er sich ansonsten aber aus dem wirtschaftlichen Geschehen herauszuhalten habe.

Märkte sind für den Neoliberalismus also nichts einfach Gegebenes. Sie werden gemacht. Gesellschaften als Markt-Gesellschaften zu gestalten, ist sein bewusstes Ziel. Und das weit über Wirtschaft im eigentlichen Sinne hinaus: Unter Schlagworten wie etwa »Selbstverantwortung«, »Freiheit«, »Leistung«, »Anreiz« oder »Wettbewerb« sollen Marktprinzipien in immer mehr Bereichen von Wirtschaft, Staat und Gesellschaft wirken. Dafür werden Schutzvorkehrungen an den Arbeitsmärkten geschleift, die soziale Sicherung um- und abgebaut, öffentliche Einrichtungen und Unternehmen privatisiert, Regulierungen von Märkten und Unternehmen um- und abgebaut, staatliche Handlungsmöglichkeiten beschränkt, Steuern gesenkt und nicht zuletzt bestimmte Begriffe und Vorstellungen in den Köpfen verankert. Und es werden Feindbilder geschaffen: das vom teuren Hängematten-Wohlfahrtsstaat etwa, von halsstarrigen Gewerkschaften, von selbstsüchtigen Politikerinnen, von faulen Armen und wirklichkeitsfremden Sozialromantikern.

Wer Politik in Medien und Öffentlichkeit wahrnimmt, kommt nicht umhin, sie zu hören: Die Argumente, warum neoliberale Politik sinnvoll und richtig sei; warum diese und jene Maßnahme absolut zwingend so und nicht anders umgesetzt werden müsse. Und zumindest wer politisch interessiert ist, kommt nicht umhin, sich mit ihnen auseinanderzusetzen. Dieses Buch will dabei unterstützen: beim Verstehen und beim politischen Argumentieren und Streiten für eine demokratischere, sozialere und solidarischere Gesellschaft.

***

Wir formulieren in den nachfolgenden Kapiteln auf der Grundlage von Zitaten aus Presse und Verbandspublikationen 101 neoliberale Märchen – also falsche oder irreführende, in jedem Fall aber verbreitete Behauptungen und Annahmen. Sie decken ein breites Spektrum verschiedenster Politik- und Gesellschaftsbereiche ab. Wir zeigen jeweils, was diese (kursiv gedruckten) Märchen zu Märchen macht. Wir zeigen, weshalb das dahinterstehende Denken gefährlich ist. Und wir zeigen, wie eine andere Politik, Wirtschaft und Gesellschaft aussehen kann.

Ein kleinerer Teil der Kapitel erschien zuerst in der Zeitschrift *Lunapark21*, ein etwas größerer Teil in der Wirtschaftszeitung *OXI*. Sie alle wurden für dieses Buch nochmals überarbeitet und aktualisiert. Ein weiterer Teil sind Erstveröffentlichungen.

Arbeit und Arbeitsmarkt

01:
»Sozial ist, was Arbeit schafft!«

Es war einmal ein einflussreicher Ökonom, den die SPD 2021 in einem Moment der Hellsicht aus dem Sachverständigenrat der Bundesregierung zur Begutachtung der gesamtwirtschaftlichen Entwicklung kickte. Eine gewisse Undankbarkeit mochten manche der Partei dabei vorwerfen, hatte jener Lars Feld doch immer wieder warme Worte für die rot-grünen Sozialreformen der frühen 2000er Jahre gefunden. So auch im September 2015, als der neoliberale Hardliner auf einer Tagung des Vereins für Socialpolitik jene rot-grüne Agenda 2010 lobte: »Der Spruch ›Sozial ist, was Arbeit schafft‹ wurde hier wirklich bestätigt«.

»Sozial ist, was Arbeit schafft«: Nachdem die arbeitgeberfinanzierte Initiative Neue Soziale Marktwirtschaft den Satz im Jahr 2000 mit einer Kampagne prominent machte, entwickelte er sich zum wahren Dauerbrenner. Aufgegriffen haben ihn etwa Angela Merkel, Edmund Stoiber und Guido Westerwelle (1961-2016), aber auch der kurzzeitige Bundesarbeitsminister Franz Josef Jung 2009 in seiner Antrittsrede im Bundestag. Auch fand er in Wahlprogramme Eingang. Seine Kernaussage: Jobs zu schaffen, das alleine sei schon sozial – die Qualität und der Inhalt der Arbeit spielten dabei keine Rolle. Sein kleiner Bruder »Jede Arbeit ist besser als keine Arbeit« haut übrigens in die gleiche Kerbe.

Verhält sich jemand »sozial«, so wird dieser Person üblicherweise ein mitmenschliches, wohltätiges, uneigennütziges oder empathisches Verhalten zugeschrieben. In der Wirtschaftspolitik gelten Maßnahmen als sozial, wenn sie untere Einkommensgruppen oder benachteiligte Menschen besserstellen. Beispiele dafür sind etwa die Einführung eines Mindestlohns, die Erhöhung von Sozialleistungen oder Maßnahmen zur besseren Inklusion von Menschen mit Behinderung. Auch die Absicherung von Lebensrisiken – wie Krankheit oder Alter – durch öffentliche Sozialversicherungen ist in diesem Sinne sozial. Und nicht zuletzt wäre an die öffentliche Förderung sozialer Infrastruktur zu denken – etwa von Frauenhäusern, Jugendzentren oder Kitas.

Ganz anders denkt, wer den Satz »Sozial ist, was Arbeit schafft« gebraucht. Hier geht es darum, den Begriff des »Sozialen« umzudeuten, der üblicherweise mit eher linkem Denken verbunden ist. Es ist der Versuch, Deutungshoheit darüber zu gewinnen, was als sozial gilt. Und als sozial soll schon das bloße Schaffen eines Arbeitsplatzes gelten. Dabei soll egal sein, wie die Arbeit bezahlt wird, wie die Arbeitsbedingungen aussehen und was produziert wird: Hauptsache Arbeit. So wäre auch die Schaffung von Jobs sozial, von denen man selbst in Vollzeit nicht leben kann. Das Gleiche gälte für Jobs, die krank machen. Auch ethische Bedenken – etwa bei der Produktion von Streumunition – spielten keine Rolle.

Ja mehr noch: Schon wer nur irgendwelche Jobs »schafft«, handle angeblich sozial. Arbeit erscheint so als etwas, das Dankbarkeit verdient. Was dabei übersehen wird: Wer andere Menschen anstellt, macht dies weder aus Menschenliebe noch aus Verantwortungsgefühl. Er oder sie macht es für den eigenen Geldbeutel. Schließlich ist Arbeit im Kapitalismus Quelle von Profit – den sich diejenigen aneignen, die Arbeit »schaffen« (→ Kapitel 32).

Der Spruch »Sozial ist, was Arbeit schafft« ist aber auch aus handfesten wirtschaftlichen Gründen fragwürdig. Denn wenn Politik ihm folgt, so wird sie versuchen, irgendwelche (Billig-) Jobs zu schaffen – mit niedrigen Löhnen und schlechten Arbeitsbedingungen. Darauf zielen Feld & Co. auch ab, sehen sie in zu hohen Lohnkosten und Regulierungen ja die entscheidende Ursache für

Arbeitslosigkeit. Eine solche Politik aber schadet letztlich dem gesellschaftlichen Wohlstand. Der nämlich ist dann am größten, wenn möglichst viele Beschäftigte nicht irgendwo, sondern an möglichst produktiven Stellen tätig sind (→ Kapitel 23). Schließlich stellen sie nur dann die größtmögliche Menge an hochwertigen Gütern und Dienstleistungen her. Warum es »sozial« sein soll, den Wohlstand zu senken, wissen wohl nicht einmal die Befürworterinnen und Befürworter einer solchen Politik.

Erfunden hat die Initiative Neue Soziale Marktwirtschaft den Spruch übrigens nicht. Dieser hat vielmehr eine tiefbraune Vergangenheit. Es war Alfred Hugenberg (1865-1951), Chef der Deutschnationalen Volkspartei (DNVP), der im Sommer 1932 in einer Rundfunkansprache sagte: »Gesunde Wirtschaft bedeutet heute vor allem Beseitigung der Arbeitslosigkeit. Derjenige ist wirklich und wahrhaft sozial, der Arbeit schafft.« Seine Rolle als Steigbügelhalter der Nazis hatte der Großkapitalist und Medienmogul da längst gefunden.

02:
»Flexiblere Arbeitsmärkte führen zu mehr Arbeitsplätzen!«

Es war einmal eine Stiftung, die sich mit der Unterstützung neoliberalen Gedankenguts schon immer ganz besonders hervortat. So auch 2014, als jene Bertelsmann-Stiftung einen Bericht zur deutschen Arbeitsmarktpolitik veröffentlichte, in dem es unter anderem hieß: »Durch die stärkere Verbreitung atypischer Beschäftigungsverhältnisse und von Niedriglohnjobs ist der deutsche Arbeitsmarkt insgesamt flexibler und damit aufnahmefähiger geworden.«

Dieses Loblied zielte auf die so genannte Agenda 2010, ein politisches Programm, das von der früheren rot-grünen Bundesregierung Mitte der 2000er Jahre umgesetzt wurde. SPD und Grüne wollten den Arbeitsmarkt für Unternehmen angenehmer machen: Leistungen für Erwerbslose beispielsweise haben sie gekürzt und mit Strafen bei

»Fehlverhalten« unterlegt, den Kündigungsschutz geschwächt, den Niedriglohnsektor ausgeweitet, atypische Beschäftigung erleichtert. Arbeit sollte billiger und flexibler werden. Hierdurch entstünden neue Jobs, hieß es; der Arbeitsmarkt werde »aufnahmefähiger«.

Die Wirklichkeit sah freilich anders aus. Zwar stieg die Zahl der Erwerbstätigen und der abhängig Beschäftigten in den Jahren nach der Agenda 2010 an. Allerdings war ein nennenswerter Teil dieser Entwicklung schlicht darauf zurückzuführen, dass Arbeit auf mehr Köpfe verteilt wurde. Die Zahl der abhängig Beschäftigten ist in Deutschland zwischen 2005 und 2017 um 14,5 Prozent angestiegen, die Zahl der gearbeiteten Stunden aber nur um 8,5 Prozent.

Und selbst dieser verhaltene Anstieg der Arbeitsstunden war keineswegs auf die Arbeitsmarkt-Flexibilisierung zurückzuführen. Vielmehr wuchsen die Reallöhne in Deutschland damals nach langer Zeit wieder. Der Aufschwung und die positive Beschäftigungsentwicklung seit etwa 2012 waren also ganz wesentlich von der Binnennachfrage getragen. Diese positiven Folgen steigender Löhne widersprachen den Annahmen der Agenda 2010: Ihr zufolge sollten ja niedrigere Arbeits- und Lohnkosten zur Schaffung von Arbeit führen, nicht höhere.

Hinzu kommt, dass Deutschland seit der Agenda 2010 seinen Exportüberschuss stark ausgeweitet hatte. Damit exportierte es seine Arbeitslosigkeit in andere Länder. Eine solche Politik ist weder vernünftig noch nachhaltig, sondern bildet die Saat zukünftiger Krisen (→ Kapitel 46). In den 2000er Jahren trug sie wesentlich zur so genannten Eurokrise bei (→ Kapitel 05).

Berücksichtigt man all dies, dann bleibt vom angeblichen Beschäftigungswunder der Agenda 2010 nichts übrig. Aber auch losgelöst von diesem viel diskutierten deutschen Beispiel kann die These von der beschäftigungsfördernden Wirkung flexibler Arbeitsmärkte nicht überzeugen. Der österreichische Wirtschaftswissenschaftler Philipp Heimberger zeigte 2020, dass die internationale Forschungsliteratur einen Zusammenhang zwischen hoher Arbeitslosigkeit und hohen Arbeitsschutz-Bestimmungen nicht nachweisen kann. Der deutsch-niederländische Ökonom Alfred Kleinknecht belegte 2013, dass die Arbeitslosigkeit in Ländern mit höherer Flexibilität des Arbeitsmarkts durchschnittlich höher ist als in anderen Ländern.

Kleinknecht und der italienische Wirtschaftswissenschaftler Paolo Pini wiesen 2013 auf einen weiteren Zusammenhang hin: Eine höhere Flexibilität des Arbeitsmarkts führt zu einer geringeren gesamtwirtschaftlichen Arbeitsproduktivität (→ Kapitel 23). Überraschen kann das nicht. Denn wenn Arbeit billig und flexibel ist, reduzieren Unternehmen ihre Investitionen in Maschinen und Weiterbildung. Die kosten schließlich Geld, das man sich sparen kann, wenn man Beschäftigte billig und flexibel einstellt und feuert. Für Beschäftigte wiederum ist es in flexiblen Arbeitsmärkten vorteilhafter, Innovationen zurückzuhalten. Diese könnten schließlich ihren Job kosten. Und auch Loyalität und Vertrauen bleiben in unverbindlicheren Arbeitsverhältnissen unterentwickelt, was zu ineffektiver und unmenschlicher Überwachung führt.

Eine Arbeitsmarktpolitik, die auf billig und flexibel setzt, führt also mittel- und langfristig zu geringerer Produktivität, weniger Innovationen und damit zu einem geringeren Wohlstand. Statt immer wieder das Märchen von den segensreichen Arbeitsmarkt-Flexibilisierungen zu singen, wäre daher eine stärkere Regulierung des Arbeitsmarktes angezeigt – mit dem Ziel, die Löhne und die Sicherheit der Arbeitsplätze zu erhöhen. Dies würde den privaten Konsum stabilisieren und Innovationen voranbringen: Binnennachfrage statt Billigarbeit also, Aufschwung statt Agenda.

03:
»Ein hoher Kündigungsschutz verhindert neue Arbeitsplätze!«

Es war einmal ein benediktinischer Abtprimas, der mit göttlichem Segen den Arbeitgebern immer wieder gerne zur Seite sprang. In einem Interview mit dem katholischen Domradio *verkündigte jener*

Notker Wolf seinen Schäfchen im Juli 2007: »Inzwischen ist bekannt, dass Kündigungsschutz auch Arbeitsplätze verhindert. Wenn ich als Arbeitgeber keinen Arbeiter mehr entlassen kann in Zeiten der Not, dann stelle ich in anderen Zeiten auch keinen anderen mehr ein.«

Was Notker Wolf (1940-2024) hier als neue Erkenntnis präsentiert, ist tatsächlich ein uraltes neoliberales Märchen. Ein starker Kündigungsschutz, so heißt es, erhöhe die Kosten für Entlassungen in schlechten Zeiten. Dies führe schon in guten Zeiten zur Zurückhaltung bei Einstellungen und treibe so die Arbeitslosigkeit nach oben. Der Arbeitsmarkt spalte sich auf: Wer Arbeit habe, müsse kaum fürchten, sie wieder zu verlieren. Und wer keine habe, der werde auch keine finden.

Seit den späten 2000er Jahren ist es zwar eher still geworden um dieses Argument – zumindest in Deutschland. In anderen Ländern allerdings sieht es anders aus. Der angeblich zu hohe Kündigungsschutz war noch in den 2010er Jahren etwa in Italien und Frankreich Anlass für drastische »Reformen« am Arbeitsmarkt. In Italien war es eine sozialdemokratische Regierung, die 2014 den Kündigungsschutz schleifte, in Frankreich 2016 zuerst ebenfalls eine sozialdemokratische, 2017 dann eine liberale.

Was aber ist dran an dem Argument? Zunächst einmal ist festzuhalten, dass der Kündigungsschutz in keinem Land absolut gilt. Auch in Deutschland können Unternehmen Menschen entlassen. Kleine Betriebe haben es dabei besonders leicht, aber auch mittlere und große Unternehmen können jederzeit Menschen rauswerfen. Das ist sowohl bei Krankheit oder Fehlverhalten als auch aus betrieblichen Gründen (etwa zur Kostensenkung) möglich. Wer also so tut, als ob der Kündigungsschutz absolut gilt, der erweckt einen falschen Eindruck.

Es trifft allerdings zu, dass der Willkür der Arbeitgeber Grenzen gesetzt sind. So müssen sie in Deutschland etwa Formen und Fristen beachten und bei betriebsbedingten Kündigungen eine Sozialauswahl treffen. Auch wird oftmals spätestens vor Gericht eine Abfindung für die Gekündigten fällig.

Diese Vorkehrungen sind geeignet, den Beschäftigten eine gewisse Sicherheit zu geben: Ihr Arbeitsverhältnis und ihre Einkommen werden verlässlicher – und damit ihr ganzes Leben einfacher. Mutter oder Vater zu werden, Immobilien anzuschaffen oder einen Urlaub frühzeitig zu buchen, solche Vorhaben sind dann besser planbar. Ein Kündigungsschutz auf hohem Niveau nützt vor diesem Hintergrund aber nicht nur den Beschäftigten, sondern auch der ganzen Gesellschaft. Denn er fördert die Konsumbereitschaft und damit die Binnennachfrage.

Und es gibt weitere Gründe für einen guten Kündigungsschutz. Wenn ein Arbeitgeber weiß, dass er eine beschäftigte Person nur mit einigem Aufwand wieder loswird, so erhöht dies die Bereitschaft, Geld etwa für Weiterbildung auszugeben. Dies gilt umso mehr, als ein hoher Kündigungsschutz die Beschäftigten zumindest indirekt stärker an das Unternehmen bindet (es sinkt ja die Zahl der anderswo durch Entlassung freiwerdenden Stellen). Zudem steigt die Bereitschaft der Beschäftigten zum Erwerb spezifischer Qualifikationen, für die sich andere als der eigene Arbeitgeber nicht interessieren. Auch kann ein Kündigungsschutz das Interesse aller Beteiligten an einem kollegialen Miteinander steigern. All das nützt letztlich allen: Das Qualifikationsniveau und die Qualität von Arbeitsbeziehungen verbessern sich.

Daneben spricht aber auch eine sehr grundsätzliche Überlegung für einen guten Kündigungsschutz: Unternehmerische Risiken hat das Kapital zu tragen. Schließlich begründen diese Risiken kapitalistische Profite. Ein Aufweichen des Kündigungsschutzes hingegen verletzt diesen Grundsatz, führt es doch dazu, dass Beschäftigte unternehmerische Risiken übernehmen. Denn sie sind es dann, die bei unternehmerischen Fehlentscheidungen oder Krisen (schnell) entlassen werden.

Es gibt also gute Gründe für einen hohen Kündigungsschutz. Ein letzter soll nicht unerwähnt bleiben: Es gibt schlicht keine wissenschaftlichen Belege dafür, dass der Kündigungsschutz nennenswerten Einfluss auf das Einstell-Verhalten von Unternehmen hat. Auch wenn Wolf & Co. gerne anderes behaupten.

04: »Lohnzurückhaltung schafft Arbeitsplätze!«

Es war einmal ein Wirtschaftsforschungsinstitut, das seine Geldgeber schon im Namen trug: Institut der deutschen Wirtschaft (IW). Neoliberale Thesen zu verbreiten war sein Auftrag, Umverteilung von unten nach oben seine liebste Forderung. Und so nahm es sich regelmäßig die Einkommen der abhängig Beschäftigten vor. Im Dezember 2005 wusste der Tarifexperte Hagen Lesch in einer IW-Veröffentlichung bis auf die erste Nachkommastelle genau zu verkünden, was Lohnverzicht an zusätzlicher Beschäftigung bringe: »Nimmt die Lohnzurückhaltung um 1 Prozentpunkt zu, steigen Erwerbstätigkeit und Arbeitsvolumen ein Jahr später um etwa 0,4 Prozent oder um 130.000 Personen. Eine mehrjährige Lohnzurückhaltung, bei der die Tariflohnvereinbarungen hinter dem Produktivitätswachstum zurückbleiben, würde demnach zu einer spürbaren Entlastung des Arbeitsmarktes beitragen.«

Lesch schlägt vor, dass der Anstieg der Löhne über einen Zeitraum von mehreren Jahren hinter dem Anstieg der Arbeitsproduktivität (→ Kapitel 23) zurückbleiben solle. Dies würde bedeuten, dass die Produktion pro Kopf lange Zeit stärker zunimmt als die Löhne. Dahinter steht folgende Annahme: Während immer mehr produziert würde, würde der Anteil der Arbeitnehmerinnen und Arbeitnehmer an diesem Kuchen immer kleiner. Durch diese Lohnzurückhaltung würden sich zunächst die Gewinne und in einem zweiten Schritt die Investitionen der Unternehmen erhöhen. Hieraus folge dann letztlich ein Anstieg der Beschäftigung.

Dieser Zusammenhang ist so einfach wie falsch. Tatsächlich wäre das Gegenteil der Fall – die Ökonomie würde in eine kaum beherrschbare Abwärtsspirale geraten. Die Frage ist: Wie würden die Unternehmen reagieren? Wenn sie die Preise der gestiegenen Warenmenge unverändert lassen, dann werden sie einen Teil der Produktion nicht absetzen können. Schließlich sind die Löhne nicht im erforderlichen Umfang mitgewachsen. Es fehlt Binnennachfrage.

Die Menschen können die zusätzliche Produktion nicht kaufen – ihnen fehlt das Geld. Der US-Automobil-Unternehmer Henry Ford (1863-1947) packte diesen Umstand einst in die prägnante Formel »Autos kaufen keine Autos«. Wenn aber der Absatz fehlt, ist gerade nicht mit zusätzlichen Investitionen zu rechnen, und damit auch nicht mit neuen Arbeitsplätzen (→ Kapitel 70). Denn wenn Unternehmen ihre Produktion nicht verkaufen können, dann signalisiert ihnen das: Runter mit der Produktion!

Die Unternehmen könnten allerdings auch anders verfahren. Sie könnten die höhere Produktionsmenge und den geringeren Lohnanstieg dazu nutzen, ihre Preise zu verringern. Ökonomisch spricht man im Fall eines länger anhaltenden Preisverfalls von einer »Deflation« (also dem Gegenteil einer »Inflation«). Sinkende Preise für Güter und Dienstleistungen: Aus Sicht eines einzelnen privaten Haushalts mag dies verlockend klingen. Aus gesamtwirtschaftlicher Sicht ist ein solches Szenario allerdings aus zwei Gründen problematisch. Zum einen würden sehr viele Unternehmen in ernste finanzielle Nöte geraten – und viele in die Pleite schlittern. Denn sie haben Kredite in ihren Büchern stehen, für die sie vertraglich festgelegte Zinsen und Tilgungen leisten müssen. Diese Kreditverträge haben sie auf der Grundlage von Einnahme-Erwartungen abgeschlossen, die keine sinkenden Preise vorsahen. Sinken nun wider Erwarten die Preise, so sinken auch die Umsätze – was Zins- und Tilgungszahlungen erschwert. Insbesondere Unternehmen mit hohen Kreditschulden sind dann von der Pleite bedroht.

Zum anderen schieben Privathaushalte, Staat und Unternehmen bei sinkenden Preisen ihre Käufe auf. Schließlich werden die Waren in Zukunft ja noch billiger, da lohnt es sich zu warten. Dies schwächt zumindest kurz- und mittelfristig die Nachfrage nach Konsumgütern wie auch nach Investitionsgütern. Die Unternehmen machen in der Folge geringere Absätze und geringere Umsätze – mit schon bekannten Konsequenzen: Sie geraten in finanzielle Schwierigkeiten, bauen Arbeitsplätze ab und schränken ihre Produktion ein (→ Kapitel 06).

Wie man es also dreht und wendet: Lohnzurückhaltung, wie Lesch sie fordert, schafft keine Arbeitsplätze, sondern bedroht sie. Letztlich beruhen Forderungen wie seine auf einer einzelwirtschaftlichen Perspektive. Ein einzelnes Unternehmen mag sich Vorteile am Markt verschaffen können, wenn es seine Beschäftigten zu Lohnverzicht nötigt. Aber was aus der Froschperspektive eines einzelnen Unternehmens vorteilhaft erscheint, erweist sich aus der Vogelperspektive der Gesamtwirtschaft als verheerend (→ Kapitel 15).

05:
»Lohnsenkungen stärken die Wirtschaft!«

Es war einmal ein deutscher Wirtschaftswissenschaftler mit unbändigem Drang zu medienwirksamer Verkürzung. Sein Name war Hans-Werner Sinn, sein Beruf Professor und Leiter des Münchner ifo-Instituts. Im Juni 2012 antwortete er in einem Interview für Focus Online *auf die Frage, was die Krisenländer der Europäischen Union zur »Selbstheilung« tun könnten: »Die Löhne sollten gekürzt werden, denn damit sinken die Preise. Ein Land, das zu teuer geworden ist, muss billiger werden.«*

Hintergrund des Interviews war die so genannte Eurokrise in den frühen 2010er Jahren. Der Professor unterstellte, dass zu hohe Löhne etwa in Griechenland und Portugal für die großen Krisen in diesen Ländern verantwortlich gewesen seien. Er stand damit nicht alleine: Zu hohe Verdienste in Südeuropa galten (neben zu hohen Staatsausgaben) vielen in Politik, Medien und Wissenschaft als wichtigste Ursache der Krise in Europa. Letztlich war diese Annahme die Grundlage und Begründung der neoliberalen Kürzungspolitik, die die Europäische Kommission, die Europäische Zentralbank und die Regierungen der EU-Mitgliedstaaten den Ländern Südeuropas aufzwangen (→ Kapitel 57).

Nun haben Unternehmen aus Ländern mit niedrigeren Kosten tatsächlich einen Konkurrenzvorteil, da sie ihre Güter und Dienstleistungen günstiger anbieten können. Insbesondere in einer Währungsunion sind dabei die Lohnstückkosten von Bedeutung, die wesentlich durch die Lohnhöhe bestimmt werden (→ Kapitel 48). Die Möglichkeit, durch die Abwertung der eigenen Währung Nachteile in dieser »Standortkonkurrenz« gegenüber anderen Volkswirtschaften wettzumachen (→ Kapitel 47), gibt es in einer Währungsunion nicht. Bestehen Konkurrenznachteile gegenüber dem Ausland dauerhaft, so wird ein Land Jahr um Jahr weniger Güter und Dienstleistungen exportieren, als es importiert. Es verzeichnet permanente Außenhandels-Defizite. In der Folge verschuldet es sich immer mehr, um diese zu finanzieren. Spiegelbildlich entwickelt sich in Ländern mit Konkurrenzvorteilen ein Außenhandels-Überschuss – sie exportieren mehr, als sie importieren (→ Kapitel 46).

So weit, so zutreffend – aber dennoch ist des neoliberalen Professors Behauptung falsch, und zwar aus zwei Gründen. Erstens führen Lohnsenkungen zu einem Ausfall volkswirtschaftlicher Nachfrage; es werden weniger Güter und Dienstleistungen gekauft (→ Kapitel 06). Unternehmen produzieren dann weniger, und ein Teufelskreis aus niedrigeren Löhnen, Preissenkungen, Entlassungen und Produktionsrückgängen kommt in Gang (→ Kapitel 04). Lohnsenkungen führen also nicht aus der Krise heraus, sondern sie verschärfen sie. In der oben erwähnten Eurokrise war dies am drastischsten in Griechenland zu sehen.

Zweitens blendet des Professors Behauptung Folgendes aus: Wenn ein Land »zu teuer« ist, so möglicherweise schlicht deshalb, weil ein anderes Land zu billig ist. Tatsächlich gab es Länder in Europa, die sich in den Jahren vor der Großen Krise durch eine grottenschlechte Lohnentwicklung Konkurrenzvorteile erschlichen. Das größte und wichtigste war Deutschland, das Land des Professors. Hier lagen die Lohnstückkosten 2008 noch immer auf dem Niveau des Jahres 2000. In fast allen anderen Ländern hingegen waren diese richtigerweise und erwartbar angestiegen. Fatalerweise beanspruchte Deutschland nach Ausbruch der Krise, mit seiner Billig-Strategie Vorbild für andere zu sein. Dabei trug es schon aufgrund seiner schieren Größe die Hauptschuld daran, dass in der Europäischen Währungsunion (und darüber hinaus) eine ungesunde Abwärtsspirale bei den Löhnen in Gang kam. Womit es wiederum die Hauptverantwortung für die Ungleichgewichte im Außenhandel trug, die letztlich zur Verschuldung der Defizitländer und damit zur großen Krise in Europa führten.

In einer solchen Situation sind Lohnerhöhungen in zu billigen Ländern (mit Außenhandels-Überschüssen) ökonomisch sinnvoller als Lohnsenkungen in angeblich »zu teuren« Ländern (mit Außenhandels-Defiziten). Denn dies stärkt die Wirtschaft in beiden Ländergruppen: Überschussländer können durch die stärkere inländische Nachfrage einen größeren Teil ihrer Produktion selbst verbrauchen; Defizitländer im Idealfall durch die stärkere ausländische Nachfrage mehr produzieren und dann exportieren.

Dazu wäre aber eine enge europäische und internationale Kooperation und Koordination notwendig, also das Gegenteil von Standortkonkurrenz. Die neoliberale Mehrheit in Politik, Medien und Wissenschaft will von beidem nichts wissen. Und der Professor schon gar nicht.

06:
»Wer keine Arbeit hat, muss sich mehr anstrengen!«

Es war einmal ein deutscher Bundeskanzler, der zwei Fliegen mit einer Klappe schlug: Er bot seinen Wählerinnen und Wählern eine bequeme Erklärung für die Arbeitslosigkeit im Land an, mit der sich zugleich weiterer Sozialabbau rechtfertigen ließ. Der Name des Kanzlers war Gerhard Schröder, seine Partei die SPD und als Sündenböcke wählte er Menschen ohne Arbeit. Im April 2001 sagte er dem Boulevardblatt Bild: *»Wer arbeiten kann, aber nicht will, der* *kann nicht mit Solidarität rechnen. Es gibt kein Recht auf Faulheit in unserer Gesellschaft.«*

Gerhard Schröder unterstellt hier – teils ausdrücklich, teils stillschweigend – einiges: Wer keine Arbeit habe, der sei faul (→ Kapitel 07) und müsse sich mehr anstrengen. Denn wer Arbeit finden wolle, der finde sie auch. Es brauche daher mehr Anreize zur Arbeitsaufnahme. Geringere staatliche Unterstützungsleistungen und mehr Druck auf Arbeitslose seien solche Anreize. Bekanntlich setzte die damalige rot-grüne Bundesregierung eine entsprechende Politik mit den so genannten Hartz-Reformen auch um. Und das sicher mit breiter Unterstützung in der Bevölkerung, waren und sind entsprechende Vorurteile gegen Arbeitslose doch weit verbreitet. Auch schwirren sie fast regelmäßig durch den Blätterwald – nicht nur im Boulevard.

Das macht sie allerdings nicht richtiger. Denn in einer kapitalistischen Volkswirtschaft hängt die Zahl der Arbeitsplätze nicht davon ab, wie sehr sich Arbeitslose um Arbeit bemühen. Entscheidend ist vielmehr die Nachfrage der Unternehmen nach Arbeit. Wenn sie ihre (Mehr-) Produktion verkaufen können, werden sie Menschen einstellen. Der Arbeitsmarkt ist also von den Gütermärkten abhängig: Die Nachfrage nach Arbeit hängt davon ab, wie stark jene Güter und Dienstleistungen nachgefragt werden, die von den (zusätzlichen) Beschäftigten hergestellt werden. Treibendes Motiv der Unternehmen ist bei alldem der Profit. Sie wollen durch die Arbeitskraft ihrer Beschäftigten Gewinne machen. Deshalb werden sie Arbeitslose nicht einstellen, weil diese sich besonders um Arbeit bemühen. Einstellen werden sie vielmehr, wenn sie die zusätzlich produzierten Güter und Dienstleistungen am Markt auch mit Profit verkaufen können – an private Haushalte, an den Staat, an andere Unternehmen oder an das Ausland.

Tatsache ist auch: Die meisten Arbeitslosen finden binnen kurzer Zeit wieder Arbeit. Es ist eine Minderheit, die keine findet, und hier liegen zumeist Vermittlungshemmnisse vor. Bei dieser Minderheit gibt es also klare, nachvollziehbare Gründe dafür, dass eine Arbeitsaufnahme schwierig oder unmöglich ist. Ihnen fehlt beispielsweise ein Schulabschluss oder eine Ausbildung, sie haben gesundheitliche oder psychische Probleme, sind älter, haben ein Kind zu betreuen oder Angehörige zu pflegen, oder ihre Deutschkenntnisse sind schlecht. All das (und noch mehr) verringert die Chancen auf einen Job. Durch Fördermaßnahmen und Weiterbildung können die Betroffenen diese Chancen verbessern, was sie in der Regel auch tun. Vorurteile vieler Arbeitgeber, bei denen sie sich bewerben, werden sie dadurch allerdings auch nicht los.

Viele Arbeitslose entwickeln im Laufe der Zeit ein Bewusstsein dafür, durch Gesellschaft, Medien, Politik und Arbeitgeber stigmatisiert zu werden. Das eigene soziale Umfeld spielt dabei eine wichtige Rolle. Eine Studie der Universitäten Würzburg und Hannover zeigte 2020: Die Betroffenen nehmen sich selbst als negativ wahr, ihre Leistungen werden schlechter, sie neigen stärker dazu, sich sozial zu isolieren. Und nicht zuletzt kann auch Antriebslosigkeit mit diesem Stigma-Bewusstsein einhergehen – die Betroffenen geben sich in gewisser Weise auf. Die Chancen auf einen Job sinken dadurch deutlich. Das Stigma-Bewusstsein verstärkt sich durch wiederholte Arbeitslosigkeit und durch die Pflicht zur (erfolglosen) Arbeitssuche.

Helfen würde also, Menschen zu unterstützen und in Arbeit zu bringen. Das aber dürfte kaum das Ziel der Hetze gegen Arbeitslose sein – sondern vielmehr, Menschen in noch so üble Arbeitsplätze zu pressen. Generell geht es Schröder & Co. nicht darum, Arbeitslosenzahlen zu drücken, sondern die Löhne. Und tatsächlich zeigt das Beispiel Deutschland genau das: Nicht nur, aber auch wegen der Hartz-Reformen explodierte die prekäre Beschäftigung geradezu, und der Niedriglohnsektor wurde zu einem der größten in Europa. Was wiederum erklärt, weshalb sich auch Arbeitgeber- und Unternehmensverbände regelmäßig für einen starken Druck auf angeblich faule Arbeitslose aussprechen.

07:
»Sozialleistungen machen Arbeitslose faul und bequem!«

Es war einmal ein deutsches Nachrichtenmagazin mit Gespür für den Zeitgeist. Der drehte sich ab den 1970er Jahren. Da wollte Der Spiegel *nicht hintanstehen! Und so fand das Blatt im Mai 1977 in seiner Titelstory »arbeitslos – arbeitsscheu?« eine einfache neoliberale Erklärung für die damals stark zunehmende Arbeitslosigkeit: »Immer häufiger wird der Verdacht laut, daß viele der bei den Arbeitsämtern Registrierten eigentlich gar keinen Job suchen, sondern sich im enggeknüpften Netz der in 30 Jahren Nachkriegsgeschichte erlassenen Sozialgesetze entspannen wollen. Von Parasiten ist da die Rede, von Arbeitsscheuen und Schmarotzern, die auf Kosten der Gemeinschaft sich ein geruhsames Leben einrichten. Und rasch sind dann die Konsequenzen gezogen: Das Arbeitslosengeld sollte gekürzt, die Auszahlung an notorisch Faule gestrichen werden. In der Tat: Vom Stempelgeld läßt es sich leben.«*

»Stempelgeld«? Ein Begriff aus einer anderen Zeit. Der beleidigende Zungenschlag des Zitats aber ist auch ein halbes Jahrhundert später noch brandaktuell – »Parasiten«, »Schmarotzer«, »notorisch Faule« … Tatsächlich ist die Debatte um Arbeitslosigkeit und Armut mindestens so alt wie der Kapitalismus: Gibt es für Erwerbslose wirklich keine Arbeit, oder sind sie schlicht zu faul? Und wenn sie zu faul sind, liegt das möglicherweise an zu hohen Sozialleistungen?

Auf den ersten Blick klingt es schlüssig: Wer für das Nichtstun Geld erhält, habe keinen Anreiz, sich Arbeit zu suchen. Doch greift ein solches Denken viel zu kurz. Dies zum einen, weil Arbeitslosigkeit im krisenhaften Auf und Ab des Kapitalismus mehr Normalfall als Ausnahme ist. Entsprechend zeigen Erhebungen immer wieder: Die übergroße Mehrheit der Erwerbslosen ist um Arbeit bemüht oder kann aus verständlichen (etwa gesundheitlichen) Gründen keine Erwerbsarbeit aufnehmen. Zum anderen aber auch, weil Arbeit mehr ist als Broterwerb. Sie bedeutet oft auch soziale Teilhabe und

Anerkennung. Längere Erwerbslosigkeit führt folgerichtig bei vielen Betroffenen in einen Teufelskreis aus Frust, Resignation und Enttäuschung (→ Kapitel 06).

Gleichwohl steckt hinter all dem Gerede von Anreizen ein Kernchen Wahrheit – das die Neoliberalen allerdings bis zur Unkenntlichkeit verdrehen. Denn auch wenn Menschen mehr als nur finanzielle Gründe für die Aufnahme von Erwerbsarbeit haben, so stellt eine (ausreichende) sozialstaatliche Absicherung doch eine Sicherung gegen zu niedrige Löhne dar. Sie stärkt die abhängig Beschäftigten, indem sie diese in die Lage versetzt, besonders üble Arbeit abzulehnen. Je niedriger das soziale Sicherungsniveau hingegen ausfällt, desto mehr sind Beschäftigte schlecht bezahlten, gefährlichen und ausbeuterischen Jobs ausgeliefert.

Weil sich aus ihrer Sicht die Löhne »an den Märkten« bilden sollen, und zwar zu Gunsten des Kapitals auf möglichst niedrigem Niveau, ist Neoliberalen all dies ein Dorn im Auge. Deshalb hetzen sie gegen Arbeitslose und Sozialleistungen, und deshalb fordern sie ein »Lohnabstandsgebot«: Sozialleistungen sollen einigen Abstand zu den Löhnen wahren. Dass die Löhne sich allerdings grob an den Sozialleistungen orientieren und nach unten rutschen, wenn Sozialtransfers hinter ihnen zurückbleiben, verschweigen die Fans des »Lohnabstandsgebots« geflissentlich.

Fatal ist bei alldem, dass die Hetze gegen Arbeitslose keineswegs nur von Seiten des Kapitals und seiner Helfershelfer betrieben wird. Sie ist vielmehr weit verbreitet. Eine Studie der Friedrich-Ebert-Stiftung zeigte 2016: Fast jede/r Zweite in Deutschland stimmte der Aussage zu, dass »die meisten Langzeitarbeitslosen […] nicht wirklich daran interessiert« seien, »einen Job zu finden.«

Genau das unterstellte *Der Spiegel* 1977 in seiner Titelstory auch mehreren Arbeitslosen. So auch einem Elektromeister, den er wie folgt zitierte: »Ich denk' nicht mehr daran zu arbeiten. 24 Jahre lang war ich in derselben Firma. Dann haben die uns entlassen, uns Alte zuerst. Ich war was in dem Betrieb, habe mich hochgearbeitet, und jetzt soll ich womöglich als Hiwi irgendwo rein. […] Wegen hundert oder zweihundert Mark mehr gehe ich doch nicht wieder irgendwo ganz unten rein.«

Was viele verkennen: Arbeitslose wie dieser Elektromeister schützen die Löhne, indem sie sich nicht alles gefallen lassen. Gedankt wird es ihnen am wenigsten von denen, die davon am meisten profitieren. Denn ausgerechnet bei Menschen mit geringem und mittlerem Einkommen ist die Verachtung gegenüber Arbeitslosen am größten, wie die Studie der Friedrich-Ebert-Stiftung zeigte.

08:
»Die Produktivität eines Menschen bestimmt seinen Lohn!«

Es war einmal ein Arbeitgeberpräsident, der engagiert für niedrigere Löhne und Gehälter stritt. Dafür war ihm kein Argument zu abwegig. Und so sagte Martin Kannegiesser, damals Boss von Gesamtmetall, im Oktober 2007 der Zeitung Die Welt: *»Auf Dauer kann kein Arbeitgeber gegen den Markt die Löhne drücken und kein Arbeitnehmer gegen den Markt Löhne durchsetzen, die nicht durch seine Produktivität gedeckt sind.«*

Mit anderen Worten: Das Entgelt eines Arbeitnehmers könne nicht dauerhaft über seiner Produktivität liegen. Vorgebracht wird dieses Märchen regelmäßig in Diskussionen rund um Lohnpolitik, Mindestlöhne und Arbeitslosigkeit – vorrangig mit dem Ziel niedrigerer Arbeitsentgelte. Die Produktivität, so heißt es dann, stelle eine Art Obergrenze dar. Liege ein Lohn darüber, so rechne sich das Arbeitsverhältnis für den Arbeitgeber nicht. Er werde es beenden (oder gleich gar nicht beginnen). Arbeitslosigkeit sei die Folge. Besonders groß sei diese Gefahr bei Geringqualifizierten, da diese eine besonders niedrige Produktivität aufwiesen.

Was aber ist diese »Produktivität«? Zunächst: Gemeint ist die individuelle Arbeitsproduktivität. Sie misst den Ertrag, der pro Zeiteinheit (in der Regel pro Stunde) durch die Arbeit eines bestimmten Menschen erzeugt wird. Was aber ist dieser Ertrag? Zunächst ist festzuhalten, dass verschiedene Personen Unterschiedliches herstellen: Die einen Stühle, die anderen Bücher, wieder andere Haarschnitte und nochmal andere betreuen Kleinkinder. Ist jemand, der einen Stuhl pro Stunde herstellt, produktiver als jemand, der in der gleichen Zeit zwei Köpfe frisiert? Und was ist der Maßstab für den Ertrag in der Kinderbetreuung – die Anzahl der Kinder, der Brüll-Situationen, der gewechselten Windeln?

Die Beispiele zeigen: So kann der Ertrag (und damit die Produktivität) weder einheitlich ermittelt noch verglichen werden. Die Kannegiessers dieser Welt wählen deshalb einen Umweg. Sie leiten den Arbeitsertrag aus dem erzielten Umsatz bzw. Einkommen ab, gemessen in Geldeinheiten. Wenn ein Haarschnitt 25 Euro einbringt und eine Person zwei davon pro Stunde schafft, dann beträgt ihre Arbeitsproduktivität 50 Euro. Sie ist folglich weniger produktiv als jemand, der in der gleichen Zeit einen Stuhl herstellt, der am Markt 60 Euro erzielt.

Spätestens damit ist Arbeitsproduktivität keine »Eigenschaft« eines einzelnen Menschen mehr. Sie kann keiner Person mehr zugerechnet werden. Denn erstens ist der Umsatz eine Kategorie, auf die einzelne Beschäftigte allenfalls bedingt Einfluss haben. In ihm schlagen sich zum Beispiel Moden und Trends, allgemeine Krisen, der technologische Wandel, Jahreszeiten, das Wetter, die Wettbewerbssituation und das Image eines Unternehmens nieder. Zweitens werden Güter und Dienstleistungen heutzutage mit ganz wenigen Ausnahmen arbeitsteilig hergestellt – allen voran in Unternehmen. Dort kann der Umsatz folglich nicht auf Personen heruntergebrochen werden. Zudem sind Leistungsfähigkeit und Produktionsmengen Einzelner erheblich von der Zusammenarbeit mit Kolleginnen und Kollegen sowie den Arbeitsumständen abhängig.

Die »Produktivität« einzelner Menschen bestimmen und vergleichen zu wollen, ist daher Unsinn. (Hingegen ist es sinnvoll, Arbeitsproduktivität etwa auf der Ebene eines Unternehmens oder eines Landes zu messen, → Kapitel 23.) Aber nehmen wir für einen Moment an, es gebe eine individuelle Produktivität und sie sei messbar: Auch in diesem Fall bliebe Kannegiessers Aussage ein Märchen. Denn erstens fließen in die Höhe des Lohnes auch Faktoren wie etwa diskriminierende Ansichten (zum Beispiel gegenüber Frauen, Migrantinnen und Migranten) oder das Ausmaß des Machtgefälles zwischen Arbeitgeber und Beschäftigten ein. Und zweitens können Unternehmen die Leistungsfähigkeit und -bereitschaft ihrer Bewerberinnen im Bewerbungsverfahren gar nicht kennen. (Zeugnisse erlauben allenfalls eine Annäherung). Der Einfachheit halber bezahlen sie deshalb meist branchenübliche Löhne, losgelöst von der jeweiligen Person. Oft werden die durch Tarifverträge festgelegt.

All das führt dazu, dass ein Lohn nicht systematisch eine individuelle »Produktivität« widerspiegelt – eine Produktivität wohlgemerkt, die es ohnehin nicht gibt. Was auch den Neoliberalen klar ist, wenn sie ehrlich sind. Sie sprechen deshalb lediglich von einem Modell, von einem vereinfachten Abbild der Wirklichkeit. Was sie nicht daran hindert, Empfehlungen für eine sehr konkrete und komplexe Wirklichkeit abzuleiten: Löhne senken (→ Kapitel 04), Mindestlöhne (→ Kapitel 09) und Tarifverträge (→ Kapitel 15) abschaffen, Niedriglohnsektor einführen.

Übrigens ist es noch aus einem weiteren Grund fragwürdig, die Produktivität eines Menschen oder auch die eines Betriebs aus dem Umsatz bzw. Einkommen am Markt abzuleiten: Auch Tätigkeiten, die für eine Gesellschaft weder produktiv noch nützlich sind, können Umsätze bzw. Einkommen bringen. Patent-Trolle etwa kaufen Patente einzig, um von dessen Nutzerinnen und Nutzern (Straf-) Gebühren zu erheben. Sie schaffen damit genauso wenig etwas gesellschaftlich Nützliches wie die immer größeren PR- und Rechtsabteilungen der Konzerne, deren einziger Zweck darin besteht, zu verhindern, dass der eigene Konzern angesichts der ebenfalls immer größeren PR- und Rechtsabteilungen anderer Konzerne ins Hintertreffen gerät.

09:
»Mindestlöhne vernichten Arbeitsplätze!«

Es war einmal ein Professor der Ökonomie im Ruhestand, der glauben machen wollte, seine größte Sorge sei die Arbeitsmarkt-Integration von Menschen mit geringen Arbeitsmarkt-Chancen. Sein Name war Horst Siebert, und er war nicht irgendwer: Von 1990 bis 2003 Mitglied im Sachverständigenrat zur Begutachtung der gesamtwirtschaftlichen Entwicklung, von 1989 bis 2003 Präsident des Instituts für Weltwirtschaft an der Universität Kiel. In einem Gastbeitrag für die Frankfurter Allgemeine Zeitung *warnte er im Januar 2008: »Für die Unternehmen ist […] der Vergleich von Mindestlohn und Produktivität ausschlaggebend. Wird der generelle Mindestlohn so gewählt, dass er über der Produktivität eines Arbeitnehmers liegt, so macht das Unternehmen einen Verlust. […] Auf Dauer wird das Unternehmen den Arbeitsplatz abbauen müssen.«*

Mindestlöhne vernichten nach Meinung des Herrn Professor also Arbeitsplätze, weil Unternehmen an manchen Mindestlohn-Beschäftigten zu wenig verdienen. Deren individuelle Produktivität sei zu gering, um einen (zu hohen) Mindestlohn refinanzieren zu können. Wobei mit Produktivität hier die Arbeitsproduktivität gemeint ist – also der Ertrag einer beschäftigten Person in einem bestimmten Zeitraum (meist einer Stunde).

Alleine war und ist Horst Siebert (1938-2009) mit dieser Behauptung nicht. Vielmehr ist die Zahl derer groß, die sich mit solchen Verlautbarungen an der Wirklichkeit blamierten. Am 1.1.2015 führte Deutschland einen allgemeinen gesetzlichen Mindestlohn ein, allen Warnungen von Arbeitgebern und Neoliberalen zum Trotz. Es war, wenn man so möchte, ein wirtschaftspolitisches Großexperiment. Die Folge: Die Zahl der Arbeitsplätze ist danach nicht eingebrochen, wie manche vorhersagten, sondern sogar angestiegen. Letzteres erklärten die Gegnerinnen und Gegner dieser Maßnahme mit der damals rundlaufenden Konjunktur. Ohne Mindestlohn, so sagten sie, hätte sich der Arbeitsmarkt sogar noch besser entwickelt. Hätte, hätte, Fahrradkette – mehr als Schutzbehauptungen sind das nicht. Denn die Arbeitsplatzgewinne fanden vor allem in klassischen Niedriglohn-Branchen statt, in denen der Mindestlohn besonders zum Tragen kommt: etwa im Gastgewerbe und in Call Centern, in der Lager- und der Landwirtschaft. Auch die Berichte der Mindestlohn-Kommission zu den Auswirkungen des gesetzlichen Mindestlohns zeigen klar, dass der gesetzliche Mindestlohn in Deutschland die Beschäftigungsentwicklung nicht hemmt.

Gegen die Behauptung, dass ein Mindestlohn Arbeitsplätze vernichte, sprechen aber nicht nur schnöde Daten, sondern auch gute Gründe. Siebert & Co. unterstellen, dass Arbeitgeber für alle Beschäftigten fortwährend die individuelle Produktivität berechnen, also den durchschnittlichen individuellen Ertrag pro Stunde. Das ist eine absurde Annahme (→ Kapitel 08). Denn wie wollte man den individuellen Ertrag (oder Umsatz) etwa einer Reinigungskraft, eines Bandarbeiters oder einer Buchhalterin in Euro und Cent bestimmen? (Natürlich können die Bosse alle, die sie für faul oder unsympathisch halten, durch jemand anderen ersetzen. Mit einem Vergleich in Euro und Cent hat das aber nichts zu tun, und der Arbeitsplatz als solcher bleibt dann erhalten.)

Arbeitsproduktivität ist keine Kennziffer für Personen, sondern nur für Kollektive – zum Beispiel für Betriebe, Unternehmen, Branchen oder Länder (→ Kapitel 23). Und es kann tatsächlich sein, dass die Arbeitsproduktivität etwa eines Unternehmens zu gering ist, um dessen Löhne zu refinanzieren. Bleibt dies dauerhaft so, wird das Unternehmen in die Pleite rutschen. Die Angestellten wären arbeitslos. Dies wird von Neoliberalen gerne als Schreckensszenario beschworen. Sie sehen es lieber, wenn die Beschäftigten ihren Arbeitgeber durch Niedriglöhne (und damit durch Lohnverzicht) faktisch subventionieren (→ Kapitel 15).

Dabei ist es gerade der Sinn und Zweck von Märkten, dass weniger produktive und unprofitable Unternehmen durch produktivere und profitable verdrängt werden. Jobs in weniger produktiven

Unternehmen verschwinden, in produktiveren entstehen sie neu. Die gesamtwirtschaftliche Arbeitsproduktivität nimmt damit zu, der materielle Wohlstand und die Einkommen wachsen. Ein konsequent durchgesetzter Mindestlohn leistet dafür einen wichtigen Beitrag.

10: »Manche Beschäftigte können nur dank Lohnzuschüssen Arbeit finden!«

Es war einmal ein Ministerpräsident, der konservative und marktextremistische Meinungen wie kaum ein zweiter kombinierte. Ins Amt kam er durch einen ausländerfeindlichen Wahlkampf; im Amt kürzte und privatisierte er, dass die Schwarte krachte. Arbeitslosigkeit war für jenen Roland Koch die Folge von zu hohen Löhnen, und staatliche Lohn-Subventionen sollten Erwerbslose in Beschäftigung bringen: »Es ist besser, wenn wir diesen Menschen, ehe sie arbeitslos bleiben, Lohnzuschüsse zahlen«, sagte er der Welt am Sonntag *im April 2004. Und fügte hinzu: »Wir müssen Niedriglohn in Deutschland möglich machen.«*

Auch Neoliberalen ist klar, dass man von niedrigen Löhnen nicht leben kann. Dennoch wollen sie sie. Doch während sich die einen wenig Gedanken um die Folgen für die Beschäftigten machen, fordern andere – wie Koch – staatliche Lohnzuschüsse. Der Staat solle die niedrigen Löhne anheben. Hierdurch werden Löhne zu Kombilöhnen, also zu einer Kombination aus staatlicher Zahlung und Arbeitseinkommen. Hinter ihnen steht die Vorstellung, dass viele Menschen keine Arbeit finden, weil ihre (Arbeits-) Produktivität unter dem mindestens zu zahlenden Lohn liege. Ein möglicher Arbeitgeber könne mit ihrer Arbeit also nicht genug Geld verdienen, um einen höheren Lohn zu finanzieren. Weshalb niemand diese Beschäftigten einstelle. Kombilöhne sollen deshalb den Arbeitslohn senken und so die Beschäftigungschancen erhöhen.

Die ersten Jahre nach der Jahrtausendwende waren in Deutschland Zeiten mit hohen Arbeitslosenzahlen. Damals wurden Kombilöhne in verschiedenen Modellprojekten erprobt. Auch Roland Koch ließ sich nicht lumpen: Seine schwarz-gelbe Landesregierung hob das »Kasseler Modell Kombilohn« aus der Taufe, Laufzeit fast zwei Jahre. Teilgenommen haben rund 100 langzeitarbeitslose Sozialhilfeempfängerinnen und -empfänger zwischen 25 und 45 Jahren. Bis zu 75 Prozent ihrer Lohnkosten konnten durch öffentliche Mittel finanziert werden. Hinzu kamen begleitende Maßnahmen, zum Beispiel Qualifizierungen oder die Bereitstellung von Kinderbetreuungsmöglichkeiten.

Trotz dieser für jeden Kapitalisten eigentlich traumhaften Bedingungen fiel die Bilanz des Modellversuchs vernichtend aus. Im Rahmen einer Befragung erklärten ungefähr 60 Prozent der beteiligten Arbeitgeber, dass sie die Arbeitsplätze auch ohne Förderung besetzt hätten. Sie räumten also erhebliche Mitnahme-Effekte ein: Zur Einstellung wäre die Förderung nicht notwendig gewesen, die Staatsgelder nahmen sie aber gerne mit. Und nur gut ein Viertel der Arbeitgeber erklärte, dass sie durch die Förderung einen neuen zusätzlichen Arbeitsplatz geschaffen hätten. Diese Ergebnisse waren für die Landesregierung brisant, weshalb sie (erfolglos) versuchte, sie unter den Teppich zu kehren.

Keiner der zahlreichen Modellversuche konnte belegen, dass Lohnzuschüsse zu einem nennenswerten Aufbau von Beschäftigung führen. Dieses Ergebnis überrascht nicht, denn auch die Schaffung von staatlich bezuschussten Arbeitsplätzen setzt ausreichende Absatzmöglichkeiten und damit eine kaufkräftige Nachfrage voraus. Ein Nachfragemangel aber wird durch die Ausweitung von Niedriglohnbeschäftigung durch Kombilöhne nicht beseitigt. Vielmehr übernimmt der Staat aufgrund erheblicher Mitnahme-Effekte einen Teil der Lohnzahlung, ohne dass ein positiver Beschäftigungseffekt eintritt.

Werden Kombilöhne dabei auch noch unbefristet gezahlt, so verfestigen sie den Niedriglohnsektor. Denn die Chancen für die hier Beschäftigten, aus dem Niedriglohnbereich wieder herauszukommen, sinken dann dramatisch. Schließlich wird kein Arbeitgeber mehr bereit sein, auf die Zuschüsse zu verzichten. Außerdem werden dann höhere Lohngruppen nach unten gezogen, um mit der staatlich bezuschussten Billig-Konkurrenz noch halbwegs mithalten zu können. Am Ende wird der Kombilohn dadurch zu einer sehr kostspieligen Angelegenheit für die öffentliche Hand.

Überzeugen können Kombilöhne also nicht. Um das herauszufinden, wären allerdings all die teuren (und entwürdigenden!) Modellprojekte der 2000er Jahre nicht notwendig gewesen. Es hätte gereicht, die Grundannahmen dahinter ehrlich zu prüfen. Dann hätte man bemerkt, dass die Annahme einer individuellen Produktivität, aus der ein Lohn finanziert werden müsse, hanebüchener Unsinn ist (→ Kapitel 08).

11:
»Mehr Bildung bedeutet weniger Arbeitslosigkeit!«

Es war einmal ein ehemaliger Ministerpräsident eines deutschen Bundeslandes, der gerne den konservativen Arbeiterführer mimte. Sein Name war Jürgen Rüttgers, seine Partei die CDU und sein Blick auf Bildung reichlich optimistisch. Im Dezember 2015 schrieb er auf Focus Online: »*Je besser die Bildung, desto geringer ist die Arbeitslosigkeit. Bildung verhindert Arbeitslosigkeit.*«

Die Vorstellung, dass Bildung Arbeitslosigkeit verhindere, ist weit verbreitet: Wenn nur alle Menschen gebildet genug wären, hätten sie auch alle einen Job. Weit verbreitet ist diese Behauptung insbesondere, weil sie sich (scheinbar) eindeutig und einfach anhand von Zahlen und Daten belegen lässt. Organisationen wie beispielsweise die OECD oder die Bertelsmann-Stiftung legen regelmäßig entsprechende Studien vor. Sie zeigen in der Tat: Je besser ein Mensch ausgebildet ist, desto weniger wird er von Arbeitslosigkeit bedroht.

Arbeitslosenquoten sind bei Un- und Angelernten höher als bei Menschen mit abgeschlossener Berufsausbildung – und Akademikerinnen und Akademiker sind von Erwerbslosigkeit am seltensten betroffen. Zudem fällt die Phase ohne Job bei höher Qualifizierten kürzer aus als bei geringer Qualifizierten. All dies gilt jedenfalls für Industriestaaten.

Wird »Mehr Bildung!« damit aber zu einer angemessenen wirtschaftspolitischen Strategie, um Arbeitslosigkeit zu bekämpfen? Mitnichten. Rüttgers & Co. unterläuft ein typischer Fehler: Sie verwechseln die individuelle mit der gesellschaftlichen bzw. volkswirtschaftlichen Ebene. Gewiss: Ein einzelner Mensch kann für sich die Gefahr, arbeitslos zu werden, durch »mehr Bildung« reduzieren. Er bleibt dann allerdings nicht deshalb (wahrscheinlich) von Arbeitslosigkeit verschont, weil dank seiner Bildung ein Arbeitsplatz entstanden wäre – sondern weil er jemanden anderen von einem Arbeitsplatz verdrängt. Er hat schlicht und einfach die Nase vorn.

Die Zahl der Arbeitsplätze hängt gerade nicht vom Bildungsgrad einer Bevölkerung ab. Ein Job entsteht nicht, weil ein Mensch gebildeter ist. Er entsteht vielmehr, wenn Unternehmen Arbeitsplätze schaffen. Das werden sie im Kapitalismus nur dann tun, wenn sie durch die zusätzlichen Beschäftigten zusätzliche Profite einheimsen können. Und das wiederum können sie, wenn sie ihre Güter und Dienstleistungen auch loswerden; wenn es also eine entsprechende Nachfrage gibt (→ Kapitel 06).

Nun mag es Situationen geben, in denen Unternehmen Beschäftigte mit jenen Qualifikationen, die sie gerade brauchen, tatsächlich nicht finden. Dann ist eine Nachfrage nach mehr Gütern und Dienstleistungen zwar vorhanden, sie kann aber nicht (oder nur eingeschränkt) bedient werden. Eine bessere und passendere Bildung der Arbeitssuchenden kann dann die Arbeitslosigkeit reduzieren. Einen solchen Fachkräftemangel gibt es aber immer nur in bestimmten Phasen und Branchen, oft sogar nur in einzelnen Unternehmen. Er ist ein begrenzter und oft übertriebener Ausnahmezustand – und keineswegs der kapitalistische Normalfall. Und selbst in diesem Ausnahmefall eines Fachkräftemangels gilt: Nicht beliebig viele, die sich entsprechend fort- und weiterbilden, werden einen Job bekommen, sondern immer nur so viele, wie es unbesetzte Stellen gibt.

Dass mehr Bildung die Arbeitslosigkeit senke, ist aber nicht nur eine falsche, sondern auch eine neoliberale Aussage. Schließlich lässt sie sich auch wie folgt formulieren: Wer arbeitslos ist, hat zu wenig Bildung. Die Ursache für Arbeitslosigkeit wird damit jedem und jeder Einzelnen zugeschrieben. Dahinter steht letztlich der Gedanke, dass »der (Arbeits-) Markt« es schon richten werde – wenn wir Menschen uns nur stets ausreichend an ihn anpassen.

Nicht am Arbeitsleben teilhaben zu können, wird so zu einem individuellen Versagen, zur individuellen Schuld. Nicht der Kapitalismus als solcher, nicht der Markt, nicht der Staat, nicht die Gesellschaft sind dann für Arbeitslosigkeit verantwortlich, sondern der oder die Betroffene selbst. Daraus leiten sich wiederum die entsprechenden politischen Maßnahmen ab: Nicht eine beschäftigungsorientierte Wirtschaftspolitik, sondern mehr Druck auf die Arbeitslosen erscheint dann als Mittel der Wahl. »Fördern« (der individuellen arbeitsmarktorientierten Bildung) und »Fordern« (der Arbeitslosen) rücken dann auf der politischen Agenda ganz nach oben. Übrigens auch beim »Arbeiterführer« – damals, in seiner aktiven Zeit.

12:
»Es braucht Niedriglöhne, weil einfache Arbeit sonst durch Maschinen ersetzt wird!«

Es war einmal ein Beratungsgremium der deutschen Bundesregierung, dessen Name von Kiel bis München reichte: »Sachverständigenrat zur Begutachtung der gesamtwirtschaftlichen Entwicklung«. Die Presse pflegte dieses Wortungetüm salopp zu umgehen, indem sie ohne jede Ironie von den »Wirtschaftsweisen« schrieb. Von hohen Löhnen hielt die Mehrheit dieses Gremiums wenig, und so hieß es in seinem Jah-

resgutachten 1999/2000: »Dabei ist zu berücksichtigen, dass sich die Nachfrage nach Arbeit zu Ungunsten der weniger Qualifizierten verschiebt. Dieser Prozess zu Ungunsten der wenig Qualifizierten wird forciert, wenn eine falsche Lohnstruktur Anreize zu arbeitsplatzreduzierenden Rationalisierungsinvestitionen setzt. Gerade einfache Arbeit ist leicht durch Maschinen zu ersetzen.«

Steigende bzw. zu hohe Löhne für Geringqualifizierte führten dazu, so der Sachverständigenrat, dass Unternehmen einfache Arbeit durch Maschinen ersetzten (also »Rationalisierungsinvestitionen« vornähmen). Um Lohnkosten zu drücken, schafften sie sich beispielsweise Roboter und Computer an. Diese erledigten dann einfache Tätigkeiten, die bis dahin von Beschäftigten ausgeführt wurden. Arbeitsplätze gingen so verloren. Durch eine geringere Bezahlung einfacher Arbeit könne und solle diese Entwicklung verhindert oder zumindest ausgebremst werden.

Diese Behauptung ist schon deshalb falsch, weil keineswegs nur »einfache Arbeit« leicht durch Maschinen zu ersetzen ist. Gerade die immer leistungsfähigere künstliche Intelligenz ermöglicht es zunehmend, auch komplexere Tätigkeiten und höhere Qualifikationen zu ersetzen. Zudem entstehen durch den technologischen Fortschritt auch neue einfache Tätigkeiten, man denke etwa an die Lagerhaltung großer Online-Händler.

Noch grundlegender ist aber folgender Einspruch: Die Menschheit kennt – Kapitalismus hin oder her – nur eine Quelle von materiellem Wohlstand, und das ist das Ersetzen von Arbeit durch Maschinen. Eine höhere gesamtwirtschaftliche Arbeitsproduktivität führt zu einem größeren Angebot an Gütern und Dienstleistungen. Sie ermöglicht damit mehr Konsum und höhere Einkommen. Und sie ermöglicht eine geringere Arbeitszeit, da das zur Lebensführung Notwendige dann in kürzerer Zeit produziert werden kann (→ Kapitel 23).

Die Idee, man müsse den technischen Fortschritt ausbremsen, da er Arbeitsplätze vernichte, geht daher fehl. Dies gilt übrigens auch, wenn Gewerkschafterinnen, Gewerkschafter und andere Linke sie äußern, wie es bisweilen der Fall ist. Wer glaubt, dass weniger Technologie und mehr Arbeit mehr Wohlstand bedeuten, der muss begründen, dass wir einen größeren Wohlstand hätten, würden wir unsere Güter noch immer mit Eseln transportieren und unsere Straßenlampen von Hand mit Feuer entzünden.

Das Gegenteil ist der Fall: Wohlstand an Gütern, Dienstleistungen oder Zeit bedeutet, Arbeit unnötig zu machen, sie durch Maschinen zu ersetzen. Auch deshalb brauchen wir gute Löhne. Sie sind Anreize, Technologien zu entwickeln und einzusetzen, um Arbeit überflüssig machen.

Von der Notwendigkeit, Arbeit durch Maschinen zu ersetzen, will der Sachverständigenrat jedoch nichts wissen. Und es ist nicht das einzige, was erstaunt. Denn an anderer Stelle im gleichen Gutachten gibt der Rat zum Besten, dass niedrigere Löhne notwendig seien, um Investitionen der Unternehmen zu stärken. Schließlich hätten niedrigere Löhne höhere Gewinne und damit eine größere Investitionsbereitschaft zur Folge. Hier sollen niedrigere Löhne bzw. Lohnzurückhaltung nach Ansicht der gar nicht so (Wirtschafts-) Weisen also zu höheren Investitionen führen, um zusätzliche Arbeitsplätze zu schaffen. Im Eingangszitat aber wird auf niedrigere Löhne bzw. Lohnzurückhaltung gesetzt, um gering bezahlte Arbeitsplätze zu erhalten – das bedeutet aber Verzicht auf Investitionen, denn diese sind notwendig, um zu rationalisieren. Besonders schlüssig ist das nicht. Auch höchste wissenschaftliche Ansprüche schützen offenbar nicht davor, sich die Dinge so zu drehen, wie es gerade passt.

Übrigens liest man das Märchen von den niedrigen Löhnen, die einfache Arbeitsplätze vor dem Verdrängen durch Maschinen schützten, heute nur noch selten. Der wichtigste Grund dafür dürfte die derzeit recht gute Lage am Arbeitsmarkt sein. In den späten 1990er Jahren war dies noch gänzlich anders. Da in Zukunft aber auch wieder andere Zeiten kommen können, gehört auch dieses Märchen in dieses Buch.

13:
»Löhne bilden sich durch Angebot und Nachfrage!«

Es war einmal eine Journalistin, die gleich mehrfach mit Preisen ausgezeichnet wurde. Karl-Bräuer-Preis des Steuerzahlerbundes, Ludwig-Erhard-Preis, von-Hayek-Preis: Heike Göbel war ganz auf (neoliberaler) Linie. Für ihre Vorstellung von Lohnfindung galt das nicht weniger, und so schrieb sie 2007 in der Frankfurter Allgemeinen Sonntagszeitung*: »Auch am Arbeitsmarkt entscheidet der Preis, also der Lohn, darüber, ob Angebot und Nachfrage nach Beschäftigung zum Ausgleich kommen.«*

Göbel hat hier das gängige Bild von der Preisbildung einer Ware vor Augen: Ein höherer Preis führe zu einem größeren Angebot und einer geringeren Nachfrage. Schließlich sei es attraktiv, beispielsweise Kartoffeln teuer zu verkaufen, aber wenig attraktiv, sie teuer zu kaufen. Ein niedrigerer Preis hingegen führe zu einem geringeren Angebot und einer höheren Nachfrage. Der Preis, der sich am Markt nun herausbilde, sei der, bei dem sich Angebot und Nachfrage entsprechen – bei dem beide »zum Ausgleich kommen«. Neoliberale übertragen dieses Modell auch auf die »Ware« Arbeitskraft: Wer jemanden einstelle, kaufe Arbeitskraft, wie andere Kartoffeln kaufen. Und wer sich einstellen lasse, verkaufe Arbeitskraft, wie andere Kartoffeln verkaufen. Ergo bilde sich auch der Lohn als der Preis so heraus, wie sich der Preis für Kartoffeln herausbilde – als Ausgleich von Angebot und Nachfrage.

Das Problem an dieser Sichtweise: Sie hat mit der Wirklichkeit nichts zu tun. Schon die gängige Idee von Preisbildung vernachlässigt die Besonderheiten, die viele Waren aufweisen. Und die »Ware« mit den meisten Besonderheiten dürfte die Arbeitskraft sein. Denn es gibt sie nicht ohne den dazugehörigen Menschen.

Erstens können abhängig Beschäftigte weder die Lohnstruktur im Unternehmen noch dessen wirtschaftliche Lage beurteilen. Auch können sie die komplexen und vielfältigen Arbeitsmärkte in verschiedenen Regionen, Branchen und Qualifikationsfeldern bestenfalls in Ansätzen überblicken. Wer jemanden einstellt, verfügt daher über einen Informationsvorteil.

Zweitens ist für viele Beschäftigte die Zahl möglicher Arbeitsplätze regional oder sogar darüber hinaus sehr begrenzt. Dies gilt besonders – aber nicht ausschließlich – für Menschen mit spezialisierter Qualifikation. Dadurch können die einstellenden Betriebe oft aus einer Machtposition heraus handeln.

Drittens haben abhängig Beschäftigte nur ihre Arbeitskraft zu verkaufen. Eine Landwirtin, die Kartoffeln anbaut, kann zu Rüben wechseln. Ein Hemdenhersteller kann auch Gesichtsmasken produzieren. Wer aber abhängig beschäftigt ist, kann nur die eigene Arbeitskraft verkaufen. Dies versetzt die Käufer dieser Ware, die ungenau als »Arbeitgeber« bezeichnet werden, in eine strukturelle Machtposition.

Dass abhängig Beschäftigte nichts anderes als ihre Arbeitskraft verkaufen können, hat – viertens – eine weitere Konsequenz: Wenn der »Preis« (Lohn) sinkt, dann werden sie nicht weniger, sondern mehr arbeiten. Sie sind ja zwingend auf Arbeitseinkommen angewiesen. Ein sinkender Lohn führt also nicht, wie Göbel & Co. unterstellen, zu einem geringeren Angebot an Arbeitskraft. Es führt zu einem größeren (→ Kapitel 14).

Fünftens wird gleiche Arbeit – vor allem aufgrund von Klischees und Vorurteilen – unterschiedlich bezahlt. So fallen die Löhne für Frauen, Migrantinnen und Migranten selbst bei gleicher Leistung unterdurchschnittlich aus. Über Entlohnung entscheiden also nicht nur Angebot und Nachfrage, sondern auch weitere (unschöne) Einflussfaktoren.

Kurzum: Menschen sind keine Kartoffeln. Und weil sie das nicht sind, ist das gängige Modell vom Arbeits-»Markt«, an dem sich Angebot und Nachfrage ausgleichen, ein neoliberales Märchen. Die erwähnten Informations- und Machtunterschiede dürfte es in ihm eigentlich gar nicht geben. Im wahren (Arbeits-) Leben bilden sich Löhne folgerichtig auch nicht als Marktpreise, sondern sie werden im Wesentlichen durch Gewerkschaften und Arbeitgeberverbände ausgehandelt. Oder sie werden durch den Staat vorgegeben – etwa wenn Gerichte extrem niedrige Löhne als sittenwidrig verbieten.

14:
»Gewerkschaften sind schädliche Kartelle!«

Es war einmal ein Oberpriester neoliberaler Wirtschaftswissenschaft, dem zahlreiche Jünger in Politik, Journalismus und Wissenschaft huldigten. Es war die Hoch-Zeit des Neoliberalismus, als besagter Hans-Werner Sinn seine Anhänger mit deftiger Dresche für die Gewerkschaften in Ekstase versetzte. In einem Interview mit Focus Money *sagte er im Juli 2004: »Die Gewerkschaften sind ein Kartell derjenigen, die Arbeit haben. Und wie jedes Kartell dient es dazu, überhöhte Preise durchzusetzen. Würden sich die Löhne frei nach dem Gesetz von Angebot und Nachfrage bilden, gäbe es keine Arbeitslosigkeit.«*

Hier kehrt eine neoliberale Argumentation wieder, die sich auch in anderen Zusammenhängen findet: Märkte seien effizient, deshalb sollten sich Preise frei bilden. Tun sie dies, so stelle sich ein »Gleichgewichtspreis« ein, der »den Markt räumt«. Jede Nachfrage finde dann ihr Angebot und jedes Angebot seine Nachfrage. Dies gelte auch für den Arbeitsmarkt, wo Löhne Preise für »Arbeit« (für Arbeitskraft) seien (→ Kapitel 13). Werden diese Preise politisch »überhöht«, so ergebe sich ein größeres Angebot an Arbeit, während die Nachfrage zurückgehe. Beschäftigte und Arbeitslose böten dann mehr Arbeitskraft an, als die Unternehmen benötigten. Es entstehe Arbeitslosigkeit, weil ein Teil der Beschäftigten zu den überhöhten Löhnen keine Beschäftigung finde. Und genau dies sei die Schuld der Gewerkschaften: Sie erzwängen mit Streiks und Tarifverträgen ein höheres Lohnniveau, als sich am Markt sonst bilden würde.

Das Problem an diesem Argument: Arbeitskraft ist keine Ware wie jede andere. Und folglich funktioniert auch der Arbeitsmarkt nicht so, wie sich die Neoliberalen das vorstellen. Dafür gibt es mindestens drei Gründe: Erstens sind diejenigen, die die »Ware« Arbeitskraft verkaufen (müssen), existentiell darauf angewiesen, von diesem Verkauf leben zu können. Wenn sie durch Erwerbstätigkeit nicht genug Geld einnehmen, dann werden sie sich einen zweiten Job suchen. Oder einen dritten. Oder sie weiten ihre Arbeitszeit aus. Ein niedriger »Preis« (Lohn) führt folglich nicht zu einem kleineren, sondern zu einem größeren Angebot an Arbeitskraft. (Spiegelbildlich ermöglicht ein hoher Lohn, weniger zu arbeiten, was zu einem geringeren Angebot an Arbeitskraft führen kann.) Das unterscheidet die »Ware« Arbeitskraft von anderen Waren: Das Angebot an Kartoffeln und Haarschnitten geht zurück, wenn der Preis dafür sinkt – das Angebot an Arbeitskraft aber nimmt zu. Die Ökonomie nennt das ein inverses Angebotsverhalten. Dieses kann einen Teufelskreis auslösen: Ein größeres Angebot an Arbeitskraft senkt die Löhne, was zu einem noch größeren Angebot an Arbeitskraft führt, was die Löhne noch mehr senkt. Diese Spirale nach unten lässt sich nur stoppen, wenn Entgelte einheitlich festgelegt werden. Das leisten in erster Linie Gewerkschaften und Tarifverträge.

Hinzu kommt zweitens: Nur wenn innerhalb einer Branche alle Unternehmen die gleichen Löhne bezahlen, konzentriert sich der Wettbewerb zwischen ihnen auf die Qualität der Produkte und die Effizienz der Produktion. Ein Wettbewerb um die niedrigsten Löhne oder die schlechtesten Arbeitsbedingungen hingegen ist gesellschaftlich und wirtschaftlich schädlich (→ Kapitel 15).

Der dritte Grund dafür, dass der Arbeitsmarkt ein besonderer Markt und Gewerkschaften keine schädlichen Kartelle sind, ist folgender: Löhne sind nicht nur Kosten, die die Nachfrage der Unternehmen senken, sondern sie sind immer zugleich Einkommen, die indirekt die Nachfrage der Unternehmen erhöhen. Das tun sie, weil die Beschäftigten einen Großteil ihrer Einkommen wieder ausgeben. Sie kaufen Produkte, die die Unternehmen produzieren. Und sie kaufen mehr Produkte, wenn die Löhne steigen. Wenn die Unternehmen auf diese Weise aber ihre Absätze und Umsätze steigern können, so werden sie investieren (→ Kapitel 70) und entsprechend Menschen einstellen(→ Kapitel 06). Und zwar nicht trotz, sondern wegen steigender Löhne.

Kurzum: Eine Volkswirtschaft ist ein Kreislauf. Was A ausgibt, nimmt B ein. Wer die richtigen politischen Schlussfolgerungen ziehen möchte, muss alle Dimensionen dieses Kreislaufs berücksichtigen – anstatt eindimensional und neoliberal ein Zerrbild von Löhnen, Tarifverträgen und Gewerkschaften zu zeichnen.

15: »Tarifverträge müssen auf betriebliche Besonderheiten Rücksicht nehmen!«

Es war einmal ein Arbeitgeberverband, dessen Sicht auf die Welt eine sehr betriebliche war. Gesellschaftliche oder volkswirtschaftliche Zusammenhänge waren seine Stärke nicht, und so formulierte der Verband der Bayerischen Metall- und Elektro-Industrie im Juni 2021 in einem Positionspapier: »Wirtschaftlich ermöglichen Öffnungsklauseln im Tarifvertrag die Schaffung flexibler Arbeitsbedingungen. Dies ist auch erforderlich, da tarifliche Arbeitsbedingungen undifferenziert für eine Vielzahl von Arbeitnehmern und Arbeitgebern gelten. Öffnungsklauseln vermögen insbesondere dafür zu sorgen, dass Unternehmen in wirtschaftlichen Krisensituationen oder von Anfang an wirtschaftlich nicht allzu starke Unternehmen trotz Tarifbindung im Übrigen bestimmte tarifliche Mindeststandards unterschreiten können, um den Betrieb und die damit verbundenen Arbeitsplätze zu sichern.«

Der letzte Satz ist zwar umständlich formuliert, aber die Aussage des Zitats ist simpel: Tarifverträge sollten durch so genannte Öffnungsklauseln betriebliche Abweichungen zulassen. Dies ermögliche es kriselnden oder finanzschwachen Unternehmen, unter den tariflichen Mindeststandards zu bleiben. Sie könnten dann also beispielsweise weniger Lohn zahlen, als der Tarifvertrag eigentlich vorsieht.

Oder sie könnten ihre Beschäftigten länger arbeiten lassen. Diese Flexibilität sichere Unternehmen und Arbeitsplätze (→ Kapitel 02).

Unternehmen, die sich in einer schwierigen Lage befinden, sollen also dank niedrigerer Löhne oder längerer Arbeitszeiten erhalten bleiben. Wer wollte etwas dagegen haben? Dennoch ist das – zumindest in dieser allgemeinen Form – wirtschaftspolitisch falsch. Denn es widerspricht dem Grundsatz, dass alle Betriebe und Unternehmen in einer Branche gleiche Wettbewerbsbedingungen haben sollten.

Dieser Grundsatz ist wichtig, weil es nur einen sinnvollen Wettbewerb geben kann, wenn alle Betriebe und Unternehmen einer Branche für gleiche Arbeit die gleichen Löhne bezahlen. Für Arbeitszeiten, Urlaub, Betriebsrenten usw. gilt dies genauso. Denn nur wenn alle Marktteilnehmer einer Branche die gleiche Arbeitskosten-Struktur haben, wird der Wettbewerb zwischen ihnen einer um die besten Produkte und die effizienteste Produktion sein. Nur dann besteht ein Anreiz, bessere, innovativere und effizienter hergestellte Produkte als die Konkurrenz auf den Markt zu bringen. Nur ein solcher Wettbewerb steigert den materiellen Wohlstand, denn nur er macht Produkte wirklich billiger oder besser. Haben Unternehmen hingegen die Möglichkeit, Wettbewerber durch niedrigere Löhne oder längere Arbeitszeiten zu überflügeln, so werden sie dies versuchen. Es entwickelt sich dann ein schädlicher Wettbewerb um möglichst niedrige Löhne und möglichst schlechte Arbeitsbedingungen. Von dem hat am Ende niemand etwas: Wird ein Produkt nur billiger, weil der Hersteller seine Beschäftigten schlechter bezahlt und der Wettbewerb sich über Lohndrückerei vollzieht, so ist dies gesamtgesellschaftlich kein Gewinn an Wohlstand.

Ist ein Unternehmen also in finanziellen Schwierigkeiten, weil seine Güter und Dienstleistungen zu schlecht sind oder zu ineffizient hergestellt werden, dann sollte es vom Markt verschwinden. Das ist gesunder Strukturwandel. Unternehmen mit besseren Produkten und effizienterer Produktion werden dann seinen Platz einnehmen und Arbeitsplätze schaffen. Davon haben wir alle etwas: Die Beschäftigten, weil sie dank der besseren Produktivität der stärkeren Unternehmen mittel- und langfristig mehr verdienen. Und die Verbraucherinnen und Verbraucher, weil sie bessere und kostengünstigere Güter und Dienstleistungen kaufen können.

Dieser Mechanismus darf aber nicht ausgehebelt werden, auch nicht durch tarifliche Öffnungsklauseln. Gewiss, es gibt Situationen, in denen Unternehmen unverschuldet in Krisen geraten. Beispielsweise, wenn im Zuge einer Pandemie ganze Volkswirtschaften heruntergefahren werden. Oder wenn eine Finanzkrise auch gesunde Unternehmen gefährdet. In solchen Fällen ist es sinnvoll, die Unternehmen zeitweise zu stützen. Das aber ist Aufgabe des Staates, der mit Subventionen eingreifen kann. Er verfügt über ausreichende finanzielle Möglichkeiten – und kann sachliche, für alle gleiche Auswahlkriterien festlegen.

Apropos staatliche Subventionen. Die lehnen Neoliberale und Unternehmen oft mit dem Argument ab, dass sie unklugerweise Zombie-Unternehmen am Leben hielten. (Wobei allerdings gilt: je flächendeckender die Krise, desto kleiner ihr Widerstand gegen staatliche Gelder). Das ist seltsam und widersprüchlich. Schließlich stellen auch Kostensenkungen, die durch Lohnverzicht zu Lasten der Beschäftigten gehen, eine Art Subvention dar. Lohnsenkungen sind eine finanzielle Unterstützung für Arbeitgeber. »Echte« Subventionen unterscheiden sich davon nur in einem Punkt: Sie kommen als finanzielle Unterstützung vom Staat. Warum aber sollen staatliche Subventionen (fast) immer falsch, die der Beschäftigten immer richtig sein?

16:
»Dieser Streik ist zum jetzigen Zeitpunkt nicht angemessen!«

Es war einmal ein Unternehmer und Präsident der Metallarbeitgeber, der die Rolle sehr gut kannte, die er zu spielen hatte. Von Arbeitskämpfen hielt Stefan Wolf nicht viel, und so äußerte er sich im August

2022 in einem Interview mit der Funke-Mediengruppe klar und deutlich zu möglichen Streiks der IG Metall: »In der jetzigen Situation den Unternehmen mit einem Streik hohe Kosten aufzubürden, halte ich für falsch.«

In der aktuellen Situation seien Streiks falsch. Dieser Satz ist so oder ähnlich immer wieder zu hören, lediglich die Begründungen wechseln: Mal verursache der Streik den Unternehmen zu hohe Kosten. Mal störe er konstruktive Tarifverhandlungen. Mal schade er der Wirtschaft insgesamt, mal den armen Kundinnen und Kunden, mal den Bürgerinnen und Bürgern. Mal sei die Wirtschaftslage zu schlecht für einen Streik. Mal sei sie zu gut.

Gründe, nicht zu streiken, gibt es also genug. Genau wie Zeitpunkte, an denen ein Streik gerade überhaupt nicht passt. Im Ergebnis ist ein Streik aus neoliberaler Sicht niemals angemessen und immer falsch. Die Mehrheit der Neoliberalen und Arbeitgeber würde dies so allerdings nicht formulieren – zumindest nicht in Ländern mit geregelten Beziehungen zwischen Arbeitgebern und abhängig Beschäftigten. Denn erstens müssen sie hier versuchen, die Öffentlichkeit (und sogar die Streikenden selbst) von der Unangemessenheit eines bestimmten Streiks zu überzeugen. Gelingt es ihnen, schwächen sie ihn. Zweitens ist das Streikrecht ein Grundrecht, das sie hier nicht einfach ignorieren können.

Als Grundrecht ist das Recht auf Streik in zahlreichen Verfassungen, Menschenrechtserklärungen und internationalen Abkommen verankert. Und das aus guten Grund: Der Streik ist eine zentrale Handlungsmöglichkeit der Beschäftigten, um die eigenen Interessen durchzusetzen. Nur mit ihm ist Waffengleichheit zwischen der mächtigeren Arbeitgeberseite (dem »Kapital«) und der Seite der Beschäftigten (der »Arbeit«) herzustellen. Tarifverhandlungen ohne Streikrecht wären nicht mehr als »kollektives Betteln« der Beschäftigten, wie das deutsche Bundesarbeitsgericht 1980 festhielt. Nur wenn die eigene Arbeitsleistung verweigert werden kann, lassen sich die eigenen Forderungen wirklich untermauern. In diesem Sinne ist der Streik eine der wenigen legalen Möglichkeiten der Gegenwehr. Was nicht bedeutet, dass jeder Tarifkonflikt in einen Streik mündet. Oft reicht schon die Drohung.

Dass ein Streik nicht allenthalben auf Begeisterung stößt, gehört notwendig dazu. Denn ein Streik, der den Bestreikten genehm ist, tut nicht weh. Er bleibt wirkungslos. Und da kapitalistische Gesellschaften hochgradig arbeitsteilige Gesellschaften sind, sind fast automatisch immer auch Dritte betroffen: Bei Bahnstreiks bleiben Pendlerinnen und Pendler stehen. Bei Streiks in der Industrie erhalten Kundinnen und Kunden keine Waren, andere Unternehmen können möglicherweise nicht weiterproduzieren. Bei Streiks in Kitas müssen Eltern der Arbeit fernbleiben und ihre Kinder selbst betreuen. Bei Streiks in Krankenhäusern müssen (verschiebbare) Operationen verschoben werden. Da ist der Vorwurf der »Unangemessenheit« schnell in die Welt posaunt – und die Bedeutung des Streikrechts schnell aus den Augen verloren.

Ebenfalls schnell aus dem Blick gerät, dass ein Streik keine Willkür ist. Vielmehr wird eine Gewerkschaft (→ Kapitel 14) nur dann zum Streik aufrufen (können), wenn ihre Mitgliedschaft entsprechende Bereitschaft zeigt. Zudem gibt es für das Streiken Regeln und Rahmenbedingungen, die durch Gesetz und – insbesondere in Deutschland – durch Gerichtsurteile festgelegt werden. Die Machtverteilung zwischen Kapital und Arbeit wird nicht zuletzt hierdurch mitgeprägt.

Die politische Begrenzung des Streikrechts betrifft auch den so genannten politischen Streik. Gemeint ist damit ein Streik, der nicht der Durchsetzung unmittelbarer wirtschaftlicher Interessen gegenüber Arbeitgebern dient, sondern der Durchsetzung politischer Interessen abhängig Beschäftigter etwa gegenüber Regierung oder Parlament. Die rechtlichen Grenzen dafür sind in allen Ländern eng gefasst. Besonders eng aber hat man sie in Deutschland gezogen, wo NS-Arbeitsrechtsdenken nachwirkte. Der politische Streik ist hier verboten. Auch das bestimmt die Machtverteilung zwischen Kapital und Arbeit, und zwar – wie so oft – zu Gunsten des Kapitals.

17:
»Die Lohnnebenkosten sind zu hoch!«

Es war einmal ein Professor der Ökonomie, der hieß Klaus Zimmermann. Er leitete von 2000 bis 2011 das einst fortschrittliche Deutsche Institut für Wirtschaftsforschung in Berlin, das er zu einer neoliberalen Denkfabrik umbaute. Im Interview mit der Frankfurter Rundschau *machte Klaus Zimmermann im November 2006 klar, worin für ihn die Hauptursache für Unterbeschäftigung liegt: »Wirtschaft und Staatsfinanzen haben nur eine dauerhafte Erholungschance, wenn sich auch die Lage auf dem Arbeitsmarkt, insbesondere bei den gering Qualifizierten, deutlich bessert. Dazu müssen die Lohnnebenkosten sinken.«*

Bei dem von Klaus Zimmermann angestimmten Lied von den zu hohen Lohnnebenkosten handelt es sich um einen Evergreen, den auch die Unternehmerverbände immer gerne singen. Lohnnebenkosten sind Teil der gesamten Lohn- und Arbeitskosten. Während Löhne und Gehälter den abhängig Beschäftigten direkt zufließen, erscheinen die Lohnnebenkosten den Unternehmen als »zusätzliche« Ausgaben – eben »Nebenkosten«. Das sind etwa Kosten der beruflichen Fort- und Weiterbildung oder der vom Arbeitgeber gestellten Berufskleidung. Der weitaus größte Teil der Lohnnebenkosten entfällt allerdings auf die gesetzlichen Arbeitgeberbeiträge zu den Sozialversicherungen, in Deutschland also auf die Beiträge zur Renten-, Kranken-, Pflege-, Unfall- und Arbeitslosenversicherung. Hieraus werden durchaus Einkommen der Beschäftigten finanziert, nur eben indirekt: Sie erhalten diese Gelder (oder Sachleistungen) im Rentenalter, bei Krankheit, im Pflegefall, bei einem Unfall oder bei Arbeitslosigkeit.

Niedrigere Sozialbeiträge bedeuten für Arbeitnehmerinnen und Arbeitnehmer daher einen Verlust an Einkommen (→ Kapitel 18). Unternehmen und ihre Interessenverbände hingegen sehen in den angeblich stets zu hohen Lohnnebenkosten vor allem Investitionshemmnisse: Zu hohe Kosten schmälerten die Gewinne, so argumentieren sie vereint im Chor mit Neoliberalen wie Klaus Zimmermann. Dies mache Investitionen unrentabel und verhindere so den Aufbau von Arbeitsplätzen.

Dabei unterschlagen sie, dass die Sozialbeiträge nicht einfach nur die Arbeitskosten der Unternehmen erhöhen, sondern an anderer Stelle im Wirtschaftskreislauf für Nachfrage (und so indirekt für Investitionen und Arbeitsplätze) sorgen. Sie sind Binnennachfrage. So fließen die Beiträge zur gesetzlichen Rentenkasse direkt an Rentnerinnen und Renter, die damit ihren Lebensunterhalt finanzieren. Sie fragen also Güter und Dienstleistungen nach. Gleiches gilt für das mit den Beiträgen zur Arbeitslosenversicherung finanzierte Arbeitslosengeld, mit dem Erwerbslose Lebensmittel, Kleidung sowie sonstige materielle Güter und Dienstleistungen des täglichen Bedarfs kaufen. Es ist letztlich auch diese Nachfrage, die Investitionen der Unternehmen erst rentabel macht (→ Kapitel 70) und für Arbeitsplätze sorgt (→ Kapitel 06).

Neben der angeblichen Beeinträchtigung der Investitionstätigkeit durch zu hohe Lohnnebenkosten verweisen Zimmermann & Co. auch gerne auf eine drohende Gefährdung der preislichen Wettbewerbsfähigkeit. Deutsche (oder österreichische, schweizerische, französische, italienische usw.) Unternehmen müssten sich auf dem Weltmarkt gegen Unternehmen aus anderen Ländern durchsetzen. Hierbei spielten die gesamten Arbeitskosten, zu denen auch die Lohnnebenkosten zählten, eine entscheidende Rolle. Wenn diese zu hoch ausfielen, seien deutsche (oder österreichische, schweizerische, französische, italienische usw.) Unternehmen zu teuer und daher nicht mehr wettbewerbsfähig.

Auch dieses Argument kann nicht überzeugen. Denn zum ersten betrifft der internationale Kosten- und Preiswettbewerb nur Unternehmen des Exportsektors. Und für sie gibt es weitere Wettbewerbskriterien: Eine gute Produktqualität oder ein guter Service – etwa bei Reparaturen – seien als Beispiele genannt. Zum zweiten dürfen selbst dann, wenn nur die preisliche Wettbewerbsfähigkeit in den Blick genommen wird, nicht nur die Arbeitskosten betrachtet werden. Vielmehr sind die Lohnstückkosten wichtig, die die Arbeitskosten auf die gesamtwirtschaftliche Arbeitsproduktivität beziehen (→ Kapitel 48). Eine hohe Arbeitsproduktivität kann mit hohen Stundenlöhnen und hohen Lohnnebenkosten einhergehen, ohne dass die Wettbewerbsfähigkeit darunter leidet. Hinzu kommt zum dritten eine preisliche Komponente, über die Unternehmen und ihre Interessensverbände gerne schweigen: der Profitaufschlag. Denn auch das, was sich das Kapital am Ende in die eigene Tasche steckt, erhöht die Preise.

18:
»Niedrigere Sozialbeiträge entlasten die Arbeitnehmer!«

Es war einmal ein »Manager in feinem Tuch« (Frankfurter Allgemeine), *der wie kein zweiter Lobbyist jene zähe Hochphase des Neoliberalismus rund um die Jahrtausendwende prägte. Von 1996 bis 2013 war Dieter Hundt Präsident der Bundesvereinigung der Deutschen Arbeitgeberverbände. Im Mai 2010 gab ausgerechnet er sich in der* Rheinischen Post *als Freund der abhängig Beschäftigten: »Vorrangig sind niedrigere Sozialabgaben, weil dadurch alle Arbeitnehmer entlastet werden«.*

Das Argument selbst ist oft zu hören: Es brauche niedrigere Sozialabgaben, um die abhängig Beschäftigten zu entlasten. Durch niedrigere Zahlungen an die Sozialversicherungen verbleibe Monat für Monat mehr Geld in deren Geldbeuteln.

Wenn ein Arbeitgeber-Lobbyist vorgibt, etwas für abhängig Beschäftigte zu fordern, ist Vorsicht angesagt. So auch hier: Weniger Zahlungen an die Sozialversicherungen bedeuten zwingend weniger Leistungen. Denn die Sozialabgaben finanzieren die Sozialversicherung, in Deutschland also die Renten-, Unfall, Kranken-, Pflege- und Arbeitslosenversicherung. Und wenn die über weniger

Geld verfügen, führt das notwendig zu niedrigeren Renten, weniger Arbeitslosengeld oder schlechterer gesundheitlicher Versorgung. Was mittelfristig auf die Arbeitnehmerinnen und Arbeitnehmer zurückschlägt: Ihnen fehlt dann Einkommen etwa im Alter oder bei Erwerbslosigkeit. Oder sie erhalten nicht die medizinischen Leistungen, die sie benötigen.

Wer es sich leisten kann, kann stattdessen selbst vorsorgen. Mit einer privaten Rentenversicherung beispielsweise. Aus der Sicht eines einzelnen Menschen mag das vernünftig erscheinen: Wenn die Regierung die soziale Sicherung verschlechtert, gleicht man dies durch eigene Vorsorge aus. Als politische Forderung ist es für abhängig Beschäftigte aber töricht. Denn erstens sind die Leistungen der Sozialversicherung derart ausdifferenziert, dass man privat gar nicht in gleichem Maße alle Eventualitäten abdecken kann. So umfassen private Rentenversicherungen beispielsweise nicht die Reha-Leistungen der deutschen Gesetzlichen Rente. Zweitens sind private Versicherungen in aller Regel teurer als öffentliche Sozialversicherungen. Letztere müssen zum Beispiel keinen teuren Vertrieb finanzieren.

Am wichtigsten aber ist der dritte Grund: Sozialabgaben finanzieren die abhängig Beschäftigten nur zum Teil, in Deutschland zur Hälfte. Den anderen Teil übernehmen ihre Arbeitgeber. (Die Unfallversicherung finanzieren letztere in Deutschland gar alleine.) Dadurch übernehmen Arbeitgeber soziale Verantwortung für ihre Beschäftigten. Zugleich haben sie so einen (kleinen) Anreiz, Arbeit gesundheitsförderlich auszugestalten. Sozialabgaben zu senken und privat vorzusorgen, bedeutet vor diesem Hintergrund schlicht, die Arbeitgeber aus ihrer Verantwortung zu entlassen.

Niedrigere Sozialabgaben sind also auch verteilungspolitisch bedeutsam. Durch sie wird Geld von Beschäftigten zu Arbeitgebern umverteilt. Was wiederum erklärt, warum ausgerechnet ein Arbeitgeberpräsident zum (angeblichen) Freund der Arbeitnehmerinnen und Arbeitnehmer wird. Dass derlei Verbände auch regelmäßig eine Begrenzung der Sozialabgaben fordern, überrascht da nicht mehr.

Gewiss: Die Sozialausgaben haben einen gewissen Trend nach oben. Er wurde in den letzten Jahren und Jahrzehnten auch dadurch gebremst, dass viele Beschäftigte im Sozialstaat (etwa Pflegekräfte und Beschäftigte in der aktiven Arbeitsmarktpolitik) schlechter bezahlt wurden. Letzteres wird sich aber künftig immer weniger durchhalten lassen, hinzu kommt der wieder anziehende demografische Wandel (→ Kapitel 23). Die Sozialausgaben und damit die Sozialabgaben werden also im Trend wieder steigen, was leider dazu führt, dass zum Teil auch abhängig Beschäftigte der Forderung nach deren Begrenzung auf den Leim gehen.

Besser wäre es, hohe Einkommen stärker zur Finanzierung heranzuziehen. Dies ist zum einen durch größere Steuerzuschüsse in die Sozialkassen möglich. Was auch angemessen wäre, bieten die Sozialversicherungen heute doch Leistungen an, die gar nicht den beitragszahlenden Versicherten zugutekommen. Diese versicherungsfremden Leistungen sind eine gesamtgesellschaftliche Aufgabe. Sie sollten auch gesamtgesellschaftlich finanziert werden, also aus dem Steuersäckel. Zum anderen könnten die Beitragsbemessungsgrenzen angehoben werden. Dadurch würden Beschäftigte mit hohen Einkommen stärker herangezogen.

Beides wäre jedenfalls zielführender und gerechter als eine pauschale Senkung der Sozialabgaben, die alleine den Arbeitgebern nützt.

Sozialstaat und Sozialpolitik

19: »Der Sozialstaat wird immer teurer – und am Ende unbezahlbar!«

Es war einmal ein Journalist, dessen vorrangige Kompetenz darin bestand, gegen Linke zu sein. Im Auftakt einer Artikel-Reihe zur Lage der Nation schrieb dieser Jan Fleischhauer im Juli 1998 im Nachrichtenmagazin Der Spiegel: *»Der deutsche Sozialstaat ist unbezahlbar. Er macht die Bürger unfrei, über ihr Einkommen selber zu befinden, und erzieht sie zum Anspruchsdenken.«*

Es ist ein Dauerbrenner seit Jahrzehnten: Der Sozialstaat sei zu umfangreich und zu freigiebig; er überfordere die, die ihn finanzieren; ein finanzielles Fass ohne Boden. Notwendig seien der Abbau von Leistungen und striktere Bedingungen für deren Bezug.

Um die Höhe der Sozialausgaben im Zeitverlauf zu beurteilen, sollte man diese ins Verhältnis setzen zur wirtschaftlichen Leistungskraft eines Landes (gemessen als Bruttoinlandsprodukt, BIP). Nur dieser Wert ist seriös und aussagekräftig – und ja, er steigt tatsächlich (leicht) an: In Westdeutschland bewegten sich die Ausgaben des Sozialstaats von den 1970er Jahren bis zur Wiedervereinigung stets um die 25 Prozent des BIP. Es folgte ein Anstieg auf etwa 28 Prozent bis Mitte der 1990er Jahre. In den Folgejahren bis zu Corona-Krise und Ukraine-Krieg bewegten sie sich zwischen 28 und 30 Prozent, mit einem leichten Trend nach oben. Der Anstieg wäre noch größer, hätten politische Maßnahmen nicht in vielen Bereichen die Löhne der im Sozialstaat Tätigen gedrückt (etwa in der Altenpflege und der Sozialen Arbeit).

Zwei wichtige Gründe für steigende Sozialausgaben sind der demografische Wandel und die unterdurchschnittliche Zunahme der Produktivität im Dienstleistungsbereich. Ersterer wird in Presse und Politik häufig diskutiert: Die Menschen werden im Durchschnitt älter, und die Personen im erwerbsfähigen Alter werden weniger. Dies drückt die Einnahmen der Sozialversicherungen und erhöht die Ausgaben mindestens in der Renten- und Pflegeversicherung. Grund zur Panik besteht trotzdem nicht, auch wenn Neoliberale sie gerne schüren. Denn erstens kommt auch der demografische Wandel irgendwann an sein Ende. Und zweitens führt eine zunehmende gesamtwirtschaftliche Arbeitsproduktivität, also eine Steigerung der durchschnittlichen Produktion je Arbeitsstunde, zu höheren Einkommen. Aus ihnen lassen sich die wachsenden Ausgaben finanzieren (→ Kapitel 23).

Voraussetzung dafür ist allerdings, dass diese Produktivitätssteigerungen auch in steigende Löhne münden. Denn nur dann fließen sie über Sozialbeiträge und Steuern wieder in sozialstaatliche Töpfe, aus denen Leistungen finanziert werden. In vielen westlichen Ländern entfiel in den letzten Jahrzehnten allerdings ein immer kleinerer Teil der Einkommen auf Lohneinkommen. Dies verschärft die Finanzmisere des Sozialstaats. Deshalb wäre es sinnvoll, alle Einkommen zur Finanzierung der sozialen Sicherung heranzuziehen.

Den zweiten wichtigen Grund für die steigenden Sozialausgaben diskutieren Presse und Politik weniger häufig. Er beruht darauf, dass die Produktivität bei Dienstleistungen im Vergleich zu Sachgütern nur unterdurchschnittlich wächst. Diese in ihrer Bedeutung oft unterschätzte Feststellung geht auf den US-Ökonomen William Baumol (1922-2017) zurück: Die Menge der pro Arbeitsstunde hergestellten »Produkte« (hier also Dienstleistungen) lässt sich nur begrenzt steigern. Das liegt daran, dass sich Dienstleistungen weniger gut durch Maschinen und Computer erledigen lassen. Roboter etwa können sehr gut Industrieprodukte herstellen, aber keine Kinder betreuen und keine menschliche Pflege ersetzen. Entsprechend sind in der Industrie (und teilweise im Handwerk) größere Produktivitätssteigerungen üblich, nicht aber bei Dienstleistungen. Im Verhältnis zu Sachgütern werden letztere dadurch immer arbeitsintensiver und damit teurer. Dieser Sachverhalt wird oft etwas ungenau als »Baumolsche Kostenkrankheit« bezeichnet. So sind beispielsweise von 1991 bis 2019 die Verbraucherpreise in Deutschland um etwa 60 Prozent angestiegen. Die Preise für Textilreinigungs-Dienstleistungen gingen dabei im gleichen Zeitraum um fast 75 Prozent hoch, die für Friseur-Dienstleistungen über 100 Prozent, die für Bildungs-Dienstleistungen sogar um über 130 Prozent. Hingegen stiegen die Preise für Pflanzen und Blumen nur um 52 Prozent an, die für Kraftfahrzeuge um 38 Prozent und die für motorisierte Großwerkzeuge sogar nur um drei Prozent. Und um ein extremes Beispiel zu nennen: Die (Weltmarkt-) Preise für Photovoltaik-Module sind inflationsbereinigt zwischen 2010 und 2020 um 90 Prozent gefallen.

Bei Dienstleistungen wie Arztbehandlungen, Kita-Betreuung, Arbeitslosen-Qualifikation, Rehas und Sozialarbeit gibt es solche Preisrückgänge kaum – ganz im Gegenteil steigen die Preise überdurchschnittlich an. Da der Sozialstaat aber zu einem guten Teil Dienstleistungen finanziert, etwa die fünf genannten, steigen damit auch seine Kosten überdurchschnittlich. Dies ist kein Grund zur Sorge. Es ist Ausdruck des materiellen Wohlstands, den wir den Produktivitätsgewinnen bei der Herstellung vieler Sachgüter verdanken.

Für die steigenden Sozialausgaben gibt es noch eine weitere Ursache: wachsende Bedarfe. Es ist beispielsweise ein breit akzeptiertes Ziel, Frauen von ehemals »typisch weiblichen« familiären Verpflichtungen zu befreien. Dies soll ihnen einen besseren Zugang zum Arbeitsmarkt ermöglichen (übrigens auch, um als Gesellschaft den demografischen Wandel besser zu bewältigen). Dafür war und ist es notwendig, Kinderbetreuung und Pflege auszubauen – mit den entsprechenden Mehrkosten. Mit »Anspruchsdenken«, wie die Fleischhauers dieser Welt behaupten, hat das nichts zu tun.

20:
»Sozialstaat: Die einen bezahlen – die anderen kassieren!«

Es war einmal eine Partei, die in den sozialen Medien auf besonders simple Botschaften setzte. Der Sozialstaat blieb davon nicht verschont, und so machte die CDU im Bundestagswahlkampf 2021 unter anderem klar, dass sie von einer Ausweitung sozialer Leistungen gar nichts hielt: »Die SPD will Sanktionen streichen und viele Sozialleistungen erhöhen. Die Partei denkt nicht an die, die den Sozialstaat finanzieren. Sie hat die hart arbeitenden Menschen, die Leistungsträger des Alltags aus dem Blick verloren.«

Dass die CDU hier gegen die SPD schießt, überrascht nicht, ist aber auch nicht weiter interessant. Interessanter ist, dass die CDU hier den Eindruck erweckt, es gebe zwei Gruppen von Menschen: Auf der einen Seite die, »die den Sozialstaat finanzieren«, also »die hart arbeitenden Menschen«. Auf der anderen Seite die, die von Sozialleistungen profitierten. Und wir sollen wohl ergänzend schlussfolgern, dass das zugleich die seien, die nicht hart arbeiten. Mit anderen Worten: die einen schröpfen den Sozialstaat, die anderen bezahlen ihn.

Das aber trifft so nicht zu – in keinem modernen Sozialstaat. Vielmehr sind Haushalte stets Zahler und Empfänger zugleich. Sie sind beides allerdings in unterschiedlichem Ausmaß, sodass durchaus umverteilt wird: Haushalte mit geringeren Einkommen erhalten in der Regel mehr Leistungen, als sie selbst an Steuern und Sozialbeiträgen zahlen. Bei besser situierten ist es umgekehrt. Was angemessen ist, können stärkere Schultern doch schwerere Lasten tragen als schwächere.

Diese Umverteilung zwischen Einkommensklassen ist nicht die einzige sozialstaatliche Aufgabe. Genauso wichtig und im Umfang oft sogar ausgeprägter ist vielmehr die Absicherung von Risiken. Wer alt, krank, erwerbsunfähig, arbeitslos oder pflegebedürftig wird, wer stirbt oder einen Unfall erleidet, wird in Deutschland von den

Sozialversicherungen unterstützt. Und wie der Begriff »Sozial-Versicherung« es schon nahelegt, gilt dabei das Versicherungsprinzip: Die Versicherten bezahlen Beiträge und erwerben dafür Ansprüche auf Leistungen. Zwischen den Einkommensklassen wird dabei wenig umverteilt. Letzteres ist in anderen Ländern zwar anders, etwa im Schweizer Rentensystem. Das ändert allerdings nichts daran, dass auch dort die Absicherung von Risiken die zentrale Aufgabe der Sozialversicherung ist.

Auf Leistungen außerhalb der Sozialversicherungen haben alle Haushalte bzw. Menschen prinzipiell die gleichen Ansprüche. Sie müssen aber bestimmte Bedingungen erfüllen, staatliche Hilfen sollen schließlich zielgenau sein. So muss Kinder haben, wer Kindergeld beziehen möchte. Diese sozialstaatlichen Leistungen außerhalb der Sozialversicherungen – beispielsweise Elterngeld, Blindengeld, Frauenhäuser oder Kitas – sind steuerfinanziert. Das Elterngeld ist in Deutschland dabei sogar an die Höhe des letzten Nettoeinkommens geknüpft, sodass niedrige Einkommen faktisch am wenigsten profitieren. Gerne vergessen wird überdies, dass der Sozialstaat nicht nur Leistungen finanziert, sondern auch Regeln schafft und durchsetzt, von denen alle unabhängig vom Einkommen profitieren – etwa im Arbeits- und Mietrecht.

Ein Sozialstaat macht also sehr viel mehr, als »nur« den Schwächsten unter die Arme zu greifen (was gleichwohl eine unverzichtbare Aufgabe ist). Letztlich sichert er für die gesamte Bevölkerung soziale Teilhabe in besonderen Lebenssituationen. Er wirkt so der sozialen Spaltung entgegen. Er überbrückt Gegensätze und befriedet Konflikte. Und er schafft ein Interesse am Gemeinwesen: Wer Ansprüche an Sozialversicherungen hat, wird sozialpolitischen Fragen seltener mit Gleichgültigkeit begegnen.

Und nicht zuletzt sorgt der Sozialstaat für wirtschaftliche Stabilität. Er sichert Einkommen und Arbeitsplätze in Krisen. Er verstetigt so die gesamtwirtschaftliche Nachfrage, weil die Haushalte auch in schwierigen Zeiten weiter Güter und Dienstleistungen kaufen können. So vermittelt er Sicherheit und Zuversicht.

Unterm Strich profitieren also alle Menschen und Haushalte in vielerlei Hinsicht vom Sozialstaat. Warum aber zeichnen Neoliberale dennoch oft ein falsches Bild? Die Motivation dafür ist offensichtlich: Wenn die, die der Sozialstaat angeblich über den Tisch zieht, an dieses Märchen glauben, wird die politische Unterstützung für einen starken, umfassenden Sozialstaat schwinden.

21: »Der Sozialstaat darf Menschen nicht passiv machen – er muss aktivieren!«

Es war einmal eine deutsche Bundesregierung, die unbedingt auf der vermeintlichen Höhe der Zeit sein wollte. Dafür warfen SPD und Grüne unter Kanzler Gerhard Schröder reihenweise Grundsätze über Bord. Im März 2002 schrieben sie in ihrem Sozialbericht: »Weg vom umsorgenden Sozialstaat – hin zum aktivierenden Sozialstaat. Die Aktivierung der Eigenverantwortlichkeit des Einzelnen steht dabei im Vordergrund: Der Staat hilft und unterstützt, macht aber nicht mehr alles selbst.«

Seit es moderne Wohlfahrtsstaaten gibt, gibt es Diskussionen um ihren Aus- und Abbau. Der »aktivierende Sozialstaat« zielt insofern auf einen Abbau, als er nicht mehr umfassend sozial und solidarisch absichern möchte. Versorgungsleistungen will er teilweise streichen oder zurückfahren. Zugleich aber will er Menschen unterstützen, alleine zurecht zu kommen. Die Versorgungsleistungen sollen dafür nicht alle ersatzlos wegfallen, sondern teilweise zu »aktivierenden« Maßnahmen werden. Der »aktivierende Sozialstaat« ist dafür nur eine Parole von vielen. Zum entsprechenden neoliberalen Neusprech gehören etwa auch »Fördern und Fordern«, »Befähigung«, »workfare« und »Sozialinvestitionen«.

Die Geschichte des Sozialstaats ist keineswegs nur eine Geschichte der Hilfe und Unterstützung. Sie ist auch eine Geschichte von Druck und Schikanen, und mit dem »aktivierenden Sozialstaat«

schlägt das Pendel wieder in diese Richtung aus. Aus individuellen Rechten werden Pflichten. Insofern ist der »aktivierende Sozialstaat« gar nicht so neu, wie Rot-Grün glauben machen wollte. Denn auch er unterstellt, dass viele Menschen einen kräftigen Tritt in den Hintern bräuchten. So führte Rot-Grün etwa die Leistungen der Gesetzlichen Rente zurück und schuf Anreize, selbst vorzusorgen. Die Jugendhilfe erhielt Elemente, die Jugendliche und Eltern stärker auf die Teilnahme am Arbeitsmarkt orientieren sollen. Am weitreichendsten aber waren die Maßnahmen bei Erwerbslosen. Mit Hartz IV entstand ein Regime, das einen faktischen Arbeitszwang mit bestrafenden Leistungskürzungen (»Sanktionen«) durchsetzte. Wobei Deutschland damit keineswegs alleine war und ist. So führten etwa auch die USA, die Niederlande, Dänemark, Österreich und Großbritannien Ähnliches ein.

Das ist kein Zufall, ist doch die Herstellung von Beschäftigungsfähigkeit und Arbeitswillen für den »aktivierenden Sozialstaat« absolut zentral. Faktisch gehen alle anderen Politikbereiche – etwa Rente, Jugendhilfe, Bildung, Gesundheit – daneben unter. Gleiches gilt für die Schaffung neuer Arbeitsplätze: Der aktivierende Sozialstaat will möglichst viele Menschen in bestehende Jobs pressen, selbst unterhalb ihrer Qualifikation – er will nicht möglichst viele attraktive Arbeitsplätze schaffen. Die Folge: Wenn es nicht genug Jobs für alle gibt und wenn Qualifikationen entwertet werden, dann sinken die Löhne.

Indem »Aktivierung« auf diese Weise die Löhne drückt, verstärkt sie soziale Ungleichheit. Darüber hinaus geraten ausgerechnet die Ärmsten und Schwächsten ins Hintertreffen. Denn sie bringen oft nur geringe Ressourcen und Fähigkeiten mit, um sich am Arbeitsmarkt sowie gegenüber dem Aktivierungs-Regime zu behaupten. So zeigte eine Studie des Instituts für Arbeitsmarkt- und Berufsforschung 2016, dass Sanktionen Hartz-IV-Empfängerinnen und -Empfänger mit geringer Bildung überdurchschnittlich oft treffen. Der Grund: Ihnen fehlt häufiger die Geschicktheit und die Sicherheit im Umgang mit »dem Amt«.

Auch wenn seine Anhängerinnen und Anhänger anderes behaupten: Ein solcher »aktivierender Sozialstaat« setzt einen starken, mächtigen, bevormundenden Staat voraus. Einen Staat also, der Druck ausüben und Schikanen durchsetzen kann. Ein Widerspruch zur neoliberalen Forderung nach »weniger Staat« ist dies nicht. Denn Neoliberale wollen den Staat nicht abschaffen, sondern als Instrument in ihrem Sinne nutzen. Ihre Forderung nach »weniger« zielt dabei vor allem auf jene staatlichen Aufgabenfelder, die den Märkten Grenzen setzen – etwa die soziale Absicherung. Jene Aufgabenfelder, die die Märkte stützen oder sie überhaupt erst ermöglichen, wollen sie stärken. Zwangsmittel eingeschlossen. Der »aktivierende Sozialstaat« ist ein gutes Beispiel für dieses autoritäre, neoliberale Staatsverständnis.

An anderer Stelle zeigt sich aber sehr wohl ein Widerspruch: Der »aktivierende Sozialstaat« will Eigenverantwortung befördern, dies aber mit Druck und Schikanen erreichen. Befähigung zu selbstbewusster Unabhängigkeit und Selbsthilfe sieht gewiss anders aus.

22:
»Wegen drohender Soziallasten ist die wahre Staatsschuld viel höher!«

Es war einmal ein Freiburger Wirtschaftsprofessor mit dem interessanten Namen Bernd Raffelhüschen. Er betrieb nicht nur eine rege Nebentätigkeit für private Versicherungskonzerne, sondern ließ diese auch sein kleines Forschungsinstitut kofinanzieren. Unermüdlich und öffentlichkeitswirksam warnte er immer wieder vor einer dramatisch hohen »impliziten Staatsverschuldung«. 2015 bezifferte er diese in einer Berechnung für die Stiftung Marktwirtschaft auf sage und schreibe 6,7 Billionen Euro. Das entspreche fast 238 Prozent des Bruttoinlandsprodukts (BIP): »Davon entfällt auf die explizite, d. h. sichtbare Verschuldung, ein Drittel (77,1 Prozent des BIP). Doppelt so schwer wiegt die implizite, d. h. unsichtbare Verschuldung, die sich auf 160,5 Prozent des BIP beläuft. In ihr spiegeln sich die [...] ungedeckten Ansprüche heute und zukünftig lebender Generationen gegenüber dem Staat wider.«

Bei der von Bernd Raffelhüschen und Kollegen ermittelten »impliziten Staatsverschuldung« handelt es sich um vermeintliche zukünftige Defizite bei Bund, Ländern, Gemeinden und Sozialversicherungen. Sie sollen sich ergeben, wenn die gegenwärtige Haushalts- und Sozialpolitik trotz demografischem Wandel unverändert fortgesetzt wird. Überwiegend resultieren sie aus angeblich steigenden Kosten für Renten und Pensionen sowie für Gesundheit und Pflege in einer alternden Gesellschaft.

In der öffentlichen Debatte wird diese »implizite Staatsverschuldung« gerne genutzt, um für zweierlei zu werben: erstens für drastische Sparanstrengungen und Ausgabenkürzungen in den öffentlichen Haushalten, vor allem im Bereich der Sozialausgaben; zweitens für Privatisierungen und »Eigenvorsorge« bei der sozialen Sicherung. Gerade weil die wirkliche Staatsverschuldung sehr viel höher sei als auf den ersten Blick erkennbar, müssten staatliche Leistungen drastisch abgebaut werden. Die Versicherungswirtschaft freuen solche Forderungen: Weniger staatliche Absicherung und mehr Eigenvorsorge bedeuten mehr und bessere Geschäfte für sie.

Aber auch wenn Raffelhüschens Argumentation seine Sponsoren freuen mag, kann sie inhaltlich nicht überzeugen. Die »implizite Staatsverschuldung« ist keine seriöse Grundlage für wirtschafts- und sozialpolitische Einschätzungen oder gar Entscheidungen. Denn entsprechende Zahlen beruhen auf Schätzungen, die einem Blick in die berühmte Glaskugel gleichkommen. Unter anderem liegen ihnen Annahmen zur demografischen Entwicklung sowie zu den wirtschaftlichen und insbesondere zu den haushalts- und steuerpolitischen Rahmenbedingungen bis 2060 (!) zu Grunde. Schon heute aber scheitern Wirtschaftsforschungsinstitute daran, das Wirtschaftswachstum auch nur für ein oder zwei Jahre vorauszuberechnen. Und auch die Bevölkerungsprognosen des Statistischen Bundesamtes werden regelmäßig durch unvorhersehbare Entwicklungen widerlegt – etwa durch Menschen, die in großer Zahl vor Krieg und Elend nach Deutschland fliehen.

Bei der »impliziten Staatsverschuldung« handelt es sich damit faktisch um fiktive, beispielhafte Modellrechnungen auf der Grundlage von spekulativen Annahmen.

Aber selbst wenn man sich auf solche märchenhaften Berechnungen einlässt, erweist sich die »implizite Staatsverschuldung« nicht als Zeitbombe, sondern als Nebelkerze. Sie soll vernebeln, dass eine angemessene Finanzierung der Sozialsysteme und eine sozial gerechte Besteuerung von hohen Einkommen, Vermögen und Gewinnen auch in Zukunft ausreichend Spielraum für eine Politik des sozialen Ausgleichs bietet. Wenn zudem mehr Menschen am Arbeitsmarkt teilhaben, schafft dies zusätzliche Einkommen, auf die Steuern und Sozialabgaben entrichtet werden. Und wenn die Erwerbstätigen ihre Stundenproduktion im Durchschnitt von Jahr zu Jahr steigern können, also die Arbeitsproduktivität zunimmt, dann ergeben sich weitere finanzielle Möglichkeiten (→ Kapitel 23).

Für Zukunftsangst und Panik, für Sozialabbau und für Zwang zu mehr »Eigenvorsorge« jedenfalls gibt die »implizite Staatsverschuldung« keinen Anlass. Wohl aber dafür, auf eine gerechtere Verteilung zu pochen, mehr Menschen die Möglichkeit zur Teilhabe am Arbeitsmarkt zu geben und die Produktivität zu steigern.

23: »Der demografische Wandel macht die Rente unbezahlbar!«

Es war einmal eine reiche Denkfabrik mit Sitz im ostwestfälischen Gütersloh, die Bertelsmann-Stiftung. Unter dem Deckmantel wissenschaftlicher Forschung versuchte sie, in neoliberalem Sinne politischen

Einfluss zu nehmen. Ein Argument, das sie dabei besonders gerne und erfolgreich bemühte, war der demografische Wandel. So fand sich in einer »Expertise« aus dem Juni 2018 folgende vermeintliche Erkenntnis: »Zentrales Resultat dieser Studie ist, dass die öffentlichen Finanzen, insbesondere die Finanzen des sozialen Sicherungssystems, in Deutschland aufgrund des ausgeprägten demografischen Wandels unter dem geltenden Recht nicht langfristig tragfähig sind.«

Erfunden hat die Stiftung das Demografie-Argument nicht. Vielmehr wird es seit Jahrzehnten von interessierter Seite ins Feld geführt. Die Gesellschaft werde immer älter – sie überaltere. Immer weniger Erwerbstätige müssten für immer mehr Rentnerinnen und Rentner aufkommen. Dadurch werde die gesetzliche Rente unfinanzierbar, würde der Rentenbeitragssatz doch ins Unermessliche steigen. Helfen könnten nur schlechtere Rentenleistungen (einschließlich der Erhöhung des Renteneintrittsalters) und mehr private Vorsorge.

Tatsächlich ist der demografische Wandel Realität. Die Bevölkerung wird zumindest in den meisten westlichen Industriestaaten in den nächsten Jahrzehnten immer älter werden. Der Anteil der Menschen im erwerbsfähigen Alter fällt, während gleichzeitig der Anteil der Personen im Rentenalter wächst; das Durchschnittsalter steigt entsprechend an. Für diese Entwicklung, die gleichwohl auch wieder an ein Ende kommen wird, gibt es im Wesentlichen zwei Gründe: Es werden (zu) wenig Kinder geboren – und Ältere werden immer älter. Der demografische Wandel lässt sich durch vermehrte Einwanderung jüngerer Menschen und durch die Steigerung der Erwerbstätigkeit von Menschen im erwerbsfähigen Alter bremsen, aber nicht umkehren.

Die gesetzliche Rentenversicherung beruht auf dem so genannten Umlageverfahren (→ Kapitel 24): Die eingezahlten Beiträge werden unmittelbar zur Finanzierung der heutigen Rentnerinnen und Rentner genutzt. Abhängig Beschäftigte erwerben durch ihre Beiträge Ansprüche auf ihre eigene spätere Rente. Vor diesem Hintergrund erscheint das Argument zunächst schlüssig: Wenn weniger Personen im arbeitsfähigen Alter mehr Personen im Rentenalter über ihre Beiträge finanzieren, dann müssen die Beitragssätze steigen oder die Leistungen schrumpfen.

Steigende Rentenbeiträge stoßen insbesondere bei der Arbeitgeberseite auf Widerstand. Für sie bedeuten sie schlicht höhere Kosten. Und da Rentenbeiträge der Arbeitgeber statistisch und faktisch Lohnbestandteile sind, bedeuten sie zugleich Umverteilung zu Gunsten der abhängig Beschäftigten. Deren Interessen sind daher andere als die der Arbeitgeberseite: Jeder Euro, den sie während ihres Erwerbslebens etwa durch verschlechterte Rentenleistungen »einsparen«, fehlt den Arbeitnehmerinnen und Arbeitnehmern später bei der eigenen Rente. Und zwar gleich doppelt, schließlich »spart« auch der Arbeitgeber seinerseits einen Euro ein, der dann nicht als Rente ausgezahlt werden kann.

Aus gesamtwirtschaftlicher Perspektive stellen steigende Rentenbeiträge kein Problem dar. Schließlich steigt im Trend auch die gesamtwirtschaftliche Arbeitsproduktivität, also die Produktion pro Arbeitsstunde (oder pro Kopf innerhalb eines Jahres) in einer Volkswirtschaft. Damit wächst auch der gesamtwirtschaftlich produzierte Wohlstand, hier verstanden als Menge an Gütern und Dienstleistungen, die für den Konsum zur Verfügung steht. Der Grund für Produktivitäts-Steigerungen sind insbesondere höhere Investitionen in immer bessere Infrastruktur, Technologie, Bildung und Forschung sowie eine effizientere Arbeitsorganisation. Menschen werden dadurch immer produktiver, sie stellen immer mehr Güter und Dienstleistungen pro Zeiteinheit her. Bei gleichem Arbeitsaufwand kann eine Gesellschaft dadurch im Zeitverlauf immer höhere Einkommen beziehen und immer mehr Güter und Dienstleistungen konsumieren. Das zeigt sich auch im historischen Rückblick: Das Bruttoinlandsprodukt, das den Wert der jährlich hergestellten Güter und Dienstleistungen misst, lag 1960 in Deutschland preisbereinigt noch unter 14.000 Euro pro Kopf der Bevölkerung. 2014 lag es bei fast 35.000 Euro.

Es geht bei der Frage nach der Entwicklung der Renten und der Beitragssätze also letztlich »nur« um die Frage, wie ein wachsender Kuchen aufgeteilt wird. Absolute Verluste muss niemand befürchten, trotz demografischem Wandel. Unfinanzierbar ist oder wird die gesetzliche Rente daher gerade nicht.

Dass der demografische Wandel nicht zum Horrorszenario taugt, zeigt auch ein Blick zurück. Denn er ist keineswegs neu. Schon seit dem 19. Jahrhundert mussten immer weniger Menschen im erwerbsfähigen Alter für immer mehr Rentnerinnen und Rentner aufkommen. 1871 kamen in Deutschland auf eine Person ab 65 Jahren noch über elf Menschen im erwerbsfähigen Alter (20-65 Jahre). 1960 waren es nur noch knapp über fünf, 2020 weniger als drei Menschen im erwerbsfähigen Alter. Der demografische Wandel schreitet also seit Jahrzehnten voran, und zwar in Siebenmeilenstiefeln. Trotzdem ist der Lebensstandard bei immer kürzerer Arbeitszeit deutlich und kontinuierlich gestiegen: Während das Bruttoinlandsprodukt pro Kopf der Bevölkerung in Deutschland – wie eben erwähnt – deutlich anstieg, fiel die Zahl der pro Jahr gearbeiteten Stunden von etwa 1000 auf etwa 700 pro Kopf der Bevölkerung.

Grund zur Panik wegen des demografischen Wandels besteht also nicht. Denn solange die Arbeitsproduktivität zunimmt, können auch die Nettolöhne trotz steigender Rentenbeitragssätze zunehmen. Es braucht keine Rentenkürzungen, sondern Investitionen in Infrastruktur, Bildung, Forschung und Technologie.

24: »Kapitalgedeckte Rentensysteme sind besser als Umlagesysteme!«

Es war einmal ein Vermögensverwalter mit dem putzigen Namen Flossbach von Storch AG. Wie jeder Finanzdienstleister, der etwas auf sich hält, leistete sich auch dieser eine »Denkfabrik«: das Flossbach von Storch Research Institute. Im März 2020 war auf der Homepage des Instituts folgende Erkenntnis zu lesen: »Eine schrittweise Umstellung der Gesetzlichen Rentenversicherung (GRV) vom Umlageverfahren auf ein Kapitaldeckungsverfahren könnte das deutsche Rentensystem auf ein stabileres Fundament stellen.«

Das Märchen des notwendigen Renten-Systemwechsels vom Umlage- zum Kapitaldeckungsverfahren ist Jahrzehnte alt. Begründet wird es einmal mehr mit dem demografischen Wandel: Die Menschen würden immer älter. Immer weniger erwerbstätige Menschen müssten deshalb für immer mehr Rentnerinnen und Rentner aufkommen. Das Umlagesystem werde durch die dadurch steigenden Beiträge unfinanzierbar; ein Umstieg auf Kapitaldeckung sei unvermeidlich. Beim so genannten Umlageverfahren werden die Rentenversicherungsbeiträge der aktuell Beschäftigten (in Deutschland jeweils zur Hälfte von der Arbeitnehmer- und der Arbeitgeberseite getragen) direkt an die aktuellen Rentnerinnen und Rentner ausbezahlt – also »umgelegt«. Durch diese Beiträge erwerben die Beschäftigten während ihres Berufslebens den Anspruch auf eine eigene spätere Rente. Gehen sie dann in den Ruhestand, so wird diese Rente ebenfalls aus den Einzahlungen der dann erwerbstätigen Generation finanziert (»Generationenvertrag«). Anders als bei diesem Umlageverfahren werden beim Kapitaldeckungsverfahren die Renten aus Ersparnissen finanziert, die die Menschen für das eigene Alter tätigen. Versicherungen, Banken, Investment- oder Pensionsfonds sowie Finanzdienstleister wie die Flossbach von Storch AG legen das ihnen zur Verfügung gestellte Geld im In- und Ausland an und erwirtschaften idealerweise Zinsen.

Das Kapitaldeckungsverfahren liegt im Interesse der Finanzwirtschaft. Sie macht Geschäfte durch den Verkauf von Finanzprodukten, die der privaten Vorsorge dienen sollen. Man wird daher nicht erwarten dürfen, dass sich ihre »Denkfabriken« und Forschungseinrichtungen kritisch zum Kapitaldeckungsverfahren äußern. Kapitalgedeckte Vorsorge – das sind private Rentenversicherungen, Lebensversicherungen, Fondssparen, Rentensparpläne und ähnliches, aber auch die meisten Betriebsrenten.

Gegen das Märchen vom überlegenen Kapitaldeckungsverfahren spricht aber noch mehr. So etwa, dass eine steigende Arbeitsproduktivität einer Volkswirtschaft die zusätzlichen Lasten durch den demografischen Wandel mehr als wettmachen kann (→ Kapitel 23). Hinzu kommt, dass das Kapitaldeckungsverfahren risikobehaftet ist – weit mehr als das Umlageverfahren. Gewinnausschüttungen können geringer ausfallen als erwartet. Unternehmen können Pleite gehen, Aktien und Anleihen ihren Wert verlieren. Im schlimmsten Fall gilt das selbst für Staatsanleihen. Währungs- und politische Risiken (wie etwa Kriege) in den Anlageländern tun ein Übriges. Trotz alldem muss das Geld für das Alter für viele Millionen Menschen über Jahrzehnte sicher angelegt werden – und das mit Inflationsausgleich und kräftiger Rendite. Es ist ein fragwürdiges Unterfangen.

Den vielleicht wichtigsten Einwand gegen das Märchen vom überlegenen Kapitaldeckungsverfahren formulierte der Sozialökonom Gerhard Mackenroth (1903-1955). Er argumentierte, dass die Renten stets aus dem aktuellen Volkseinkommen bezahlt werden müssen, im Umlageverfahren und im Kapitaldeckungsverfahren gleichermaßen. Konsum könne nicht in die Zukunft verschoben werden. In der Tat: Nur was heute produziert wird, kann auch heute konsumiert werden. Und nur was 2060 produziert wird, kann 2060 konsumiert werden. Daher wäre Kapitaldeckung nur dann dem Umlageverfahren überlegen, wenn sie zu einer größeren Produktion in der Zukunft führen würde. Das würde mehr Investitionen der Unternehmen erfordern. Die aber sind nicht zu erwarten, schließlich drückt das verstärkte Sparen für das Alter die volkswirtschaftliche Nachfrage – und damit letztlich die Gewinnaussichten und die Investitionen. An den Folgen des demografischen Wandels ändert das Kapitaldeckungsverfahren daher nichts.

25: »Bei der Rente leben die Alten auf Kosten der Jungen!«

Es war einmal eine Wirtschaftsredakteurin beim Zentralorgan des deutschen Kapitals. Ihr Name war Britta Beeger, Ihr Brötchengeber die Frankfurter Allgemeine Zeitung *und ihre Meinung zur Rentenpolitik ziemlich arbeitgebernah. Im April 2016 wusste sie zu verkünden: »Die Regierung beschenkt die Rentner mit einem deutlichen Plus. Bezahlen muss dafür die junge Generation: Entweder steigen die Rentenbeiträge oder aber das Renteneintrittsalter.«*

Britta Beeger unterstellt hier, dass ausreichende bzw. bessere Leistungen der Gesetzlichen Rentenversicherung ältere Menschen auf Kosten junger Menschen bevorteilten. Ältere erhielten Leistungen, die die Jüngeren zu bezahlen hätten. Dies stelle angesichts des demografischen Wandels (→ Kapitel 23) eine übermäßige Belastung dar, steige doch die Zahl der kassierenden Alten, während die Zahl der zahlenden Jungen perspektivisch sinke.

Wer so argumentiert, übersieht allerdings, dass die Jüngeren später auch selbst Renten beziehen. Genau das ist die Idee des so genannten Generationenvertrags: Abhängig Beschäftigte finanzieren während ihres Arbeitslebens die Renten der Nicht-Mehr-Arbeitenden, um später selbst eine Rente zu beziehen. Die wird von den dann abhängig Beschäftigten finanziert (→ Kapitel 24). Damit aber sind hohe Renten durchaus im Interesse auch der Jüngeren. Denn unter heute durchgeführten Rentenkürzungen werden sie später selbst zu leiden haben, weil auch ihre eigenen Renten dann niedriger ausfallen.

Genau genommen werden Jüngere durch heutige Rentenkürzungen sogar doppelt benachteiligt. Denn in Deutschland und vielen anderen Ländern werden Renten keineswegs nur durch abhängig Beschäftigte finanziert, sondern auch durch deren Arbeitgeber. In Deutschland müssen sich letztere zur Hälfte beteiligen. Kürzt eine Regierung nun die Renten für Ältere, so sinken zwar rechnerisch auch die von den jüngeren abhängig Beschäftigten zu zahlenden Beiträge.

Das ist für sie aber nur scheinbar von Vorteil. Denn von den schlechteren Rentenleistungen sind sie alleine betroffen, während von den niedrigeren Beiträgen auch ihre Arbeitgeber profitieren. Vereinfacht gesagt: Jede Rentenkürzung um einen Euro (oder jede unterlassene Leistungsverbesserung um denselben Betrag), von denen aktuelle oder zukünftige Rentnerinnen und Rentner betroffen sind, führt für sie nur zu 50 Cent niedrigeren Beiträgen. Auf einen Euro zu verzichten, um 50 Cent mehr in der Tasche zu haben – so schlecht wirtschaftete nicht einmal König Ludwig II. mit seinen Märchenschlössern.

Was aber, wenn wegen des demografischen Wandels der Generationenvertrag unter Druck gerät? Das unterstellt ja, wer das eingangs dargestellte Rentenmärchen erzählt: Es steige der Anteil der Rentnerinnen und Rentner in der Bevölkerung an. Damit wüchsen die Rentenlasten für die Jüngeren auf ein untragbares Maß. Diese Argumentation lässt außen vor, dass auch in Zukunft die gesamtwirtschaftliche Arbeitsproduktivität weiter ansteigen wird. Materieller Wohlstand und Einkommen werden weiter wachsen. Dies sorgt trotz hoherer Rentenbeiträge für höhere Löhne nach Abzug aller Steuern und Sozialabgaben (→ Kapitel 23).

Auf diese Weise werden sich steigende »Rentenlasten« finanzieren lassen – zu Gunsten der heutigen wie auch der zukünftigen Rentnerinnen und Rentner. Nur die Arbeitgeber haben dann das Nachsehen, denn sie müssen weiter mitfinanzieren. Das ist zwar weder schlimm noch ungerecht, dürfte aber der tatsächliche Grund für das Jammern über die angebliche Belastung der Jungen sein.

Ziemlich daneben ist übrigens die Formulierung Britta Beegers, dass die Bundesregierung die Rentnerinnen und Rentner »beschenkt«. Tatsächlich handelt es sich bei Rentenerhöhungen nicht um »Geschenke«, sondern um Verdienste. Es geht um Ansprüche, die die Rentnerinnen und Rentner durch eigene jahrzehntelange Beitragszahlungen erworben haben. Und es geht darum, Rentnerinnen und Rentner nicht von der Entwicklung des allgemeinen Wohlstands abzukoppeln. Wobei letzteres seit einigen Jahren leider immer häufiger geschieht, nicht nur in Deutschland.

26: »Mehr Wettbewerb macht unser Gesundheitssystem effizienter!«

Es war einmal eine Bundesbehörde, die sich im Kampf gegen Kartelle mehr als verdient machte. Mit ihrer Haltung zum Wettbewerb schoss sie oft aber auch über das Ziel hinaus, etwa wenn sie dessen Grenzen nicht sehen wollte. So schrieb das Bundeskartellamt auf seiner Homepage in einem undatierten Text zum »Wettbewerb im Gesundheitswesen: »In der Gesundheitswirtschaft sorgt der dynamische Wettbewerbsprozess dafür, dass die beteiligten Akteure effektive Angebotsstrukturen entwickeln und den Anreiz haben, ihre Produkte und Dienstleistungen möglichst wirksam und kostengünstig anzubieten. Dies sorgt für eine große Wahlfreiheit der Patienten und sichert ihnen eine hohe Leistungsqualität.«

Wenn Neoliberale das Hohelied des Wettbewerbs singen, dann begründen sie das stets mit ähnlichen Argumenten. Zwei der wichtigsten nennt hier auch das Bundeskartellamt: Erstens, ein Mehr an Wettbewerb führe zu einer höheren Effizienz und senke dadurch die Kosten. Zweitens sorge dies für eine hohe Qualität der angebotenen Leistungen.

Schon ein kurzer Blick über den Atlantik straft derlei Thesen Lügen. In den USA sind sowohl auf Finanzierungsseite (Kostenträger) als auch auf Anbieterseite (Krankenhäuser, Arztpraxen) Marktprinzipien und private Akteure deutlich weiter verbreitet als in Europa. Die Leistungen des US-Gesundheitssystems aber sind im Durchschnitt schlechter – bei deutlich höheren Kosten.

Dennoch setzt man auch in Deutschland auf »mehr Wettbewerb« und »mehr Markt« im Gesundheitswesen. Neben Privatisierungen von Krankenhäusern (→ Kapitel 86) mit entsprechendem Profitstreben sind insbesondere die so genannten Fallpauschalen zu nennen. Vor deren Einführung in Deutschland 2004 galt im Grundsatz: Je länger jemand im Krankenhaus lag, desto mehr Geld wurde der Klinik erstattet. Seither aber erfolgten Vergütungen pauschal in Abhängigkeit von der jeweiligen Diagnose und unabhängig von der Verweildauer. Krankenhäuser werden so veranlasst, wie Wirtschaftsunternehmen zu denken und zu funktionieren: Je schneller der Patient oder die Patientin das Krankenhaus wieder verlässt, desto kostengünstiger.

Die Folge dieser »Entfesselung der Marktkräfte« ist ein im wahrsten Sinne blutiger Wettbewerb. Es besteht ein Anreiz, einen Krankenhausaufenthalt möglichst schnell zu beenden, um die Kosten unter die erstattete Pauschale zu drücken. Für diese Praxis hat sich das passende Schlagwort von der »blutigen Entlassung« durchgesetzt. Um gewinnmaximierend zu verfahren, liegt es für die Krankenhäuser unter ökonomischen Gesichtspunkten nahe, bei ärztlichen Maßnahmen und sogar bei Patientinnen und Patienten eine Auswahl zu treffen. Nicht medizinische und pflegerische, sondern betriebswirtschaftliche Kriterien geben dann die Linie vor. Daher ist es aus Sicht des Krankenhauses auch effizient, Leistungen mit möglichst geringen Personalkosten zu erbringen. Dann sind auf der einen Seite die in der Krankenpflege Beschäftigten die Leidtragenden: Personalmangel führt zu immer größeren Arbeitsbelastungen, oft begleitet von unzureichender Bezahlung. Im Servicebereich (etwa in Küche und Reinigung) gliedern die Krankenhäuser aus, um Löhne zu drücken. Auf der anderen Seite sehen sich die Patientinnen und Patienten mit einer unzureichenden Pflege konfrontiert – von »hoher Leistungsqualität« kann keine Rede sein.

Krankenhäuser, die in diesem Wettbewerb nicht bestehen können, werden geschlossen. Neoliberale sprechen dann von »Marktbereinigung«: Angeblich »ineffiziente« Krankenhäuser verschwinden. Betriebswirtschaftliche Zahlen entscheiden. Gesundheitspolitische Kriterien spielen dann ebenso keine Rolle wie Fragen der Leistungsqualität oder die verbleibende Versorgung einer Region mit Krankenhäusern.

Nach all den schlechten Erfahrungen mit dem Fallpauschalen-System hat 2022 Bundesgesundheitsminister Karl Lauterbach (SPD) die teilweise Abkehr von diesem System angekündigt. Wie sich das auswirken wird, bleibt abzuwarten. Ein interessantes Detail am Rande: In den 2000er Jahren war er an der Einführung der Fallpauschalen maßgeblich beteiligt.

In der Altenpflege sieht es übrigens nicht besser aus. Auch hier kann von einem Qualitätswettbewerb (→ Kapitel 15) nicht die Rede sein. Auch hier hat Politik liberalisiert, haben sich private Anbieter breitgemacht. 2022 veröffentlichte der Bremer Senat in einer Antwort auf eine Große Anfrage der Fraktionen der Linken, der Grünen und der SPD erstmals Zahlen zu Qualitätsunterschieden zwischen gemeinnützigen und privaten Pflegeheimen. So entfielen zwischen 2018 und 2022 auf die gemeinnützigen 55 Prozent der Heime in dem Bundesland nur 25 Prozent der behördlich festgestellten Mängel. Spiegelbildlich entfielen auf die privaten knapp 45 Prozent der Pflegeheime satte 75 Prozent der Mängel.

27:
»Der technische Fortschritt macht das Gesundheitswesen immer teurer!«

Es war einmal ein Schweizer Journalist mit Spürnase für Widersprüchliches. In der liberalen Neuen Zürcher Zeitung *schrieb eben jener Simon Hehli im Februar 2017: »Innovationen bei Operationstechniken, Geräten oder Medikamenten ermöglichen zumindest im reichen Westen immer neue Qualitätssprünge. Wir sind gesünder und leben länger. Doch die Effizienzgewinne machen das Gesundheitssystem nicht günstiger, im Gegenteil: Der technologische Fortschritt gilt als einer der grossen Kostentreiber«. Und damit auch wirklich alle diese These verstanden, schrieb Hehli schon im Titel: »Der medizinische Fortschritt treibt die Kosten in die Höhe«.*

Eine immer bessere Medizin verursache immer höhere Kosten – in kaum einer Gesundheitsdebatte fehlt diese Aussage. Und meistens fließen Krokodilstränen: Technische Errungenschaften seien so teuer, dass das Gesundheitssystem leider, leider nicht so weitermachen könne wie bisher.

Wie aber sollte man politisch auf die steigenden Kosten reagieren: Medizinische Leistungen einschränken? Private Zuzahlungen ausweiten? Schon wer solche Fragen stellt, ist in die Falle getappt. Denn erstens laufen mögliche Antworten auf Kürzungen, Auslagerungen und Privatisierungen hinaus. Die aber wären fatal: Eine Gesellschaft sollte ihre medizinischen Errungenschaften allen zukommen lassen, selbst wenn dies mit steigenden Kosten einhergeht. Gesundheit darf kein Luxus für wenige sein. Und das ist keineswegs unfinanzierbar: Eine Gesellschaft, die immer produktiver wird, also immer mehr Einkommen schafft (→ Kapitel 23), kann sich auch steigende Gesundheitskosten leisten.

Zweitens führen bessere Operationstechniken, Geräte und Medikamente keineswegs immer und zwangsläufig zu höheren Kosten. So ist manche medizinische Neuerung durchaus geeignet, Kosten zu reduzieren. Dies kann beispielsweise der Fall sein, wenn sie eine schnellere Heilung ermöglicht. Auch können heute viele Eingriffe ambulant durchgeführt werden, die früher einen längeren Klinikaufenthalt verlangten. Zudem hat sich die durchschnittliche Verweildauer in den Krankenhäusern in den letzten Jahrzehnten deutlich reduziert.

Und selbst dort, wo medizinische Neuerungen zu steigenden Preisen führen, steckt dahinter kein Naturgesetz, sondern oft das Streben nach Profit. Das gilt vor allem für die Pharmaindustrie. Faktisch nämlich haben viele Anbieter eine Art Monopolstellung, die durch den Patentschutz oder durch hohe Investitions- und Forschungskosten abgesichert wird. Zugleich sind Patientinnen und Patienten auf ihre Medikamente zwingend angewiesen.

Die Preise für die meisten Präparate sind in Deutschland reguliert. So erstatten die Krankenkassen seit 1989 für Arzneimittel mit identischen Wirkstoffen (»Generika«) nur noch einheitliche Maximalbeträge. Seit Mitte der 2000er Jahre können die Krankenkassen mit den Herstellern Rabattverträge verhandeln. Auch können die

Kassen bei patentgeschützten Medikamenten die Preise aushandeln, wenngleich sie die Pharmaindustrie zu nichts zwingen können. All dies hat die Arzneimittelpreise in den betreffenden Segmenten deutlich gesenkt. Mittlerweile können die Hersteller nur noch bei weniger als einem Zehntel der Medikamente die Preise frei festsetzen. Hier langt die Pharmaindustrie nun allerdings umso kräftiger zu.

Hinzu kommt, dass nicht alles, was sich als medizinischer Fortschritt anpreist, diese Bezeichnung auch verdient. Der Gemeinsame Bundesausschuss der Ärzte und Krankenkassen entscheidet seit 2004 darüber, welche medizinischen Innovationen als Fortschritt gelten können und daher von den Krankenkassen bezahlt werden. Das war eine große gesundheitspolitische Errungenschaft.

Aber es bleiben zahlreiche teure Probleme. So werden an sich sinnvolle Eingriffe oft mit medizinisch nicht begründbarer Häufigkeit durchgeführt. Der wichtigste Grund dafür: Krankenhäuser bekommen für Operationen und Leistungen feste, von der jeweiligen Diagnose abhängige Beträge erstattet, unabhängig von den tatsächlichen Kosten. Dies setzt für jedes Klinikum Anreize, vor allem jene Operationen durchzuführen, an denen es gut verdient (→ Kapitel 26).

28:
»Immer mehr Alte machen das Gesundheitswesen immer teurer!«

Es war einmal eine Info-Seite für Arbeitnehmerinnen und Arbeitnehmer, hinter der nach eigener Aussage rund 40 Arbeitgeber-Organisationen standen. Dass es mit der Neutralität von aktiv-online.de *vor diesem Hintergrund nicht allzu weit her sein konnte, zeigte etwa ein Text zum Gesundheitswesen vom August 2021: »Die Ausgaben für Operationen und Pflege werden allein schon durch das Altern der Bevölkerung weiter ansteigen: Ein 80-jähriger Mensch nimmt mehr und andere Leistungen in Anspruch als jemand, der 40 oder 50 Jahre alt ist. Unsere Versorgung im Krankheitsfall ist nach wie vor sehr gut – aber sie wird zu teuer.«*

Der demografische Wandel muss für vieles herhalten, am Ende aber stets mit dem gleichen Resultat: Der Sozialstaat werde zu teuer. So eben auch das Gesundheitswesen. Weil es zu viele (und immer mehr) Alte gebe, stiegen die Gesundheitskosten ins Unermessliche. Die Schlussfolgerung daraus erscheint dann so zwingend, dass sie oft gar nicht mehr ausgesprochen werden muss: Um die Kosten in den Griff zu bekommen, sei der Abbau sozialer Leistungen notwendig, oder diese müssten aus der Privatschatulle bezahlt werden.

Zutreffend ist, dass die Gesundheitskosten steigen. In Deutschland haben sich die preisbereinigten Gesundheitsausgaben pro Kopf zwischen 1992 und 2019 (wir blenden die Corona-Pandemie ab 2020 aus) im Jahresdurchschnitt um 2,1 Prozent erhöht. Etwas mehr als die Hälfte der Gesundheitsausgaben entfielen dabei auf die Gesetzlichen Krankenkassen bei einem durchschnittlichen Jahresplus von etwa 1,8 Prozent. Der Anteil der Gesundheitskosten am Bruttoinlandsprodukt erhöhte sich in diesem Zeitraum von 9,4 auf 11,9 Prozent.

Insofern: Ja, die Gesundheitskosten steigen. Allerdings in einem Maße, das keineswegs Besorgnis erregen muss. Ganz im Gegenteil müsste man sich Sorgen machen, würden die Gesundheitsausgaben nicht ansteigen. Denn im Gesundheitswesen spielen Dienstleistungen eine enorme Rolle: ärztliche Diagnostik und Behandlung, Pflege, Psycho- und Physiotherapie, Kuren und Rehabilitationen – das und vieles mehr sind Dienstleistungen. Ihre Produktivität lässt sich nur begrenzt steigern; Computer und Roboter können Krankenpfleger und Ärztinnen nicht ersetzen. Dies führt im Ergebnis dazu, dass Dienstleistungen – und damit auch das Gesundheitswesen – langsam, aber stetig teurer werden (→ Kapitel 19). Der Anteil am Bruttoinlandsprodukt wächst. Das ist nicht Ausdruck eines Problems, sondern unseres wachsenden materiellen Wohlstands.

Was allerdings nicht bedeutet, dass nicht auch der Alterungsprozess die Gesundheitskosten anschiebt. Zahlreiche Studien aus verschiedenen Ländern zeigen aber, dass sein Beitrag zur Kostensteigerung eher gering ausfällt. Daran ändert auch der Umstand nichts, dass Kosten für medizinische Versorgung vor allem bei Älteren anfallen, wie auch im obigen Zitat vermerkt ist. Denn bei genauerer Betrachtung zeigt sich: Diese Ausgaben nehmen kaum bzw. gar nicht mit dem Alter zu, sondern mit der Nähe zum Tod. Eine steigende Lebenserwartung, die ja hinter dem demografischen Wandel steht, verschiebt die hohen Gesundheitsausgaben am Lebensende daher nur nach hinten.

Etwas anders als mit den Ausgaben für medizinische Versorgung verhält es sich mit den Ausgaben für Altenpflege. Die Pflegekosten werden mit dem demografischen Wandel tatsächlich deutlich ansteigen. Zugleich wird mit der Zahl verfügbarer Erwerbstätiger auch die Zahl möglicher Pflegekräfte abnehmen. Grund zur Panik besteht gleichwohl auch hier nicht. Denn dank des Anstiegs der Produktivität in der Industrie, also dank Computern und Robotern (→ Kapitel 23), können dort mit immer weniger Arbeitskräften immer mehr Güter hergestellt werden. Der Wohlstand kann und wird also weiter zunehmen, während etwa in der Pflege spiegelbildlich neue Arbeitsplätze entstehen.

Dass eine Arbeitgeber-Webseite mit Blick auf die Ausgaben für Gesundheit und Pflege Panikmache betreibt, ist erwartbar. Schließlich müssen Arbeitgeber diese Kosten zu einem guten Teil mitfinanzieren. Diese Panikmache als neutrale Information für Beschäftigte darzustellen, ist aber vermessen. Schließlich haben die Patientinnen und Patienten für jede Kostensenkung am Ende die Zeche zu zahlen: Sei es, weil sie dann bestimmte Leistungen nicht mehr erhalten, oder sei es, weil sie diese dann komplett selbst bezahlen müssen. Die Bosse hinter den rund 40 Arbeitgeber-Organisationen können sich letzteres leisten. Die Fleischerei-Fachverkäuferin und der Flugbegleiter aber nicht.

29: »Nur mehr Wohnungsbau hilft gegen mangelnden Wohnraum!«

Es war einmal eine Parteijugend mit klaren Vorstellungen vom Wohnungsmarkt und weniger klaren Vorstellungen von Komma-Regeln: »Wenn das Angebot steigt fallen die Preise. Um nachhaltig für stabile Mieten zu sorgen, werden wir das Angebot auf dem Wohnungsmarkt ausweiten. Nur wenn mehr Wohnungen gebaut werden, können wir sicherstellen, dass Wohnen in Hamburg für alle bezahlbar bleibt« – so die Jungen Liberalen in ihrem Programm zur Hamburger Bürgerschaftswahl im Februar 2020.

Man liest und hört das in wohnungspolitischen Diskussionen häufig: In Ballungsräumen würde mehr Wohnraum nachgefragt, als zur Verfügung stünde. Die Nachfrage übersteige also das Angebot. Dies führe zu steigenden Mieten. Um dagegen etwas zu tun, helfe nur Neubau. Denn nur er erhöhe das Angebot, sodass die Mieten wieder sinken könnten. (Manche ergänzen hier: Neubau werde am besten gefördert, wenn Politik den Investoren wenig Auflagen mache.)

Die Problembeschreibung ist nicht gänzlich falsch – dennoch handelt es sich um ein neoliberales Märchen. Zwar stimmt es, dass steigende Mieten eine Lücke zwischen Angebot und Nachfrage signalisieren. Dies bedeutet allerdings nicht, dass jeder Neubau dazu geeignet ist, die Mieten zu senken. So führt Neubau im oberen Preissegment nicht zu niedrigen, sondern zu hohen Mieten. Die hohen Baukosten müssen ja refinanziert werden.

Das sehen viele Neoliberale anders. Sie argumentieren, dass auch ein teurer Neubau zu sinkenden Mieten führe. Er setze Umzugsketten in Gang: Menschen aus beispielsweise mittelteuren Wohnungen zögen in die neuen, teureren um. Hierdurch würde Wohnraum mit mittleren Mieten frei. Er könne wiederum von Haushalten mit mittlerem Einkommen genutzt werden, die bislang in günstigeren, einfachen Wohnungen lebten. Hierdurch würden wiederum Wohnungen im unteren Preissegment frei.

Wie von Zauberhand wird so aus einer teuren Neubauwohnung eine preisgünstige an anderer Stelle. Was an das Märchen von der Flut erinnert, die alle Boote anhebe (→ Kapitel 41). In der wirklichen Welt funktioniert das nur leider nicht. So spielen sich Umzüge oft innerhalb der gleichen Einkommensgruppe ab: Nicht aus günstigeren, sondern aus ähnlich teuren Wohnungen heraus wird dann in den Neubau gezogen. Oder der Einzug erfolgt von außerhalb, etwa aus dem Umland. Dann wird dort, wo der Neubau zu sinkenden Mieten führen soll, gar keine Wohnung frei. Und wenn tatsächlich jemand eine günstigere Wohnung räumt, muss diese keineswegs günstig bleiben. In einem Umfeld, in dem die Mieten bei neuen Verträgen weit über denen im Bestand liegen, sind Mieterhöhungen beim Einzug die Regel.

Hinzu kommt eine Besonderheit der »Ware Wohnraum«: Boden ist nicht vermehrbar. Berlin-Friedrichshain kann keine unendliche Anzahl neuer Wohnungen aufnehmen. Die Möglichkeiten der Nachverdichtung in dicht besiedelten Quartieren sind begrenzt und in der Tendenz teuer.

Und zumindest wenn private Unternehmen Wohnungen bauen sollen, gibt es ein weiteres Problem: Ohne Aussicht auf Profit werden sie dies nicht tun, und ihre Investition kalkulieren sie auf der Grundlage aktueller bzw. steigender Mietpreise. Es ist daher nicht zu erwarten, dass Neubau durch Private die Mieten nennenswert drücken kann.

All dies bedeutet gleichwohl nicht, dass Neubau nicht notwendig wäre. Aber es muss der richtige unter den richtigen Rahmenbedingungen sein: Kosten lassen sich drücken, etwa durch den Verzicht auf Unnötiges. Eine öffentliche Grundstückspolitik kann die Preise für Bauland steuern. Nicht zuletzt braucht es Auflagen an Investoren zur Bezahlbarkeit des neu zu schaffenden Wohnraums. Und wo nötig auch öffentliche Förderung.

Letztlich muss aber auch der öffentliche Wohnungsbau gestärkt und ausgeweitet werden. Kommunale und staatliche Wohnungsunternehmen haben klare Vorteile: Sie müssen nicht nur keine Profite erwirtschaften, sondern können sich das notwendige Fremdkapital auch günstiger besorgen als jedes private Unternehmen. Sie können politisch gesteuert werden. Es besteht – anders als bei privaten – nicht die Gefahr, dass sie Auflagen nicht umsetzen. Und wenn sie eine entsprechende lokale Marktmacht haben, können sie das allgemeine Mietpreisniveau wesentlich beeinflussen.

30:
»Staatliche Eingriffe in die Mieten am Wohnungsmarkt sind schädlich!«

Es war einmal eine Journalistin in Führungsposition mit klarem Gespür dafür, was sich für Wirtschaftsjournalismus im neoliberalen Kapitalismus gehört. Ihr Name war Ileana Grabitz, und von Marktpreisen war sie zutiefst überzeugt. Im August 2019 schrieb sie auf ZEIT Online *in einem Kommentar zu Plänen des Berliner Senats, die Mieten am Wohnungsmarkt durch politischen Eingriff in der Höhe zu begrenzen: »Doch statt kurzfristig am Mietpreis zu doktern, müsste die Politik vor allem am Angebot ansetzen: Wenn Vermieter die Miete in schwindelerregende Höhen treiben können, liegt das vor allem daran, dass die Nachfrage das Angebot weit übertrifft.«*

Für Neoliberale ist die Wohnwelt einfach: Preise bildeten sich am Markt durch das Zusammenspiel von Angebot und Nachfrage. Das gelte auch an Mietwohnungsmärkten, wo die Mieten Preise seien. Wenn diese mancherorts nach oben schössen, dann sei dies eine natürliche Folge davon, dass es zu wenig Wohnraum für zu viele Menschen gebe. Es brauche also schlicht mehr Wohnraum.

Nun ist diese Feststellung für sich genommen nicht gänzlich falsch. Wo Wohnraum fehlt, braucht es bezahlbaren Neubau (→ Kapitel 29). Zu hinterfragen ist aber eine Unterstellung, die Neoliberale damit verbinden: Die nämlich, dass Märkte gut und effizient seien, weshalb Preise sich frei von staatlichen Eingriffen bilden sollten – und alles andere ins wirtschaftliche Verderben führe. Das vermeintliche Verderben, das (nicht nur) Ileana Grabitz im konkreten Fall vor Augen hat, meint unter anderem einen Einbruch der Immobilien-Investitionen und damit sogar einen Rückgang des Wohnungsangebots.

Diese Argumentation lässt außer Acht, dass Wohnraum keine Ware wie jede andere ist – und der Mietwohnungsmarkt kein Markt wie jeder andere. Hier kann das Angebot allenfalls sehr langsam auf eine höhere Nachfrage reagieren, denn der Bau von Wohnungen braucht Zeit. Ähnlich unflexibel ist auch die Nachfrage. Wer sich Nudeln nicht leisten kann, kann Kartoffeln oder Reis essen. Wer sich Autos nicht leisten kann, macht Carsharing oder fährt Bahn. Wer sich eine Wohnung nicht leisten kann, der kann zwar woanders oder auf kleinerem Raum wohnen, etwa in Wohngemeinschaften – aber diese Möglichkeiten der Anpassung sind begrenzt. Wir können nicht nicht-wohnen.

Das führt dazu, dass Vermieter in bestimmten Städten und Vierteln über eine monopol-ähnliche Macht verfügen. Sie können (fast) jede Miete durchsetzen und so leistungslose, ökonomisch unsinnige Extraprofite einfahren. Immobilien (vor allem im Bestand) werden zu bevorzugten Spekulationsobjekten. Dies funktioniert auch deshalb so gut, weil Fläche begrenzt ist – eine weitere Besonderheit der Wohnungsmärkte. Begrenzte Flächen bedeuten begrenzte Möglichkeiten, neu zu bauen und so das Angebot auszuweiten. Das Problem eines zu geringen Angebots bei hoher Nachfrage lässt sich mancherorts gar nicht dauerhaft lösen.

Vor diesem Hintergrund kann eine klug ausgestaltete Begrenzung der Mieten monopol-ähnliche Extraprofite verhindern. Klug ausgestaltet ist sie, wenn sie es erlaubt, weiterhin Erhaltungsinvestitionen zu finanzieren, Eigenkapital für den Neubau von Wohnungen aufzubauen und einen kleinen, begrenzten Profit einzufahren. Eine solche Begrenzung der Mieten im Bestand kann den Neubau sogar befeuern – denn je geringer die Extraprofite aus Bestandswohnungen werden, desto attraktiver werden Investitionen in neue Gebäude, um die Gewinne zu steigern.

Neoliberale wenden gegen die politische Begrenzung von Mieten bisweilen ein, dass diese der Politik die Macht gebe, darüber zu entscheiden, wer in einer Stadt wohnen dürfe und wer nicht. Schließlich erhöhten politisch begrenzte Mieten die Wohnungsnachfrage über das Angebot hinaus, sodass politisch festgelegt werden müsse, wer zum (Ein-) Zuge komme. In der Tat: Dann braucht es andere, politische Kriterien zur Auswahl von Mieterinnen und Mietern.

Übersehen wird dabei allerdings gerne, dass Politik in jedem Fall eine solche Entscheidung trifft. Auch der Verzicht auf eine Begrenzung der Mieten bedeutet nichts anderes, als zu akzeptieren, dass das Wohnen auf eine bestimmte Klientel begrenzt wird – nämlich auf Haushalte mit hohem Einkommen. Alle anderen werden verdrängt oder bleiben außen vor. Da reichere Haushalte in der Regel zudem auf größerer Fläche wohnen als ärmere, hat der Verzicht auf eine Begrenzung der Mieten eine weitere unschöne Konsequenz: In den betroffenen, besonders nachgefragten Städten und Vierteln wohnen weniger Menschen.

31: »Wohngeld ist effizienter als der soziale Wohnungsbau!«

Es war einmal ein Beratungsgremium, das vom Markt viel hielt, ihn aber nicht so recht verstanden hatte. In einem Gutachten zur »sozialen Wohnungspolitik« schrieb dieser Wissenschaftliche Beirat beim Bundesministerium für Wirtschaft und Energie im Juli 2018: »Obwohl unter den eingangs genannten Effizienz- und Verteilungszielen die Subjektförderung in Form eines (reformierten) Wohngelds gegenüber der Objektförderung durch den Sozialen Wohnungsbau klar überlegen ist, greift die Politik häufig nach dem ökonomisch weniger sinnvollen Instrument.«

Was man hier recht kompliziert formuliert hat, ist schnell in eine verständliche Sprache übersetzt: Wohngeld sei sinnvoller als der Soziale Wohnungsbau. Dennoch setze Politik stärker auf letzteren. Wobei der an dieser Stelle interessantere Teil des Märchens der erste ist: Der Staat solle seine Gelder direkt an bedürftige Haushalte geben (»Subjektförderung«), damit diese sich Wohnraum anmieten können. Dies sei effizienter und zielgenauer, als Fördermittel an Wohnungsunternehmen zu geben (»Objektförderung«), damit diese bezahlbaren (Mietpreis-reduzierten) Wohnraum bauen und zur Verfügung stellen.

Im Allgemeinen halten Neoliberale bekanntlich wenig von Sozialleistungen. Das Wohngeld (bzw. ein staatlicher Mietzuschuss) ist die große Ausnahme von der Regel. Der Grund, warum sie das Wohngeld geradezu lieben, ist simpel: Sie halten es für marktkonform, weil es Marktmieten nicht verfälsche. Und es komme gezielt (nur) den bedürftigen Haushalten zugute.

Letzteres lässt sich in der Tat nicht bestreiten: Die öffentliche Hand hat die Möglichkeit, Wohngeldzahlungen einzustellen, wenn sich die Finanzlage eines Haushalts verbessert. Das kann sie regelmäßig überprüfen. Eine geförderte Sozialwohnung zu entziehen, ist demgegenüber deutlich schwieriger, vor allem aber unangemessen. Und selbst eine höhere Miete lässt sich für Haushalte in Sozialwohnungen, deren Einkommen gestiegen ist, nicht so einfach durchsetzen.

Was aber keineswegs bedeutet, dass der Beirat mit seiner Kritik an der öffentlichen Förderung von günstigem Wohnraum Recht hat. Denn diese Förderung sorgt überhaupt erst dafür, dass Wohnungsunternehmen bezahlbaren, Mietpreis-reduzierten Wohnraum schaffen und anbieten. Im Gegenzug für eine öffentliche Förderung verpflichten sie sich, nur eine begrenzte Miete zu verlangen. Der Vorteil: Der Mietpreis kann so nicht, wie es am freien Mietwohnungsmarkt vielerorts der Fall ist, durch die Decke schießen. (Und dass Haushalte mit höherem Einkommen in Sozialwohnungen bleiben können, sollte kein Grund für Stirnrunzeln sein: Dies fördert die Mischung verschiedener Bevölkerungsgruppen in den Quartieren.)

Die öffentliche Förderung von günstigem Wohnraum bremst also die Mieten aus. Ein staatlicher Mietzuschuss (wie das Wohngeld) hat den gegenteiligen Effekt: Er treibt die Mieten an. Was vermutlich ein weiterer Grund ist, weshalb der Beirat und andere ihn so lieben. Das Wohngeld erhöht die (in Geld gemessene) Nachfrage nach Wohnraum. Schließlich können Wohngeld-Haushalte nun mehr für ihre Miete ausgeben, als sie es ohne könnten. Da sich Mieten – wie andere Preise auch – durch Angebot und Nachfrage bilden, erhöht dies die Mieten. Interessanterweise wischt der Beirat des Wirtschaftsministeriums in seinem oben zitierten Gutachten diesen Sachverhalt schnell vom Tisch: Es gebe dazu keine eindeutige Studienlage. Die Damen und Herren haben offenbar nicht verstanden, wie ein Markt funktioniert.

Das bedeutet gleichwohl nicht, dass staatliche Mietzuschüsse falsch oder schädlich wären. Es bedeutet nur, dass andere wohnungspolitische Maßnahmen Vorrang haben müssen: Maßnahmen, die die Mieten ausbremsen. Dazu gehört insbesondere die öffentliche Förderung von günstigem Wohnraum, und dazu gehören Vorgaben zu den Miethöhen. Haushalte, die sich trotz solcher Maßnahmen aus eigenen Mitteln keinen Wohnraum leisten können, können und müssen dann in einem zweiten Schritt mit Zuschüssen wie dem Wohngeld unterstützt werden.

Übrigens ist nicht jede öffentliche Förderung von Wohnraum im gleichen Maße sinnvoll. Der Soziale Wohnungsbau in Deutschland hat einen großen Nachteil: Die günstigen Mieten sind zeitlich befristet. Eine Wohngemeinnützigkeit hat diesen Nachteil nicht. Hier gehen unbefristet günstige Mieten mit unbefristeter Förderung und unbefristeter Gewinnbeschränkung Hand in Hand. Anders als Österreich hat Deutschland sie 1990 abgeschafft. Das war ein wesentlicher Schritt zur Deregulierung der Wohnungsmärkte.

Soziale Ungleichheit, Armut und Reichtum

32: »Es gibt keine Klassen mehr!«

Es war einmal ein Professor für Volkswirtschaftslehre an der Universität Hamburg, der hieß Thomas Straubhaar. Im Februar 2013 verkündete er in einem recht sonderbaren Meinungsartikel in der Tageszeitung Die Welt *das Ende der Klassengesellschaft: »Wer behauptet, dass Deutschland eine Klassengesellschaft sei, muss eine ziemlich verzerrte Wahrnehmung der Realität haben.«*

Dass Deutschland, Frankreich, die Schweiz und andere westliche Industriestaaten keine Klassengesellschaften mehr seien, ist eine weit verbreitete Behauptung. Begründet wird sie oft damit, dass es heute kein Massenelend mehr gebe. Auf Sozialstaat, Arbeitsschutzgesetze, auskömmliche Löhne, eine breite Mittelschicht oder das formal gleiche Wahlrecht für (fast) alle wird dabei gerne verwiesen. Bisweilen gilt auch das Schrumpfen der Industriearbeiterschaft als Beleg. Wie auch immer begründet, soll die Rede vom Verschwinden der Klassengesellschaft beschwichtigen und beruhigen: Der Kapitalismus heute sei nicht mehr der ungezügelte des 19. Jahrhunderts.

Die Behauptung vom vermeintlichen Ende der Klassengesellschaft zielt insbesondere gegen die Analyse der kapitalistischen Gesellschaft, die der Ökonom und Philosoph Karl Marx (1818-1883) vorgelegt hat. Er ging davon aus, dass es im Laufe der Geschichte unterschiedliche Organisationsformen von Gesellschaft gibt, die vor allem durch die Stellung verschiedener Klassen im gesellschaftlichen Produktionsprozess geprägt sind. Im Kapitalismus, der damals und heute dominierenden Produktionsweise, sind die beiden Hauptklassen die Kapitalisten- und die Arbeiterklasse.

Erstere, auch als »Bourgeoisie« bezeichnet, verfügt über Produktionsmittel wie etwa Fabrik- und Bürogebäude sowie Maschinen. Sie lebt von den Profiten aus diesem Eigentum. Auch Managerinnen und Manager von Großunternehmen gehören dazu: Obwohl sie Gehalt empfangen, sind sie der verlängerte Arm der Kapitalistinnen und Kapitalisten. Häufig verfügen sie zudem selbst über ein großes Vermögen inklusive Unternehmensbeteiligungen.

Der Bourgeoisie gegenüber steht nach Marx die Arbeiterklasse. Arbeiterinnen und Arbeiter verfügen nicht über Produktionsmittel. Sie müssen deshalb ihre Arbeitskraft an die Kapitalistenklasse verkaufen, um mit dem Lohn ihren Lebensunterhalt zu bestreiten. Kapitalistinnen und Kapitalisten setzen die Arbeitskraft ein, um Profite zu machen.

Beide Hauptklassen haben aufgrund dieser unterschiedlichen Bedingungen verschiedene, oft gegensätzliche Interessen. Dies führt zu gesellschaftlichen Konflikten. Sie drehen sich etwa um die Höhe des Lohnes, die Vertretung der Beschäftigten im Betrieb, die Länge der Arbeitszeit, den Gesundheitsschutz und vieles mehr. Vereinfacht gesagt, will die Bourgeoisie möglichst viel Profit aus der Arbeitskraft herauspressen. Die Arbeiterklasse will sich schützen und einen möglichst großen Anteil am Kuchen abhaben – Teile der Arbeiterklasse verlangen die ganze Bäckerei. Dabei ist die Arbeiterklasse durch das Nicht-Eigentum an Produktionsmitteln in einer strukturell und politisch schwächeren Position.

Selbstverständlich lassen sich Gesellschaften auch anders gliedern, als Marx es getan hat. Aber seine Einteilung in Klassen hat bis heute eine hohe Erklärungskraft. Und zwar auch in jenen kapitalistischen Gesellschaften, in denen die gegensätzlichen Interessen von Arbeit und Kapital weitgehend eingehegt sind. Denn auch wenn wir nicht mehr im 19. Jahrhundert leben, ist der Konflikt zwischen Arbeiterklasse und Bourgeoisie keineswegs gelöst oder verschwunden. Er zeigt sich zum Beispiel daran, dass die abhängig Beschäftigten ihre Interessen gegenüber Politik und Kapital mit Gewerkschaften (→ Kapitel 14) und Betriebsräten vertreten (müssen). Er zeigt sich, wenn Politik und Unternehmensverbände vereint auf Gewerkschaften einprügeln. Er zeigt sich, wenn Sozialleistungen nicht zu hoch sein sollen, damit Menschen weiterhin gezwungen sind, auch schlechte Arbeit anzunehmen (→ Kapitel 07). Er zeigt sich, wenn »wir alle« den Gürtel enger schnallen sollen, bei manchen der Gürtel aber schon viel enger ist als bei anderen. Er zeigt sich, wenn die Lohn- und Umsatzsteuern steigen sollen (→ Kapitel 72), die Unternehmensteuern aber sinken (→ Kapitel 70). Er zeigt sich, wenn Privatisierungen die Profitmöglichkeiten des Kapitals verbessern (→ Kapitel 86). In Sozial-, Arbeitsmarkt- und Wirtschaftspolitik gibt es nichts, was nicht mehr oder weniger stark vom Klassengegensatz geprägt ist – und darüber hinaus nur wenig.

33:
»Es gibt bei uns keine Armut!«

Es war einmal ein Statistikprofessor, dessen Meinungsbeiträge schon qua Titel als wissenschaftlich fundiert galten. Besonders gefragt waren seine Einlassungen zur Armut, und so konnte Walter Krämer im Februar 2015 auf Deutschlandradio Kultur *Folgendes zum Besten geben: »Die bis 15 Prozent Armen bei uns ist reiner Unfug. Das sind die Menschen bei uns, die weniger verdienen als 60 Prozent des Durchschnitts. Und dieser Prozentsatz bliebe ja gleich, wenn alle auf einmal das Doppelte verdienen würden. Also, das kann man nicht als Armutsindikator nehmen, das ist totaler Mist, Unfug.«*

Krämer greift hier die Unterscheidung zwischen relativer und absoluter Armut auf. Sie ist in der Armutsforschung weit verbreitet. Das Konzept relativer Armut lehnt er, wie andere Neoliberale auch, strikt ab: Was hier gemessen werde, habe mit Armut nichts zu tun. Echte Armut sei etwas anderes.

Absolute Armut meint einen Mangelzustand, der das Überleben eines Menschen gefährdet. Wer relativ arm ist, überlebt zwar gesichert, lebt aber beträchtlich unterhalb eines »normalen« Mindest-Lebensstandards. Um relative Armut zu bestimmen, wird üblicherweise zunächst das mittlere Einkommen berechnet, der so genannte Median. (Der Professor spricht fälschlich vom Durchschnitt.) Dazu werden alle Einkommen von hoch bis niedrig aufgereiht, der Median entspricht dem Einkommen genau in der Mitte. 60 Prozent dieses Wertes gelten dann als Armutsgrenze: Wer darunter liegt, gilt als relativ arm. Unterschiedliche Haushaltsgrößen werden dabei berücksichtigt, da größere Haushalte höhere Einkommen benötigen.

In Deutschland legen das Statistische Bundesamt und der Paritätische Gesamtverband regelmäßig Zahlen zur relativen Armut vor. Sie zeigen eine langsame, aber klare Tendenz zur Zunahme – die es auch in anderen Ländern gibt. Bestimmte Bevölkerungsgruppen sind überdurchschnittlich von Armut betroffen: beispielsweise Migrantinnen, Alleinerziehende, Kinder, Geringqualifizierte und Rentner.

Diese Zahlen finden öffentliche Aufmerksamkeit – und scharfe Kritik wie etwa die: Wenn sich alle Einkommen schlagartig um das X-Fache erhöhten, verfügten plötzlich alle Haushalte über ein gutes Einkommen. Damit verschiebe sich auch die Armutsgrenze um das X-Fache nach oben. An der relativen Armut ändere sich dann nichts. Denn nach wie vor liege ja der gleiche Anteil der Haushalte unterhalb der (neuen) Armutsgrenze.

Rechnerisch trifft dies zu. Falsch aber ist die Schlussfolgerung der Kritikerinnen und Kritiker. Sie leiten daraus ab, dass relative Armut keine Armut sei, sondern nur Ungleichheit anzeige. Alleine absolute Armut sei echte Armut.

Wer so argumentiert, übersieht allerdings erstens, dass auch absolute Armut gar nicht so eindeutig zu definieren ist. Gilt als absolut arm nur, wer aus Mangel an Nahrung, Wohnung und Gesundheitsversorgung tatsächlich vor dem biologischen Tod steht? Oder gilt als absolut arm, wer sich Nahrung oder Kleidung nicht ausreichend leisten kann, aber dennoch überlebt? Oder gilt als absolut arm auch, wer nicht hungert oder friert, sich aber vieles nicht leisten kann, was in einer Gesellschaft als selbstverständlich gilt, etwa Fahrrad, Telefon und beheizten Wohnraum?

Die Aufzählung zeigt: Die Grenzen zwischen relativer und absoluter Armut sind unscharf, auch wenn Krämer & Co. das Gegenteil behaupten. Denn wer der letztgenannten Idee absoluter Armut folgt, ist einem Konzept relativer Armut durchaus nahe. Als relativ arm gilt ein Mensch oder Haushalt, wenn sein Lebensstandard weit hinter dem allgemeinen Wohlstandsniveau der Gesellschaft zurückbleibt. Insofern ist es nicht falsch, zu sagen, die Kennziffer der relativen Armut messe soziale Ungleichheit. Es ist aber eine Kennziffer von vielen, die Ungleichheit messen. Und sie misst eine bestimmte soziale Ungleichheit, eben den Anteil jenes Teils der Bevölkerung, dessen Einkommen besonders weit von der gesellschaftlichen Mitte entfernt ist.

Es spricht einiges dafür, hier von (relativer) Armut zu sprechen. Denn ein derart geringes Einkommen macht die Teilnahme am gesellschaftlichen Leben, an Bildung, Kultur und Demokratie schwer bis unmöglich. Den Betroffenen fällt es weit weniger leicht als anderen, sich zu ernähren und zu kleiden. Sie werden oft geächtet, diskriminiert und ausgegrenzt. Und nicht zuletzt sterben sie im Durchschnitt früher.

Der ganze Streit um die Armut zeigt aber auch: Unser Verständnis von ihr ist stets politisch und moralisch geprägt. Für Krämers scharfe und polemische Äußerung gilt das auch, wenngleich sie vorgibt, wissenschaftlich fundiert zu sein.

34: »Besser mehr Chancengleichheit durch Bildung als mehr Umverteilung!«

Es war einmal ein Wirtschaftsprofessor, der schon qua Profession an den Segen der Bildung glauben musste: Ludger Wößmann war »Bildungsökonom«. In einem Beitrag für die Süddeutsche Zeitung *verkündete er im Dezember 2018: »Selbst wenn Umverteilung zu größerer Gleichheit der Einkommen beiträgt, geht sie zumeist auf Kosten von Anreizen, den Wohlstand zu mehren. Stattdessen könnte die Politik stärker auf Gleichheit der Chancen abzielen, indem sie die Menschen dazu befähigt, von den Möglichkeiten einer Marktwirtschaft und einer offenen Gesellschaft zu profitieren. Insofern besteht das beste Mittel gegen Ungleichheit in einer Bildungspolitik, die allen Bürgerinnen und Bürgern gute Startchancen sichert.«*

Nicht Tarifverträge, Mindestlohn, Sozialstaat und Steuerpolitik sollen also für weniger Ungleichverteilung sorgen, sondern Bildung. Genauer: »gute« oder gleiche Bildungschancen für alle, was dann »gute« oder gleiche Startchancen für alle bedeute.

Ist Bildungspolitik aber tatsächlich »das beste Mittel gegen Ungleichheit«? Die Zahlen scheinen Wößmann Recht zu geben. Im statistischen Durchschnitt gilt: Je höher die Bildung eines Menschen, desto höher das Einkommen. Zumindest für die Industrie- und Schwellenländer lässt sich das gut belegen. In Deutschland beispielsweise liegt nach Angaben der OECD das Durchschnittseinkommen von Menschen mit Studium fast zwei Drittel höher als das von Menschen mit Berufsausbildung. Wer keine formale Qualifikation aufweist, verdient hingegen etwa 20 Prozent weniger als Personen, die einen Ausbildungsberuf erlernt haben. In Österreich und der Schweiz ist der Unterschied zwischen Studium und Berufsausbildung etwas geringer, aber mit fast 50 Prozent noch immer deutlich. Hinzu kommt: Mit höherer Bildung wird man seltener arbeitslos (→ Kapitel 11). Dies führt – über die gesamte Lebenszeit betrachtet – ebenfalls zu einem höheren Einkommen.

Das bedeutet allerdings nicht, dass »mehr Bildung für alle« zu »mehr Einkommen für alle« führt. Wer das glaubt, verwechselt eine individuelle Perspektive mit einer gesellschaftlichen. Für den einzelnen Menschen ist »mehr Bildung« von Vorteil. In einer gegebenen Einkommensverteilung kann er sich von anderen absetzen, nach oben rutschen und ein entsprechend höheres Einkommen erzielen. So etwa, wer als Kinderpfleger noch eine Ausbildung zum Erzieher macht, oder wer seinem Bachelor noch Master und Promotion folgen lässt. Auf gesellschaftlicher Ebene aber führt »mehr Bildung« gerade nicht zu einer anderen Einkommensverteilung. Denn selbst wenn alle Bäckerei-Fachverkäuferinnen und Reinigungskräfte ihre Fertigkeiten in einem Studium erwürben, hätten sie nicht wesentlich höhere Einkommen. Schließlich bliebe ihre Arbeit (und die Nachfrage danach) im Wesentlichen die gleiche.

Es ist wie im vollbesetzten Kinosaal. Wer dort nichts sieht, kann aufstehen und hat wunderbare Sicht. Wenn aber alle aufstehen (wenn also alle eine bessere Bildung erwerben), ist der ursprüngliche Zustand wiederhergestellt: Wer vorher nichts gesehen hatte, sieht auch nichts, wenn alle stehen.

Im Grunde ist das auch den Wößmanns dieser Welt klar. Wenn sie »Bildung« statt »Umverteilung« fordern, dann wissen sie: »Mehr Bildung« hebt die bestehende Ungleichverteilung nicht auf. Was sie allerdings – genau besehen – auch gar nicht behaupten. Gegen die Ungleichverteilung haben sie sogar gar nichts einzuwenden. Im Gegenteil: Die biete ja sogar »Anreize«, sich überhaupt anzustrengen.

Mehr Gleichheit wollen sie lediglich bei den »Startchancen«. Damit sei der Gerechtigkeit Genüge getan. Wer diese Chancen nicht nutze, sei selbst schuld. Gleiche »Startchancen« dienen so als Begründung dafür, Gesellschaft und Kapitalismus von jeder Verantwortung für soziale Ungleichheit freizusprechen.

Das Gerede von den »gleichen Startchancen« ist aber noch aus einem anderen Grund ein Märchen. Der britische Ungleichheitsforscher Anthony Atkinson (1944-2017) hat darauf hingewiesen: Wer heute höhere Einkommen erzielt, kann diese morgen in unfaire Vorteile für die eigenen Kinder ummünzen. Fremdsprachige Kitas, bessere Schulen und Nachhilfe, Sprachkurse im Ausland und teure Musikinstrumente können sich nur die wenigsten Eltern leisten. »Gleiche Startchancen« verlangt daher sehr wohl die Umverteilung von Einkommen. Und das permanent. Und zwar so, dass alle Kinder gleichermaßen in den Genuss der eben genannten Bildungsvorteile kommen.

35:
»Soziale Ungleichheit ist Voraussetzung für unseren Wohlstand!«

Es war einmal ein Wirtschaftsprofessor einer US-amerikanischen Eliteuniversität. Mit simplen Weltbildern und Kritik an staatlichen Markteingriffen machte dieser N. Gregory Mankiw sein Lehrbuch zu einem weltweiten Bestseller: »Wenn die Regierung Einkommen von den Reichen zu den Armen umverteilt, senkt sie die Entlohnung für harte Arbeit, weshalb die Menschen wiederum weniger arbeiten und weniger Güter produzieren.«

Umverteilung zu Gunsten der Ärmeren bestrafe also die hart Arbeitenden, die daraufhin weniger hart arbeiteten – mit der unschönen und unerwünschten Konsequenz, dass am Ende alle weniger Wohlstand zur Verfügung hätten. Im Umkehrschluss bedeutet dies, dass der (materielle) Wohlstand umso größer sei, je mehr Ungleichheit eine Gesellschaft zulasse.

Hinter diesen Behauptungen stehen mehrere stillschweigende Annahmen, die jede für sich mit einem dicken Fragezeichen zu versehen sind. Allen voran unterstellt Mankiw, dass harte Arbeit stets und ausnahmslos zu Reichtum führe. Zugleich unterstellt er, dass Reichtum stets und ausnahmslos mit harter Arbeit verbunden sei. Beides ist offensichtlich falsch. Es genügt sogar nur eine faule Reiche oder ein fleißiger Armer, um das Zitat zu widerlegen.

Auch offenbart Mankiw hier ein extrem einseitiges und simples Menschenbild – das des so genannten homo oeconomicus. Er unterstellt, dass Menschen ausschließlich ihren eigenen materiellen Vorteil suchten. Nur wenn sie eine hohe materielle Entlohnung erwarten könnten, seien Menschen zu »harter Arbeit« bereit. Auch diese Annahme ist fragwürdig: Wenn sie zuträfe, gäbe es keine Ehrenämter, keine Nachbarschaftshilfe, keine schlecht oder gar nicht bezahlte Fürsorgearbeit und keine Erste Hilfe bei Unfällen. In der Wirklichkeit kann unser Handeln viele Motivationen haben: beispielsweise das Streben nach Liebe oder Anerkennung, das Befolgen moralischer Regeln, Loyalität, Pflichtbewusstsein, Hass, politische Verblendung, Machtlust oder sexuelle Erregung. Materielle Vorteile mögen eine wichtige Motivation menschlichen Handelns sein, aber doch nur eine von vielen.

Zudem gibt es durchaus gute wirtschaftliche Gründe für die Annahme, dass Umverteilung von oben nach unten den materiellen Wohlstand steigern kann. Ein Grund dafür ist die ungleiche Sparquote der Haushalte: Ärmere Haushalte sparen weniger, da sie mangels Geld weniger sparen können. Sie geben also einen größeren Teil ihres Einkommens für den Konsum aus als reiche Haushalte. Wer von Mindestlohn oder Arbeitslosengeld lebt, wird sein komplettes Einkommen verbrauchen (müssen). Gespart wird da kaum. Wer hingegen monatlich ein fünf- oder gar sechsstelliges Einkommen hat, wird Geld auf die hohe Kante legen – und das nicht zu knapp. Umverteilung zu Gunsten der Armen bedeutet daher, Geld von Haushalten mit geringem Konsum-Anteil am Einkommen zu Haushalten mit hohem Konsum-Anteil am Einkommen zu verschieben. Eine solche Umverteilung steigert folglich die Nachfrage nach Gütern und Dienstleistungen.

Diese höhere Nachfrage wiederum macht es für Unternehmen attraktiv, zu investieren und mehr zu produzieren (→ Kapitel 70) und damit Arbeitsplätze zu schaffen (→ Kapitel 06). Tun sie dies, dann nimmt der Wohlstand dank Umverteilung zu – und nicht ab. Das gilt auch, wenn der Staat mit dem Geld der Reichen breiten Schichten der Bevölkerung einen leichteren Zugang zu besserer Bildung ermöglicht. Denn Gesellschaften mit höherem Bildungsniveau sind produktiver und innovativer.

Tatsächlich zeigte 2015 eine Studie des Internationalen Währungsfonds: Wenn der Einkommensanteil der ärmsten 20 Prozent der Bevölkerung eines Landes steigt, geht dies mit einem höheren Bruttoinlandsprodukt einher – ein steigender Einkommensanteil der reichsten 20 Prozent hingegen mit einem geringeren. Auffällig ist zudem, dass viele Länder mit hoher Ungleichheit eher arm sind – wie beispielsweise Südafrika, Mexiko oder Bulgarien. Zugleich verfügen viele Länder mit vergleichsweise geringer Ungleichheit über einen großen materiellen Wohlstand – wie beispielsweise die skandinavischen Staaten, Österreich oder die Niederlande. Die Wirklichkeit widerspricht Mankiw.

Legt man einen breiteren, nicht nur materiellen Begriff von »Wohlstand« zu Grunde, so entpuppt sich der neoliberale Glaubenssatz von der notwendigen Ungleichheit als noch absurder. Denn wie die Wissenschaftlerin Kate Pickett und ihr Kollege Richard Wilkinson minutiös nachgewiesen haben, gibt es einen engen Zusammenhang zwischen sozialer Ungleichheit und sozialen Problemen: In ungleichen Gesellschaften ist beispielsweise Kriminalität verbreiteter, werden mehr Drogen konsumiert, sind seelische Erkrankungen und Teenager-Schwangerschaften häufiger, wird mehr Gewalt ausgeübt. Zugleich ist die Lebenserwartung geringer. Und auch das soziale Vertrauen ist in ungleichen Gesellschaften weniger ausgeprägt – das allgemeine Vertrauen also, das Menschen in ihre Mitmenschen haben.

36: »Soziale Ungleichheit ist unvermeidbar, denn Menschen sind verschieden!«

Es war einmal eine christdemokratische Bundestagsabgeordnete, die Jahre später »in der Wirtschaft« Karriere machen sollte. Nach Zwischenstation als Staatsministerin im Bundeskanzleramt wur-

de Hildegard Müller Vorsitzende zweier mächtiger Unternehmens-Lobbyverbände sowie Vorstandsmitglied eines Energiekonzerns. Ihre Auffassung von sozialer Ungleichheit, die sie im Mai 2005 in einem Buchbeitrag kundgab, dürfte ihr dabei zumindest nicht geschadet haben: »Wir besitzen unterschiedliche Talente und Fähigkeiten. Ungleichheiten lassen sich im Leben nicht vermeiden. Selbst wer alle gleich behandeln möchte, wird schnell zu der Erkenntnis kommen müssen, dass die Menschen ihre Chancen im Leben unterschiedlich wahrnehmen. Ungleichheit stellt sich so zwangsläufig wieder ein.«

Müller verbindet hier zwei neoliberale Aussagen über soziale Ungleichheit, die sich oft auch unabhängig voneinander finden. Erstens: Soziale Ungleichheit sei unvermeidbar, da die Menschen über unterschiedliche Talente und Fähigkeiten verfügten. Zweitens: Soziale Ungleichheit sei unvermeidbar, da die Menschen ihre Möglichkeiten unterschiedlich gut nutzten. Kürzer formuliert: Menschen unterschieden sich in ihrer Begabung und ihrem Fleiß. Woraus zwingend soziale Ungleichheit resultiere.

Wie so oft, ist das wörtlich Gesagte hier weniger wichtig als das eigentlich Gemeinte. Denn dass Menschen unterschiedlich sind und soziale Ungleichheit (auch) in dieser Unterschiedlichkeit wurzelt, ist offensichtlich. Wer klein ist, wird kein Basketballprofi. Wer Rheuma hat, wird keine harte körperliche Arbeit verrichten. Wer eine Sprache nicht beherrscht, wird darin keine komplexen Gespräche führen. Kleinkinder werden ihren Lebensunterhalt nicht selbst erwirtschaften. Und nicht alle Menschen haben einen geregelten Tagesablauf, aus welchen Gründen auch immer und wie auch immer wir diese bewerten.

Spannender als all das ist die Frage, wie eine Gesellschaft mit der Unterschiedlichkeit ihrer Mitglieder umgeht. Müller & Co. plädieren dafür, soziale Ungleichheit hinzunehmen und Marktergebnisse zuzulassen. Die Ungleichheit in Begabung und Fleiß ist für sie Grund genug, gegen die Korrektur sozialer Ungleichheit anzuschwurbeln. Wir können soziale Ungleichheit nicht vermeiden, deshalb sollen wir sie akzeptieren. Auch, weil wir angeblich nur so Eigeninitiative, Fleiß und Fortschritt erhalten und belohnen (→ Kapitel 35).

Diese Sichtweise lässt vieles außer Acht. So etwa, dass Markt und Gesellschaft keineswegs systematisch Begabung und Fleiß belohnen. Diese können zwar die die soziale Position und das Einkommen eines Menschen beeinflussen, aber sie müssen es nicht. Und es sind bei Weitem nicht die einzigen Faktoren. Denken wir etwa an Diskriminierung: Menschen mit »falschem« Namen, Aussehen oder Wohnort werden seltener zu Vorstellungsgesprächen eingeladen. Frühere »Frauenberufe« werden noch immer schlechter bezahlt. Und zweifeln lassen sollte auch der Umstand, dass die Möglichkeiten eines Kindes durch seine Herkunft bestimmt werden. Hinzu kommt der Faktor Glück – die soziale Position eines Menschen wird auch durch den nackten Zufall mitbestimmt.

Überhaupt hat soziale Ungleichheit mehr Gründe, als Müller & Co. wahrhaben wollen. Ein sehr wichtiger ist die soziale Ungleichheit selbst: Der Teufel scheißt immer auf den größten Haufen. Wer sich in einer gehobenen sozialen Position befindet, hat es einfacher, diese zu erhalten. Denn die dann verfügbaren Ressourcen – wie Beziehungen, Geld oder Wissen – können eingesetzt werden, um den sozialen Status zu sichern. Beziehungen und Geld (möglicherweise leistungslos geerbt) können Begabung und Fleiß sogar gänzlich unnötig machen. Von unten aufzusteigen, ist hingegen sehr viel schwieriger.

Nicht zuletzt aber lässt das Märchen von der unvermeidbaren sozialen Ungleichheit die Menschenwürde außer Acht. Selbst, wenn man soziale Ungleichheit akzeptieren will, muss diese Grenzen haben, die in unserem Mensch-Sein gründen.

Nun kann man gewiss darüber streiten, wo genau diese Grenzen verlaufen. Und man kann darüber streiten, in welchem Maße eine Gesellschaft soziale Ungleichheit korrigieren soll. Auf einen gemeinsamen Nenner werden Linke, Neoliberale und Konservative da nicht kommen. Unredlich aber ist, die gesellschaftlichen und wirtschaftlichen Hintergründe sozialer Ungleichheit zu übergehen und alles auf die Unterschiedlichkeit der Menschen zu schieben.

37:
»Hinter Sozialstaat und Umverteilung steckt blanker Neid!«

Es war einmal ein Schweizer Publizist mit tiefsitzender Abneigung gegen Sozialstaat und Umverteilung. Im Oktober 1998 gab eben jener Robert Nef in den Schweizer Monatsheften *seiner Haltung mit drastischen Worten Ausdruck: »Die gesellschaftszerstörende Droge ist die vom Neid angetriebene Gleichmacherei, die fehlende Bereitschaft, den Unterschied zwischen ›reich‹ und ›arm‹ zu akzeptieren.«*

Es ist ein häufig zu lesendes Argument: Arme seien neidisch auf Reiche, weshalb sie Umverteilung zu eigenen Gunsten verlangten. Es entstehe sogar Feindseligkeit gegenüber Bessergestellten. Politik wiederum gebe diesem Neid (im Streben nach Wählerstimmen und Wahlerfolgen) nach. Sie betreibe »Gleichmacherei«, indem sie den Reichen nehme und den Armen gebe, beispielsweise durch Steuern und Sozialleistungen. Dies wirke sich zerstörerisch auf jede Gesellschaft aus, da diese neidgetriebene Umverteilung – wie auch Nef an anderer Stelle im gleichen Text schreibt – Innovation, Leistung, Risikobereitschaft und damit den Wohlstand hemme.

Überzeugen kann all dies nicht. Hinter der Forderung nach einer gerechteren Verteilung des Wohlstands »Neid« zu vermuten, ist schon grundsätzlich verfehlt. Schließlich findet »Neid« zwischen Menschen statt, nicht auf gesellschaftlicher Ebene. Forschungen des US-Ökonomen Robert Frank etwa zeigen: Wir vergleichen uns am meisten mit denen, die sich in räumlicher und zeitlicher Nähe zu uns befinden. Neidisch sind wir entsprechend auf Menschen, die für uns zumindest halbwegs erreichbar sind – das andere Kind in der Kita beispielsweise, unser Nachbar, unsere Schwester, der Partner unserer Angebeteten, die andere Stürmerin im Fußballteam, virtuell die Influencerin auf *YouTube*. Und natürlich auf Kolleginnen und Kollegen (weshalb es Ratgeber-Bücher zum Umgang mit Neid am Arbeitsplatz gibt.) Wir beneiden Erfolge, die in unserer Reichweite liegen. Eine Verdopplung der Managergehälter in großen Konzernen mindert kaum das Wohlbefinden der Menschen, ein neuer Swimmingpool auf Nachbars Grundstück aber schon.

Im Grunde wissen all das auch die neoliberalen Neid-Spürnasen. Deshalb versuchen sie, in ihrem Neusprech durch schlau klingende Wortschöpfungen wie »Neidökonomie«, »Neidgesellschaft«, »Neidkomplex« oder »Sozialneid« dem Ganzen einen Hauch von Gesellschaftlichkeit und Ernsthaftigkeit zu geben. Was die Behauptung als solche nicht richtiger macht.

Der Neid-Vorwurf löst Scham aus. Schon die Katholische Kirche nahm ihn in ihre sieben Todsünden auf. Wer neidet, ist missgünstig, niederträchtig, boshaft und oft faul. Weshalb niemand neidisch sein will (und wir es doch alle sind). Neid muss sich stets hinter anderem verstecken; er will nicht als Neid erkannt werden: Wer dem konkurrierenden Kollegen die Beförderung neidet, wird dafür stets dessen Inkompetenz anführen – und nicht die eigene verletzte Eitelkeit. Und genau das macht den Neid für die Neoliberalen zum perfekten Vorwurf. Lässt sich damit doch fast alles »entlarven«. Die politische Linke will Gerechtigkeit? Die sind doch nur neidisch auf die Leistungsträgerinnen. Der Sozialstaat sorgt für sozialen Ausgleich und Teilhabe? Die Neidischen machen sich auf Kosten der High Performer die Taschen voll. Umverteilung durch den Staat? Blanker Neid.

Wer so argumentiert, diskutiert nicht mehr politisch, sondern nur noch moralisch. Nicht nur bestimmte Positionen und Sichtweisen, sondern auch bestimmte Tatsachen werden so als anstößig und unsagbar verunglimpft. Eine Verteilung des Wohlstands ist dann nicht mehr zu kritisieren, ohne sich dem Vorwurf des Neids auszusetzen. Ja mehr noch: Zahlen und Fakten zu dieser Verteilung werden politisch völlig irrelevant, können sie doch gar nicht mehr Bestandteil einer berechtigten politischen Auseinandersetzung sein. Im Ergebnis ist ausnahmslos jede Verteilung zu akzeptieren – alles andere wäre neidgetrieben.

Der Neid-Vorwurf soll folglich die Bessergestellten und ihre Vorteile unangreifbar machen. Er soll soziale Ungleichheit zementieren. Und er soll die beleidigen, die weniger gut gestellt sind. Umso wichtiger ist es, ihn als das zu verstehen, was er ist: eine perfide Strategie und eine Falschbehauptung.

38: »Globalisierung und technologischer Wandel erhöhen die Ungleichheit!«

Es war einmal ein unternehmensnahes Forschungsinstitut, das sich die »Zukunft der Arbeit« auf seine Fahnen und in seinen Namen geschrieben hatte. Es veröffentlichte im Februar 2015 eine Studie, in der es hieß: »Es ist zu erwarten, dass […] vor allem die Nachfrage nach hoch qualifizierten Arbeitskräften zunehmen wird […] In diesen stark nachgefragten Berufen wird sich auch die Marktmacht zu den tendenziell knapper werdenden Fachkräften hin verlagern, so dass sich dort für sie günstigere Arbeitsbedingungen etwa im Hinblick auf Entlohnung, Arbeitszeiten und die Vereinbarkeit von Familie, Privatleben und Beruf ergeben sollten […]. Zudem werden einfachere Tätigkeiten tendenziell an Boden verlieren und in Bezug auf die Qualität der Arbeitsbedingungen unter Druck geraten, sofern dort Verlagerung oder Automatisierung gleichermaßen leicht möglich sind.«

Mit anderen Worten: Durch Globalisierung und technologischen Wandel brauchen die Unternehmen mehr hoch qualifizierte Arbeitskräfte, während der Bedarf an geringer qualifizierten Beschäftigten zurückgehe. Letztere seien zudem meist leichter zu ersetzen – entweder durch Maschinen oder durch Arbeitskräfte in anderen Ländern. Hochqualifizierte könnten daher gute Löhne und Arbeitsbedingungen für sich durchsetzen; geringer qualifizierte Arbeit werde hingegen immer schlechter bezahlt und prekärer. Die soziale Ungleichheit nehme so zu.

Interessant ist an diesem Argument weniger die darin beschriebene Entwicklung der Arbeitskräfte-Nachfrage, die im Übrigen weder neu noch unumstritten ist. Interessant ist vielmehr, dass hieraus unmittelbar auf die Entlohnung und Arbeitsbedingungen von Beschäftigten geschlossen wird: Der (Arbeits-) Markt bestimme direkt die »Preise« der Ware Arbeitskraft (→ Kapitel 13) – mit entsprechenden Auswirkungen auf die soziale Ungleichheit.

Das Problem an dieser vermeintlich neutralen Sachaussage: Sie trifft so nicht zu. Denn Löhne und Arbeitsbedingungen werden in den allermeisten (Industrie-) Ländern direkt oder indirekt durch Politik und Gewerkschaften (→ Kapitel 14) mitgestaltet, wenn auch in sehr unterschiedlichem Umfang. Entlohnung und Arbeitsbedingungen werden also immer auch politisch und gewerkschaftlich bestimmt. Der Arbeitsmarkt hat hier keineswegs alleine die Zügel in der Hand – auch nicht im Zeitalter der Globalisierung. So hat beispielsweise Schweden die Regulierung gering qualifizierter Arbeit im Vorfeld der EU-Osterweiterung 2004 verschärft, während Deutschland sie gelockert hat. Im Ergebnis waren die Lebens- und Arbeitsbedingungen von Osteuropäerinnen und Osteuropäern in niedrig qualifizierter Arbeit in Schweden noch viele Jahre später besser als in Deutschland. Umgekehrt werden Beschäftigte in Deutschland in den meisten Branchen weitaus besser geschützt als in den USA oder Großbritannien, wo die neoliberale Rechte etwa die Gewerkschaften massiv schwächen konnte.

Arbeitsverhältnisse bzw. Arbeitsmärkte sind also gestaltbar. Zugleich gibt es seit Jahrzehnten durchaus einen globalen Trend zum Abbau der Rechte abhängig Beschäftigter: Arbeit wird (auch in Skandinavien) in vielen Bereichen unsicherer, schlechter bezahlt und flexibler (→ Kapitel 02) im Sinne der Unternehmen. Das ist allerdings kein Automatismus, sondern die Folge neoliberaler politischer Entscheidungen. Es ist die Folge von Politik, nicht von Märkten. Denn seit Jahrzehnten bauen Regierungen Vorkehrungen ab, die vor Niedriglöhnen, gesundheitsschädlicher Arbeit, Ausbeutung und Arbeitgeberwillkür schützen.

Solche Entscheidungen werden oft mit Globalisierung und technologischem Wandel begründet. Deren zwingende Konsequenz sind sie aber nicht. Vielmehr wird umgekehrt ein Schuh draus: Es spricht einiges dafür, dass die neoliberale Globalisierung die Flexibilisierung und Liberalisierung von Arbeitsmärkten voraussetzt. Schließlich beruht Globalisierung auf der Konkurrenz zwischen Ländern als »Wirtschafts-Standorten«; niedrigere Arbeitskosten sollen zum Standortvorteil werden. In einem solchen Umfeld treten abhängig Beschäftigte grenzüberschreitend in Konkurrenz zueinander. Jede politische Entscheidung zum Abbau der Rechte abhängig Beschäftigter dreht daher die Globalisierungs-Spirale ein wenig weiter.

Übrigens: Neoliberale behaupten nicht nur gerne, dass Globalisierung und technologischer Wandel unweigerlich zu mehr sozialer Ungleichheit in den Industriestaaten führen. Sie behaupten vielmehr auch, dass Globalisierung die Ungleichheit im globalen Maßstab zurückgeführt habe und weiter zurückführe. Das ist aber ein anderes Märchen (→ Kapitel 43).

39:
»Frauen verdienen nicht schlechter als Männer!«

Es war einmal eine ehemalige Frauen- und Familienministerin der CDU, die das Lohngefälle zwischen Männern und Frauen schon im Amt nicht bekümmerte. Auch als einfache Abgeordnete konnte Kristina Schröder im Gender Pay Gap kein Problem erkennen, wie sie im Februar 2017 auf ihrer Webseite versicherte: »Der Nachweis, dass der Gender Pay Gap tatsächlich etwas mit Diskriminierung zu tun hat, ist nicht erbracht. Es steht die begründete Vermutung im Raum, dass er schlicht auf unterschiedliche Präferenzen von Männern und Frauen zurückzuführen ist. Und solche unterschiedlichen persönlichen Präferenzen gehen nach meinem Staatsverständnis die Politik schlicht nichts an.«

Der so genannte Gender Pay Gap beziffert den Unterschied zwischen dem durchschnittlichen Bruttostundenlohn von Männern und Frauen. In Deutschland und der Schweiz betrug er 2021 etwa 18 Prozent, in Österreich 19 Prozent. Frauen verdienen in diesen Ländern also knapp ein Fünftel weniger als Männer. Wovon Schröder & Co. aber nichts wissen wollen. Sie argumentieren, dass Frauen sich freiwillig häufiger für Kinder bzw. Familie sowie für schlechter bezahlte Ausbildungen, Berufe und Branchen entschieden. Auch strebten Frauen seltener Führungspositionen an und entschieden sich häufiger für Teilzeit-Jobs. Diese und weitere »Präferenzen« hätten eine schlechtere Bezahlung zur Folge, was aber eben selbst gewählt sei. Deshalb müsse man die genannten Faktoren aus dem Gender Pay Gap herausrechnen. Dann aber sinke dieser auf wahlweise acht, sechs, zwei oder gar null Prozent: von Diskriminierung (fast) keine Spur.

Statistisch haben sie damit nicht Unrecht. Zwar gibt es sicher noch immer Bosse, die Frauen für gleiche Arbeit bewusst schlechter bezahlen. Und auch die »gläserne Decke« ist kein Mythos; gemeint ist der Umstand, dass Frauen oft nur wegen ihres Geschlechts keine Führungspositionen erhalten. Beides trägt aber nur begrenzt zum Gender Pay Gap bei. Größer ist der Beitrag dessen, was Schröder »Präferenzen« nennt. Allerdings steht auch hinter diesen (angeblich) freiwilligen Entscheidungen eine Benachteiligung aufgrund des Geschlechts.

Der bei Weitem wichtigste Grund für den Gender Pay Gap sind Kinder. Weshalb aber brechen bei Müttern Entgelt und Karriere mit der Geburt von Kindern ein, mit Auswirkungen oft bis ans Ende des Erwerbslebens? Und weshalb ist dies bei Vätern weniger und seltener der Fall? Gewiss: Mütter übernehmen meist einen größeren Teil der Familienarbeit. Das alleine erklärt allerdings nicht die Auswirkungen auf Karriere und Entgelt.

Eine wichtige Antwort liegt auf der Hand: Nach wie vor sind Beruf und Familie nur schlecht vereinbar. Und das liegt nicht nur an den zu Recht viel diskutierten, noch immer unzureichenden Kinderbetreuungsmöglichkeiten. Es liegt auch daran, dass zum Beispiel Kinderarztbesuche, Kinder-Hobbys und Elternabende Zeit kosten und unflexibel machen. Schicht-, Sonn- und Feiertagsarbeit werden dann ebenso zum Problem wie Überstunden. Auch haben Mütter nach der Geburt kein Rückkehrrecht auf ihre frühere Stelle. Ihr Arbeitgeber kann sie auf jede gleichwertige Stelle schicken – Kontakte, Kenntnisse und Erfolge sind dann entwertet. Eine Beförderung rückt in weite Ferne.

Ein weiterer wichtiger Grund für den Gender Pay Gap ist, dass in Berufen und Branchen mit hohen Frauenanteilen schlechter bezahlt wird. Auch dahinter steht Benachteiligung. Das zeigte beispielsweise 2016 eine Studie der Universitäten Zürich und Lausanne. Sie wies nach: Auch wenn bis dato »männliche« Branchen »weiblicher« werden, bremst das die Entwicklung der Branchenlöhne aus – und umgekehrt. Bisweilen wirken zudem traditionelle Rollenbilder nach. Bestimmte Stellen galten lange als typische Ehefrauen-Jobs. In ihnen wurde und wird schlechter bezahlt, weil der Mann das Geld verdiente.

Es sind also gesellschaftliche Faktoren, die die Entgelte und Karrieren von Frauen ausbremsen. Und damit ist es eine gesellschaftliche Aufgabe, diese Benachteiligungen zu überwinden. Eine bessere Vereinbarung von Beruf und Familie etwa erfordert nicht nur eine bessere Kinderbetreuung. Sie erfordert auch, Arbeit für Eltern passender zu machen. Und zwar so, dass minderjähriger Nachwuchs keinen Nachteil mehr bedeutet. In schlecht bezahlten Berufen und Branchen müssen zudem die Entgelte steigen.

All das aber sind Eingriffe in den Arbeitsmarkt. Den Arbeitgebern und ihren Gesinnungsgenossinnen werden die Maßnahmen daher nicht gefallen. Weshalb sie lieber pauschal den Gender Pay Gap infrage stellen.

40:
»Hohe Managergehälter sind Folge des Wettbewerbs um gute Manager!«

Es war einmal ein Manager, der in seiner Kaste als einer der erfolgreichsten galt. Sein Name war Dieter Vogel, und auf seinen Professorentitel legte er Wert. Als Ingenieur hatte er zum Thema »Selbst-

erregte Schwingungen von Turbinenläufern« promoviert. Im Februar 2017 geriet er selbst in erregte Schwingung, als er in einem Interview auf wiwo.de *nach der Begrenzung von Manager-Vergütungen gefragt wurde: »Es geht um Geld und in Geldfragen schwingt immer Neid mit. Richtig wäre klar zu machen, dass Management ein wesentlicher Erfolgsfaktor für Unternehmen und auch für die Sicherung von Arbeitsplätzen ist, aber diese Position bringt deutlich weniger Wählerstimmen. Bei den Vorschlägen wird vergessen, dass wir uns in einem internationalen Wettbewerb befinden.«*

Vogel vertritt hier die verbreitete These, dass die Internationalisierung von Unternehmen zu einem globalen Arbeitsmarkt für Top-Manager geführt habe. Auf diesem Arbeitsmarkt, so die Vorstellung, herrsche ein scharfer Wettbewerb. Nur wer sehr gut bezahle, erhalte sehr gute Manager. Deren hohen Gehälter und Boni seien angesichts ihrer Arbeitsleistung und angesichts dieser Konkurrenz gerechtfertigt – auch wenn von Neid zerfressene Jammerlappen dies nicht anerkennen wollten.

Die Krux an der Geschichte: Es gibt keinen Weltmarkt für Top-Manager. Denn zum einen bestehen zwischen verschiedenen Staaten erhebliche Unterschiede bei den Manager-Vergütungen. Ein Weltmarkt hätte diese längst vereinheitlicht. Zum anderen machen in der Regel weder das mittlere noch das obere Management Karrieren im Ausland. Zwar haben sie einige Auslandsaufenthalte – die fallen aber meist kurz aus.

Die Kritik an überhöhten Manager-Vergütungen hat weder mit Jammern noch mit Neid (→ Kapitel 37) zu tun. Vielmehr liegt ihr eine beunruhigende Entwicklung zu Grunde. So sind die Managergehälter und Boni in den vergangenen Jahren wesentlich schneller gestiegen als die Löhne der Beschäftigten oder die Durchschnittseinkommen. Eine Studie der Hans-Böckler-Stiftung stellte fest, dass die Manager der DAX-30-Unternehmen 2017 das 71-Fache der Vergütung eines oder einer durchschnittlich entlohnten Beschäftigten verdienten. 2005 war es »nur« das 42-Fache. Noch drastischer fällt der

Vergleich mit den Spitzengehältern der Top-Manager aus. Um etwa das Jahresgehalt des früheren VW-Chefs Martin Winterkorn aus dem Jahr 2014 (15,9 Mio. Euro) zu verdienen, hätte eine Person mit damaligem Durchschnittsverdienst fast 500 Jahre arbeiten müssen.

Hier besteht ein enormes Verteilungsproblem. Und da mit zunehmendem Reichtum Macht und Einfluss zunehmen, ist dies auch ein Problem für die Demokratie (→ Kapitel 95).

Warum aber konnten sich die Manager-Vergütungen in den vergangenen Jahrzehnten derart von der durchschnittlichen Lohnentwicklung abkoppeln? Auf einen wichtigen Grund hat der französische Verteilungsforscher Thomas Piketty hingewiesen: die Senkung des Spitzensatzes der Einkommensteuer in quasi allen Industriestaaten. Je geringer die Besteuerung ausfällt, desto höher ist der Anreiz, möglichst hohe Gehaltsforderungen durchzusetzen. Schließlich bleibt netto mehr übrig.

Ein weiterer Grund dürfte die wachsende gesellschaftliche Akzeptanz von extrem hohen Einkommen sein, die es ja etwa auch im Sport oder der Unterhaltungsbranche gibt. Aufsichtsräte, die über Gehälter und Boni der Vorstände entscheiden, üben vor diesem Hintergrund überzogene Großzügigkeit. Das umso leichter übrigens, als die gleichen Aufsichtsräte oft selbst Mitglieder von Konzernvorständen waren oder sind (mit entsprechenden Gehältern und Boni). Eine Krähe hackt der anderen bekanntlich kein Auge aus. Aufsichtsratsmitglieder der Beschäftigten-Seite wiederum tragen diese Vergütungsentscheidungen bisweilen mit, da sie im Gegenzug Vorteile für die Beschäftigten aushandeln wollen.

Hinzu kommt schließlich noch ein Drittes: Die Kräfteverhältnisse haben sich in den letzten Jahrzehnten zu Gunsten des Kapitals und zu Lasten der abhängig Beschäftigten verschoben. Durch Globalisierung, Liberalisierungen, Auslagerungen, Privatisierungen und den Abbau von Schutzstandards am Arbeitsmarkt hat man Arbeitnehmerinnen und Arbeitnehmer politisch geschwächt. Davon profitierten offenbar nicht nur die Besitzerinnen und Besitzer von Unternehmen, sondern auch jene, die diese in ihrem Auftrag leiten.

41:
»Wachstum nützt allen!«

Es war einmal… ja wer eigentlich? John F. Kennedy jedenfalls nicht, auch wenn viele Rechte und manche Linke ihm das unterstellen. Seit Jahrzehnten untermauern US-Republikaner – zum Beispiel der Ökonom Arthur Laffer oder der ehemalige US-Präsident Ronald Reagan – ihre neoliberalen Positionen mit einem Zitat, das sie dem früheren demokratischen US-Präsidenten John F. Kennedy zuschreiben. Letzterer erscheint dann als eine Art Mitte-Links-Vordenker des Neoliberalismus: »Eine Flut hebt alle Boote.«

Wenn Neoliberale wie Arthur Laffer oder Reagan (1911-2004) diesen Satz unter Berufung auf Kennedy (1917-1963) benutzen, so wollen sie damit sagen: Wächst eine Volkswirtschaft (»Eine Flut«), so falle davon für alle etwas ab (»hebt alle Boote«). Die Einkommen der Reichen wie auch die der Armen stiegen. Wachstum nütze also allen. Weshalb eine Wachstumspolitik wichtiger sei als Umverteilung. Wenn Regierungen etwa Steuern für Reiche und Unternehmen senkten, so bringe das Wachstum, von dem am Ende alle profitierten. Diese Behauptung ist auch als »Pferdeäpfel-Theorie« oder »Trickle-down-Ökonomie« bekannt.

Einen solchen Automatismus gibt es allerdings nicht. Zwar können im Prinzip alle (oder zumindest die meisten) gesellschaftlichen Schichten einigermaßen gleichmäßig von einer positiven wirtschaftlichen Entwicklung profitieren. Dies ist aber keineswegs zwingend – und im neoliberalen Kapitalismus auch nicht der Fall. So ist die Wirtschaftsleistung in vielen Ländern in den vergangenen rund 30 Jahren deutlich gestiegen, während die Armutsgefährdung, die Unsicherheit oder die Beschäftigung im Niedriglohnsektor erheblich zugenommen haben. Auch sind die Einkommen ungleicher verteilt als noch in den 1990er Jahren, die Vermögen sowieso. Armut und Reichtum haben sich verfestigt.

In der internationalen Debatte haben Verteilungsthemen in den vergangenen Jahren einen breiten Raum eingenommen. Diskutiert wird insbesondere die Frage, wie die wirtschaftliche Entwicklung zu gestalten ist, damit Wohlstand und Wachstum allen Mitgliedern einer Gesellschaft zu Gute kommen. Denn tatsächlich ist dies eine Frage politischer Regulierung und Gestaltung, wovon Neoliberale aber nichts wissen wollen. Ihre Politik der vergangenen Jahrzehnte hat zur Umverteilung zu Gunsten der sowieso schon Bessergestellten beigetragen: Sie haben Steuern für Reiche und Unternehmen gesenkt, Regulierungen am Arbeitsmarkt abgebaut, Gewerkschaften geschwächt, öffentliches Eigentum privatisiert und den Sozialstaat nach ihren Vorstellungen um- und abgebaut.

Fatalerweise haben sie mit dieser Politik die Wachstumschancen allerdings nicht etwa verbessert, sondern verschlechtert. Selbst der einst stramm marktextremistische Internationale Währungsfonds (IWF) und die Industrieländer-Organisation OECD räumen mittlerweile ein: Wenn die soziale Ungleichheit groß ist oder zunimmt, schadet das der wirtschaftlichen Entwicklung. Dafür gibt es ökonomische Gründe: Je höher das Einkommen eines Haushalts ist, desto mehr davon spart er. Dieses Geld steht für den Konsum dann nicht zur Verfügung (→ Kapitel 35). Es gibt aber auch gesellschaftliche Gründe: Eine große Ungleichheit schwächt das Vertrauen in Institutionen, sie untergräbt den sozialen Zusammenhalt, sie befördert Resignation und Verzweiflung, sie schürt Kriminalität.

Damit Wachstum möglich ist, allen zu Gute kommt und nicht zu Raubbau an Natur und Umwelt führt, sind gezielte und weitreichende Eingriffe in das Marktgeschehen erforderlich. Zudem muss die öffentliche Hand ihre Einnahmen- und Ausgabenpolitik konsequent gegen soziale Ungleichheit ausrichten: Etwa durch die Stärkung von Tarifverträgen, durch höhere Steuern auf hohe Einkommen und Gewinne, durch gute und bezahlbare öffentliche Angebote etwa in den Bereichen Bildung, Gesundheit, Pflege, Wohnen, Verkehr und Energie. Und nicht zuletzt braucht es einen gut ausgebauten Sozialstaat, der in allen Lebenslagen umfassend, bedarfsorientiert und menschenwürdig unterstützt.

Ein solches Programm ist dann übrigens gar nicht mehr so weit weg von dem, was Kennedy tatsächlich sagen wollte. Er benutzte den Satz von den angehobenen Booten oft, wenn er von der Unterstützung sozial und wirtschaftlich Benachteiligter sprach – insbesondere von ärmeren US-Bundesstaaten. Ihnen zu helfen, so Kennedy, sei am Ende für die gesamten USA ein Gewinn. Das ist so ziemlich das Gegenteil des neoliberalen Neusprechs, den die US-Rechten daraus gemacht haben. Zudem war der Satz auch schon lange vor Kennedy in Gebrauch.

Internationaler Handel

42: »Wir müssen die Globalisierung gestalten!«

Es war einmal ein junger sozialdemokratischer Bundestagsabgeordneter mit großen Karrierehoffnungen und dem Namen Dirk Wiese. Im Januar 2017 wurde er Parlamentarischer Staatssekretär im Bundeswirtschaftsministerium. Es wird ihm nicht geschadet haben, dass er im März 2015 (übereinstimmend mit der politischen Linie seines späteren Ministeriums) auf einer Parteiveranstaltung im münsterländischen Havixbeck zum Thema Freihandel sagte: »Wir müssen die Globalisierung gestalten. Wir dürfen nicht gestaltet werden.«

Ein Phrasenschwein war vermutlich nicht zugegen, als Wiese diesen Satz sprach. Wäre ein solches Kunststoff-Tierchen immer dabei, wenn von der »Gestaltung der Globalisierung« die Rede ist, so ließe sich gutes Geld verdienen. Denn obwohl (oder weil?) man kaum abgedroschener für Freihandel werben kann, ist dieser Satz ein politischer Dauerbrenner. Was allerdings nicht darüber hinwegtäuschen sollte, dass hier Inhalte und Annahmen transportiert werden. Wenn Wiese sagt, dass »wir« die Globalisierung gestalten sollten, dann meint er die Verankerung hoher sozialer und ökologischer Standards durch internationale Freihandelsverträge. Und wenn Wiese sagt, »wir« dürften nicht gestaltet werden, dann unterstellt er: Wenn Deutschland bzw. Europa keine führende handelspolitische Position einnehmen, so werde es keine solchen hohen Standards geben. Ob sich die dann niedrigeren Standards schlussendlich quasi automatisch aus der Globalisierung ergäben oder ob China bzw. die USA dafür Verantwortung trügen, lässt Wiese offen. In der politischen Debatte finden sich beide Varianten.

Aus dieser Perspektive gibt es nur zwei politische Handlungsmöglichkeiten: selbst treiben oder getrieben werden, lenken oder sich unterwerfen. Die Globalisierung als solche erscheint alternativlos. Weshalb sie auch nur aufgehübscht werden soll, mehr aber auch nicht. Die Möglichkeit, der Globalisierung in ihrer derzeitigen neoliberalen Form eine Absage zu erteilen, spielt keine Rolle. Sand ins kapitalistische Getriebe zu werfen, ist Wieses Sache nicht.

So kommt es, dass ausgerechnet eine Phrasendrescher-Phrase, die scheinbar für politische Veränderung und Regulierung wirbt, tatsächlich der Fortführung und Intensivierung der neoliberalen Globalisierung das Wort redet. Neoliberales Neusprech eben. Denn genau diese Fortführung und Intensivierung ist die Folge von Freihandelsverträgen und multilateralen Handelsabkommen: Sie verstetigen und erweitern die Rechte des Kapitals. Sie schaffen weitreichende Investorenrechte. Sie schränken Kapitalverkehrskontrollen und Finanzmarktregulierungen ein. Sie befördern Privatisierung, Liberalisierung und Auslagerungen. Sie erschweren eine soziale und ökologische öffentliche Beschaffung. Sie machen öffentlichen Unternehmen das Leben schwer. Sie bauen Zölle ab. Sie ermöglichen den Import von Gütern und Dienstleistungen aus Ländern mit geringeren Standards. Und nicht zuletzt schaffen und verschärfen sie durch all dies eine Konkurrenz zwischen Staaten und Menschen – eine Konkurrenz, die im Wesentlichen über die Lohnkosten und über niedrigere Sozial- und Umweltstandards ausgetragen wird.

Auf diese Weise wird die neoliberale Globalisierung seit Jahrzehnten politisch aktiv vorangetrieben. Die politischen Gewichte sind dabei sehr ungleich verteilt: Großkonzerne, Unternehmensverbände und internationale Großkanzleien verfügen über einen großen politischen Einfluss. Ihre Klientel ist es, die von dieser Art der Globalisierung profitiert. Gewerkschaften, Umweltverbände und Entwicklungshilfe-Organisationen hingegen sitzen am Katzentisch.

Die Hoffnung, über Freihandelsverträge und multilaterale Handelsabkommen eine 180-Grad-Wende hinzubekommen, erscheint angesichts dieser herrschenden Machtverhältnisse und der Dominanz des Neoliberalismus mehr als naiv. Nennenswert höhere soziale und ökologische Standards – oder gar die globale Durchsetzung der jeweils höchsten Standards – sind unter diesen Rahmenbedingungen jedenfalls nicht zu erwarten.

43: »Die Globalisierung hat viele Millionen Menschen aus der Armut geholt!«

Es war einmal eine internationale Organisation von Zentralbanken, die sich (wie im Finanzwesen üblich) für freie Märkte und Globalisierung begeisterte. In ihrem Jahresbericht 2017 schrieb diese Bank für Internationalen Zahlungsausgleich (BIZ) entsprechend: »Die stärkere Integration der Weltwirtschaft hat enorme Vorteile gebracht. Die Globalisierung hat maßgeblich zur Verbesserung des Lebensstandards beigetragen und großen Teilen der Weltbevölkerung aus der Armut geholfen.«

Globale Märkte für Waren, Dienstleistungen, Arbeit und Finanzen stehen seit jeher ganz oben auf der Wunschliste der Neoliberalen. Freiere und globalere Märkte steigerten den Wohlstand, so ihre Annahme. Seit einigen Jahren nun führen sie an, dass aus dieser Hoffnung Gewissheit geworden sei: Die weltweite Ungleichheit nehme ebenso ab wie die Armut. Zahlen dafür lägen ausreichend vor. Welch ein Segen!

Aber stimmt das wirklich? Ja und nein. Einerseits trifft zu, dass einige Entwicklungs- und Schwellenländer seit wenigen Jahrzehnten eine enorme Entwicklung genommen haben. Es sind in großem Umfang neue, moderne Betriebsstätten und Arbeitsplätze entstanden. Sie sorgten dort für einen beträchtlich wachsenden Wohlstand. Sie ließen Mittelschichten entstehen, wo es bis dato fast nur Massenarmut gab. Andererseits trifft aber auch zu, dass gerade in den Industriestaaten ganze Branchen und Regionen in einen Abwärtsstrudel geraten sind. Dies hat die Lebenslage vieler Millionen Menschen drastisch verschlechtert. Hinzu kommt ein enormer globaler Konkurrenzdruck, der die Verhandlungsmacht der Arbeitnehmerinnen und Arbeitnehmer weltweit schwächt.

Gleichwohl bleibt festzuhalten: Ja, im globalen Maßstab ist die Armut tatsächlich zurückgegangen. Das bedeutet allerdings nicht, dass dies »maßgeblich« auf die Globalisierung zurückzuführen wäre. Denn tatsächlich fanden die Einkommenszuwächse vorwiegend in Ländern statt, die sich den neoliberalen Rezepten einer bedingungslosen wirtschaftlichen Öffnung gerade nicht unterworfen hatten. Und da darunter auch besonders große Länder waren, allen voran China und Indien, konnten entsprechend viele Menschen profitieren – aber eben nur in recht wenigen Ländern.

Die Einbindung in die globale Wirtschaft war für diesen Aufstieg zwar eine wichtige Rahmenbedingung. Noch wichtiger aber war (und ist), dass der Staat in diesem Prozess eine aktive wirtschaftspolitische Rolle behielt. So öffneten sich diese Länder beispielsweise nur langsam und eingeschränkt den globalen Märkten. Auch spielten und spielen staatliche oder staatlich beeinflusste Unternehmen oft eine zentrale Rolle.

Letzteres etwa ist in China bis heute der Fall. Auch ausländische Investitionen kontrolliert und begrenzt das Land nach wie vor, das gleiche gilt für die Preise einiger Güter und Rohstoffe. Der Staat hat eine zentrale lenkende Rolle in vielen Bereichen der Ökonomie. All dies ist in den Augen neoliberaler Globalisierungsfans Teufelszeug. Doch ist China damit gut gefahren. Anders übrigens als Russland, das im Abschied von der sozialistischen Planwirtschaft den (von westlichen Regierungen und Organisationen empfohlenen) Weg einer kapitalistischen Schocktherapie ging. Seine Öffnung erfolgte radikal und weitgehend unkontrolliert. Das Ergebnis: Noch 1990 lag Chinas Pro-Kopf-Einkommen ungefähr bei einem Drittel des russischen – heute ist es höher.

Als Grund für den Aufstieg Indiens führen Neoliberale gerne dessen marktwirtschaftliche Reformen seit 1991 an. Was sie allerdings gerne verschweigen: Auch danach und bis heute ist die indische Wirtschaft im globalen Vergleich eine der am stärksten regulierten geblieben. Laut Index of Economic Freedom ist die dortige Wirtschaft deutlich stärker reguliert als etwa die Mexikos, Chiles, Botswanas, der Philippinen oder Russlands – die ökonomisch nicht annähernd so vorangekommen sind. Wie China konnte Indien von der Globalisierung profitieren, gerade weil es sich ihr nicht unterworfen hat. Ähnliches gilt im Übrigen auch für Vietnam oder Indonesien. Es gilt in gewisser Weise sogar für die heutigen ökonomischen Schwergewichte Südkorea und Japan, deren wirtschaftlicher Aufstieg einst ebenfalls in einem staatlich geschützten und gelenkten Rahmen erfolgte.

All das zeigt: Für die wirtschaftliche Entwicklung eines Landes ist es zwar ein Plus, an der Globalisierung teilzuhaben. Noch wichtiger aber ist eine aktive Wirtschaftspolitik mit einer aktiven, gestaltenden, die globalen Märkte begrenzenden Rolle des Staates (→ Kapitel 44).

44:
»Freihandel schafft Arbeitsplätze und Wohlstand!«

Es war einmal eine Partei mit festem Glauben an Gott, Vaterland, Markt und internationalen Handel. Als in Öffentlichkeit und Medien die Zweifel am Segen des letztgenannten wuchsen, veröffentlichte jene Partei – die CDU – im Mai 2014 eine werbliche Publikation zum Thema. Sie stellte darin die Frage »Warum wollen wir ein Freihandelsabkommen?« – und gab sich und allen anderen sogleich selbst die Antwort: »Freihandel schafft Arbeitsplätze und Wohlstand.«

Der freie Handel über Staatsgrenzen hinweg als Quelle von Wohlstand, Wachstum, Arbeit, Glück und Zufriedenheit: Diese Annahme gehört zu den grundlegenden Glaubenssätzen der liberalen Wirtschaftslehre. Systematisch begründet wurde sie durch den »Urvater der Nationalökonomie« Adam Smith (1723-1790). Er schrieb in seinem Hauptwerk »Der Wohlstand der Nationen« von den Vorteilen der Arbeitsteilung: Sie sei die Grundlage für enorme Steigerungen der Produktivität und damit für den Wohlstand eines Landes. Wenn der Handel (auch über Grenzen hinweg) frei sei, dann nutze eine noch umfassendere, internationale Arbeitsteilung bei der Produktion von Gütern und Dienstleistungen allen beteiligten Ländern. Heute noch beglücken Außenhandels-Lehrbücher ihre Leserinnen und Leser mit der Weiterentwicklung dieser Überlegungen durch den Ökonomen David Ricardo (1772-1823) im Rahmen seiner Theorie der komparativen Kostenvorteile: Danach ist Freihandel auch dann für alle beteiligten Länder sinnvoll, wenn ein Land alle Güter billiger oder teurer als ein Vergleichsland produziert.

Auf Smith und Ricardo berufen sich bis in unsere Tage alle, die das Hohelied des unbeschränkten Freihandels singen. Und anders als früher sind das heute nicht mehr nur Liberale. Dabei ist eine solche Sichtweise reichlich undifferenziert. Denn schon ein kurzer Blick in die Geschichte des Außenhandels zeigt, dass der Schutz der inländischen Wirtschaft – und nicht Freihandel – die Grundlage zumindest für die frühe wirtschaftliche Entwicklung von Staaten war und ist. So hat Großbritannien, die führende Nation in der ersten Phase des Kapitalismus, bis Mitte des 19. Jahrhunderts eine staatlich reglementierte Außenhandelspolitik betrieben. Instrumente wie Schutzzölle und Subventionen waren die Regel. Auch Deutschland verdankte seinen wirtschaftlichen Aufstieg im 19. Jahrhundert einer solchen Außenhandels-Politik. Und die USA wären vermutlich noch heute ein unbedeutendes Agrarland, wenn sie die Entwicklung ihrer Industrie nicht durch hohe Zolltarife von streckenweise fast 50 Prozent über den langen Zeitraum von 1830 bis 1945 geschützt hätten. Der Wirtschaftshistoriker Paul Bairoch (1930-1999) hat die USA deshalb auch treffend als »Mutterland und Bollwerk des modernen Protektionismus« bezeichnet.

Umgekehrt zeigen zahlreiche negative Beispiele der letzten Jahrzehnte: Wenn ein Schwellen- oder Entwicklungsland wirtschaftlich vorankommen möchte, dann ist eine ungeschützte Integration in den Weltmarkt der direkte Weg zum Scheitern. Ein erfolgreicher Aufholprozess gelingt auf der Basis einer klugen protektionistischen Politik und einer aktiven staatlichen Wirtschaftslenkung, nicht durch Freihandel. Schutzzölle können durchaus sinnvolle Bestandteile einer solchen Politik sein, was schon der deutsche Ökonom Daniel Friedrich List (1789-1846) wusste: In Abgrenzung von Ricardo plädierte er für »Erziehungszölle«, um Industriezweige bis zur Erlangung der internationalen Wettbewerbsfähigkeit zu schützen.

Diese Erkenntnis ist auch für die regelmäßig verhandelten Freihandelsabkommen wichtig. An ihnen wird zu Recht vieles kritisiert: Die undemokratischen und undurchsichtigen Verhandlungen selbst, die Gefahren für öffentliche Dienstleistungen, der überzogene Schutz von Auslandsinvestitionen, die fehlende Verankerung sozialer und ökologischer Standards und vieles mehr. Vergleichsweise wenig Beachtung findet, dass die Befürworterinnen und Befürworter solcher Abkommen sich zudem eine weltweite Ausstrahlung erhoffen. Das muss aufmerken lassen, denn tatsächlich werden mit Freihandelsverträgen auch die Prinzipien und Inhalte neoliberaler Wirtschaftspolitik weltweit verbreitet (→ Kapitel 42). Für die wirtschaftliche Zukunft von Schwellen- und Entwicklungsländern bedeutet dies nichts Gutes.

45: »Freihandel nützt Unternehmen und Beschäftigten gleichermaßen!«

Es war einmal eine schwarz-rote deutsche Bundesregierung mit unerschütterlichem Glauben an den Segen des unbeschränkten internationalen Handels. In einem undatierten Jubeltext mit dem Titel »Freier Handel – ein Gewinn für alle« gab sie im September 2020 auf ihrer Webseite zum Besten: »Freier Handel bedeutet Chancen für Unternehmen, für Arbeitnehmer und Arbeitnehmerinnen.«

Wer daran glaubt, dass freie Märkte mehr Wohlstand bedeuten, der wird sich für einen freieren Handel über Grenzen hinweg einsetzen. Gerade die exportorientierte deutsche Außenwirtschaftspolitik (→ Kapitel 46) setzt seit Jahrzehnten auf eine solche Strategie. Konzerne und Regierungen gehen hier Hand in Hand. Und gerne betonen Politikerinnen und Politiker dabei, dass Beschäftigte und Unternehmen vom internationalen Handel gleichermaßen profitierten. Sie hätten also ein gemeinsames Interesse.

Doch kann Freihandel überhaupt immer und überall zusätzlichen Wohlstand schaffen? Diese Annahme ist eher Glaubenssatz als Wissen. Eine gute Begründung bleiben die Freihandelsfans meist schuldig. Und wenn nicht, dann lautet diese oft in etwa so: Die Verschärfung der Konkurrenz erhöhe den Druck auf Unternehmen, innovativer und produktiver zu sein als Wettbewerber. Dies steigere den Wohlstand, denn es habe zur Folge, dass Güter und Dienstleistungen in größerer Zahl und besserer Qualität bei geringeren Kosten hergestellt würden. Schließlich könnten sich Unternehmen nur so gegen Wettbewerber durchsetzen.

Völlig von der Hand zu weisen ist das nicht. Nur übersehen die Freihandelsfans gerne, dass sich Konkurrenz keineswegs zwingend in Innovationen und höherer Produktivität niederschlagen muss. Es gibt noch einen zweiten Weg, um im Wettbewerb zu bestehen: niedrigere Löhne und Steuern, schlechtere Sozialleistungen, niedrigere »Lohnnebenkosten« sowie »flexiblere« Arbeitsverhältnisse und Arbeitszeiten (→ Kapitel 02). Der Versuch also, nicht besser, sondern billiger zu sein als die ausländische Konkurrenz. Oft unterstützen Staaten ihre Unternehmen bei diesen Billig-Strategien – etwa Deutschland mit der »Agenda 2010« (2003-2005), Italien mit seinem »Jobs Act« (2015) oder die Niederlande mit ihrem »Polder-Model« (seit 1982). Die Folgen sind niedrigere soziale (und oft auch ökologische) Standards, kurzum: weniger Wohlstand für die Beschäftigten. Sie haben das Nachsehen, Konzerne profitieren.

Unternehmen und Regierungen müssen also daran gehindert werden, mit Billig-Strategien auf die dank Freihandel verschärfte internationale Konkurrenz zu reagieren. Es gilt, Lohndumping und Schmutzkonkurrenz zu unterbinden. Zunächst einmal sind dafür auf nationalstaatlicher Ebene gut ausgebaute Sozialstaaten und durchsetzungsstarke Tarifverträge erforderlich. Sie müssen hohe verbindliche Standards für alle Unternehmen und Beschäftigten setzen. Nur dann bleiben Qualität, Innovation und Effizienz die einzigen Möglichkeiten, um im Wettbewerb gegen andere Unternehmen zu bestehen (→ Kapitel 15).

Dies ist nicht zuletzt eine Lehre aus dem 19. Jahrhundert: Damals konnten Armut und Verelendung in den sich industrialisierenden Gesellschaften erst beendet werden, als sich Sozialstaaten und Tarifvertrags-Systeme etabliert hatten. Auch viele Arbeitgeber waren hieran interessiert – wurde so doch Schmutzkonkurrenz verhindert. Gerade Deutschland ist hierfür ein gutes Beispiel: Sozialstaat und Tarifvertrags-System waren hier eine unmittelbare Folge der wirtschaftlichen Einigung des Landes.

Je mehr Handel über Grenzen hinweg stattfindet, desto wichtiger werden solche Standards auch und gerade für den internationalen Handel. Tatsächlich aber passiert hier das Gegenteil: Tarifverträge und Sozialstaatlichkeit werden durch Freihandels-Verträge gerade nicht geschützt. Zwar werden hier und da soziale (und ökologische) Standards als »Mindeststandards« für alle festgeschrieben. Das kann aber keine Billig-Strategien unterbinden. »Mindeststandards« verhindern nicht, dass Unternehmen und Beschäftigte aus Ländern mit deutlich höheren (und damit teureren) Standards ins Hintertreffen geraten. Notwendig wäre es, die höchsten Standards für alle beteiligten Staaten und Unternehmen verbindlich zu machen. Was aber nicht passiert (→ Kapitel 42).

Zu behaupten, dass Unternehmen und Beschäftigte gleichermaßen von Freihandel profitierten, ist vor diesem Hintergrund bestenfalls naiv. Denn gerechter Handel hat Voraussetzungen, er bedarf der strikten Regulierung – und ist damit eben gerade kein »freier« Handel mehr.

46: »Exportüberschüsse sind das Ergebnis guter Wirtschaftspolitik!«

Es war einmal ein sozialdemokratischer Kanzlerkandidat, der im Wahlkampf die soziale Gerechtigkeit zu seiner Kernbotschaft erkor. Damit weckte jener Martin Schulz erfolgreich Hoffnungen auf Abkehr der SPD vom Neoliberalismus. Dass er diese Hoffnungen enttäuschen würde, machte er gleichwohl früh klar. Im Mai 2017 legte er in einer wirtschaftspolitischen »Grundsatzrede« bei der Industrie- und Handelskammer Berlin ein Bekenntnis zur deutschen Exportorientierung ab: »Die Kritik an unseren hohen Handelsbilanzüberschüssen halte ich für falsch. Wir müssen uns nicht dafür schämen, erfolgreich zu sein. Unsere Exporte sind das Ergebnis der guten Arbeit, die hier im Lande geleistet wird. Wir sind erfolgreich und wir werden es bleiben.«

Gerade in Deutschland, das seit Jahrzehnten mehr exportiert, als es importiert, gelten Handelsbilanz- bzw. Exportüberschüsse als Ausweis guter Wirtschaftspolitik. Wieder und wieder feierte das Land seine »Export-Weltmeisterschaften«, fast als ginge es um Fußball. Tatsächlich aber gibt es dafür keine überzeugenden Gründe.

Wenn ein Land einen Exportüberschuss aufweist, es also mehr Güter und Dienstleistungen exportiert, als es importiert, dann müssen andere Länder zwingend mehr importieren, als sie exportieren. (In beiden Fällen spricht man von Außenhandels-Ungleichgewichten.) Schließlich ist der Export des einen Landes stets der Import eines anderen. Auf den ersten Blick mögen solche Exportüberschüsse vorteilhaft erscheinen: Die dahinterstehende Beschäftigung ist faktisch ein Export der eigenen Arbeitslosigkeit. Außerdem müssen sich die Importüberschuss-Länder verschulden, um ihren Importüberschuss zu finanzieren – das Exportüberschuss-Land baut ihnen gegenüber entsprechende Forderungen auf. Es wird zum Gläubiger. Diese Verschuldung der Importüberschuss-Länder kann überwiegend privat sein, wie in den 2000er Jahren in Spanien, oder sie kann größtenteils öffentlich sein, wie in Griechenland in den Jahren vor Ausbruch der Eurokrise (→ Kapitel 05). Bei genauerer Betrachtung erweist sich diese vermeintliche Vorteilhaftigkeit aber als Trugschluss: Dauerhafte Exportüberschüsse (und die daraus resultierende Verschuldung) destabilisieren die Weltwirtschaft und die globalen Handelsbeziehungen. Sie machen die Überschussländer übermäßig stark von der Weltkonjunktur abhängig. Sie befördern Krisen, die in die Vernichtung der Forderungen von Überschussländern gegenüber dem Ausland münden können. Vor allem aber werden Exportüberschüsse im Inland teuer erkauft – durch Lohnverzicht, unzureichende Staatsausgaben, Sozialabbau und mehr soziale Ungleichheit.

Tatsächlich beruhen die deutschen Exportüberschüsse nicht auf »guter« oder »erfolgreicher« Arbeit, wie Schulz & Co. behaupten, sondern auf einer unzureichenden Binnennachfrage. Ein Land mit einem starken Wachstum der Binnennachfrage wird im Regelfall auch seine Importe ausweiten. Die Binnennachfrage setzt sich aus drei Komponenten zusammen: Investitionen der Unternehmen, staatliche Ausgaben und privater Konsum. Wenn etwa der private Konsum aufgrund einer guten Lohnentwicklung boomt, dann stärkt dies die Binnennachfrage. Ein guter Teil davon kommt Auslandswaren zugute und erhöht deshalb die Importe.

Deutschland wies allerdings seit den 1990er Jahren eine extrem schwache Binnennachfrage auf. Dies gilt für alle drei Komponenten: Der Konsum war gehemmt aufgrund einer schwachen Lohnentwicklung und der Zunahme unsicherer Arbeit, die staatliche Nachfrage aufgrund einer gebremsten Entwicklung der Staatsausgaben und der öffentlichen Investitionen. Auch die Unternehmensinvestitionen entwickelten sich schwach – nicht trotz, sondern wegen einer massiven Umverteilung zu Gunsten der Profite (→ Kapitel 04).

Eine im Verhältnis zum Ausland schwache Lohnentwicklung dämpft dabei nicht nur die Konsumnachfrage und damit die Nachfrage nach importierten Konsumgütern. Sie verbessert vielmehr auch die preisliche Wettbewerbsfähigkeit (→ Kapitel 48). Im Inland produzierte Güter und Dienstleistungen werden im Verhältnis zu denen des Auslands billiger. Dieser Effekt ist besonders ausgeprägt in einer Währungsunion (wie dem Euroraum), in der es keine währungspolitischen Möglichkeiten mehr gibt, dem entgegenzuwirken. Der hohe deutsche Exportüberschuss ist folglich Ergebnis einer Strategie, die auf eine hohe Auslandsnachfrage nach deutschen Produkten zielt und die zugleich die Binnennachfrage und damit die Nachfrage nach Importen ausbremst.

Eine solche Strategie ist mit sozialer Gerechtigkeit nicht in Einklang zu bringen. Denn sie geht vor allem auf Kosten der abhängig Beschäftigten und sozial Benachteiligten: Die schwache Binnennachfrage beruht auf politischen Maßnahmen, die auf niedrigere Löhne, unsichere Arbeit, Sozialabbau, eine Schwächung der Gewerkschaften (→ Kapitel 14) und auf Umverteilung von unten nach oben zielen. Selbst wenn man in Rechnung stellt, dass Exporte (in begrenztem Umfang) auch mit Qualität und Service zu tun haben können: Mit »guter« oder »erfolgreicher« Arbeit oder mit guter Wirtschaftspolitik hat all das nichts zu tun.

47: »Flexible Wechselkurse sorgen für wirtschaftspolitische Autonomie!«

Es war einmal ein kanadischer Ökonom, der hieß Harry Johnson. Sein Arbeitsgebiet waren die internationalen Handels- und Finanzbeziehungen. Er galt als trinkfreudiger Vielschreiber; auf Partys soll er Scotch in Mengen getrunken haben, in denen andere Bier und Softdrinks konsumieren. Ende der 1960er Jahre sprach er sich in einem Aufsatz für ein System flexibler Wechselkurse aus: »Grundsätzlich spricht für flexible Wechselkurse, dass sie den Ländern Autonomie gewähren beim Gebrauch von geld-, fiskal- und anderen politischen Instrumenten, und dies im Einklang mit jedem Grad an Freiheit, den diese Länder ihren Bewohnern bei internationalen Transaktionen ge-

währen möchten. Zugleich gewährleisten flexible Wechselkurse, dass ein außenwirtschaftliches Gleichgewicht erhalten bleibt.«

In einem System flexibler Wechselkurse und freiem Kapitalverkehr bilden sich Wechselkurse am Markt durch Angebot und Nachfrage. Zentralbanken greifen hier nicht systematisch ein, um die Kurse zu stabilisieren. In einem System fester Wechselkurse hingegen tun sie dies. Hier sind sie verpflichtet, zu starke Kurs-Schwankungen zu verhindern. Dazu verkaufen oder kaufen sie – letzteres unter Rückgriff auf ihre Reserven an Auslandswährung – die eigene Währung und beeinflussen so deren Preis. Harry Johnson (1923-1977) geht davon aus, dass Systeme flexibler Wechselkurse für die Wirtschaftspolitik eines Landes günstiger seien, da die Regierungen hier ihre Instrumente frei wählen könnten, ohne dass es zu außenwirtschaftlichen Problemen komme. Denn weite ein Staat seine Ausgaben stärker aus als das Ausland, so nehme zwar auch die Nachfrage nach importierten Gütern zu. Dies führe aber zu einer Abwertung der eigenen Währung, da mehr Auslandswährung nachgefragt und mehr Inlandswährung angeboten werde. (Zum Kauf von Gütern im Ausland muss ja Auslandswährung gekauft werden.) Ein solcher Wertverlust der eigenen Währung verteuere die Importe, die dann sänken, und verbillige die Exporte, die zunähmen. So sorge die Abwertung für einen Ausgleich der Außenhandelsbilanz.

Der Begriff »Abwertung« bezeichnet die Verminderung des nominalen Wechselkurses einer Währung gegenüber anderen Währungen. Wenn ein US-Dollar beispielsweise einen Gegenwert von 0,95 Euro hat und dieser auf 0,91 Euro sinkt, dann verliert der US-Dollar an Wert: Er wird abgewertet. Spiegelbildlich gewinnt der Euro an Wert: In unserem Beispiel entspricht ein Euro zunächst 1,05 Dollar, dieser Wert steigt auf 1,10 Dollar. Der Euro wird also aufgewertet. Eine Abwertung verteuert tendenziell Importe aus dem Ausland, denn für den Kauf ausländischer Güter muss nun mehr eigenes Geld ausgegeben werden. Spiegelbildlich macht sie Exporte ins Ausland relativ billiger.

Das Märchen vom Segen freier Wechselkurse entstammt einer Zeit, in der Wechselkurs-Systeme stark diskutiert wurden. Die meisten Neoliberalen forderten einen freien Kapitalverkehr und die Aufgabe des damaligen Systems fester Wechselkurse. Und zumindest ein Argument ist nicht ganz von der Hand zu weisen: Feste Wechselkurse können die Wirtschaftspolitik ausbremsen. Denn da Zentralbanken nicht unbegrenzt Auslandswährung besitzen, können sie eine Abwertung nicht unbegrenzt verhindern. Irgendwann muss ein Land auf eine restriktive Wirtschaftspolitik umschalten, um die Importe und damit die Nachfrage nach Auslandswährung zu begrenzen. Die Zentralbank wird dann die Leitzinsen erhöhen, was die Wirtschaft ausbremst – und damit jede ausgabenfreudige Politik. Wirtschaftspolitik ist also nicht autonom in ihren Entscheidungen.

Johnson & Co. unterschlagen allerdings, dass dies auch in einem System flexibler Wechselkurse gilt. Einer fortschreitenden Abwertung der eigenen Währung kann eine Zentralbank auch hier nicht einfach zusehen. Ein Grund: Bestimmte Importe sind unverzichtbar, das beste Beispiel dafür sind Rohstoffe. Deren Import kann unter Umständen trotz Währungsabwertung unverändert bleiben. Der höhere Importpreis aber führt im Inland zu Preissteigerungen. Die Außenhandelsbilanz wird dann durch die Abwertung nicht ausgeglichen. Und die abwertungsbedingt gestiegenen Importpreise erhöhen die Inflation, was wiederum zu weiterer Abwertung führen kann. Ein Teufelskreis kann in Gang kommen, den eine Zentralbank durch höhere Zinsen unterbrechen wird – mit den eben genannten Folgen.

Ein System fester Wechselkurse hat demgegenüber klare Vorteile, etwa für Unternehmen: Sie können im Handel mit dem Ausland mit stabilen Wechselkursen kalkulieren. Und müssen sich nicht teuer gegen Kursschwankungen absichern. Das Risiko, durch plötzliche Auf- oder Abwertungen Verluste zu erleiden, entfällt weitgehend. In einem System flexibler Wechselkurse hingegen sind wirre Kursentwicklungen nicht unüblich. Das liegt auch an der verbreiteten Währungsspekulation, die schon bei kleineren Kursänderungen profitabel sein kann – mit verheerenden Auswirkungen: Sie kann zum Verlust der Währungsreserven, zu importierter Inflation, zu hohen Zinssätzen und wirtschaftlichem Niedergang führen. Systeme fester Wechselkurse sind vor Währungsspekulation zwar auch nicht gefeit, dort ist sie aber zumindest nicht Alltag. Und sie kann durch Regulierung des Kapitalverkehrs ein Stück weit unterbunden werden.

48:
»Unsere Wettbewerbsfähigkeit ist bedroht!«

Es war einmal ein Kampfblatt der Springer-Presse mit großer Nähe zum deutschen Industriekapital. Diese Nähe dokumentierte jene Tageszeitung Die Welt *2019 dadurch, dass sie den damaligen VW-Vorstandsvorsitzenden Herbert Diess für eine Ausgabe zum »Co-Chefredakteur« machte. Wenig überraschend wurde diese zu einer einzigen PR-Nummer für den VW-Konzern, was sogar der Deutsche Presserat missbilligte. Angesichts einer solchen Symbiose von Zeitung und Kapital wundert es nicht, dass schon im Juni 2016 der* Welt-*Journalist Daniel Eckert ganz im Interesse der deutschen Exportwirtschaft vor üblen Zeiten warnte: »Die Löhne der Bundesbürger sind stark gestiegen. Das klingt nach einer guten Nachricht – bedroht aber die Wettbewerbsfähigkeit des Landes. Deutschlands goldene Ära des Exports steht vor dem Ende.«*

Unternehmen, ihre Verbände und die ihnen nahestehende Presse halten die Wettbewerbsfähigkeit der deutschen Wirtschaft permanent für bedroht. Sie unterstellen, dass zu hohe Löhne deutsche Waren im Ausland zu teuer machten, was Arbeitsplätze koste. Auch Eckert argumentiert hier in diesem Sinne. Und es sind nicht nur die Löhne, auf die in solchen Bedrohungsszenarien gerne verwiesen wird, sondern etwa auch Unternehmensteuern, Umweltstandards, »Lohnnebenkosten« (→ Kapitel 17) oder arbeitsmarktpolitische Regulierungen (wie zum Beispiel der Kündigungsschutz).

Um solche Behauptungen zu beurteilen, sind zwei Gedankenschritte zu gehen: Erstens, kann es eine bedrohte oder mangelnde Wettbewerbsfähigkeit überhaupt geben? Und wenn ja, woran erkennt man sie? Zweitens, ist die deutsche Wettbewerbsfähigkeit tatsächlich bedroht?

Zum ersten Punkt: Die Lohnhöhe ist mit Blick auf die internationale (genauer gesagt preisliche) Wettbewerbsfähigkeit wenig aussagekräftig. Denn sie sagt nichts über die Produktion von Gütern und Dienstleistungen aus, die Arbeitgeber für ihre Lohnzahlungen erhalten. Die Lohnhöhe ist deshalb immer ins Verhältnis zur Arbeitsproduktivität zu setzen, also zur Produktion je beschäftigter Person bzw. je Arbeitsstunde (→ Kapitel 23). Dieses Verhältnis zwischen Löhnen und Arbeitsproduktivität wird in den so genannten Lohnstückkosten abgebildet. Diese Kennziffer misst also die Lohnkosten je Produkteinheit; sie ist mit Blick auf Wettbewerbsfähigkeit viel aussagekräftiger als die Lohnhöhe. Lohnstückkosten können trotz hoher Löhne niedrig sein (und die Wettbewerbsfähigkeit damit hoch), wenn die Arbeitsproduktivität entsprechend hoch ist – und umgekehrt.

Ein Land gewinnt an preislicher Wettbewerbsfähigkeit, wenn seine Lohnstückkosten langsamer zunehmen als die in anderen Ländern. Seine Güter und Dienstleistungen werden dann im Vergleich zum Ausland günstiger. Umgekehrt verliert es an preislicher Wettbewerbsfähigkeit, wenn seine Lohnstückkosten schneller wachsen. Seine Güter und Dienstleistungen werden dann teurer. Wenn zwei Länder verschiedene Währungen haben, können diese Entwicklungen durch den Wechselkurs überdeckt werden: Eine Abwertung der eigenen Währung verbessert unter sonst gleichen Bedingungen die Wettbewerbsposition. Eine Aufwertung verschlechtert sie (→ Kapitel 47). Haben zwei Länder die gleiche Währung, etwa im Euro-Währungsraum, so konkurrieren sie hingegen direkt über die Lohnstückkosten miteinander.

Die preisliche Wettbewerbsfähigkeit, gemessen mit der richtigen Kennziffer, ist ökonomisch also durchaus relevant. Sie beeinflusst stark, wie gut oder schlecht die Absatzchancen inländischer Unternehmen im Ausland sind. Mit Blick auf Deutschland erscheint die Debatte darüber allerdings – das ist der zweite Punkt – als Phantomdebatte. Denn Deutschland weist seit den frühen 1950er Jahren (!) ununterbrochen einen Überschuss im Außenhandel auf. Es exportiert also mehr Waren ins Ausland, als es von dort importiert. Deutlicher lässt sich Wettbewerbsfähigkeit nicht dokumentieren.

Letztlich ist Deutschland sogar zu wettbewerbsfähig (→ Kapitel 46): Das Land exportiert faktisch seine eigene Arbeitslosigkeit – und setzt mit seinen zu niedrigen Lohn- und Arbeitskosten die Arbeitsmärkte in anderen Ländern unter Druck. Und auch aus deutscher Sicht ist der permanente Außenhandelsüberschuss nicht zu begrüßen. Denn das Land produziert dauerhaft mehr, als es im Inland verbraucht. Es lebt unter seinen Verhältnissen.

Für die Wettbewerbsfähigkeit eines Landes sind gleichwohl auch andere Faktoren wichtig, etwa die Stabilität des politischen Systems oder das Bildungsniveau der Bevölkerung. Auch die Qualität von Produkten und der Service sind wichtig. Darüber sprechen die neoliberalen Schwarzmalerinnen und Schwarzmaler auffällig selten.

Wirtschaft und Konjunktur

49: »Durch die Globalisierung funktioniert Nachfragepolitik nicht mehr!«

Es war einmal ein Professor für Politikwissenschaften, der forschte zur Internationalen Politischen Ökonomie und hieß Stefan A. Schirm. Wie viele andere auch, war er um die Jahrtausendwende von der Vorstellung beseelt, dass die »Globalisierung« die Möglichkeiten einer Nachfragepolitik beschnitten habe. In einem Aufsatz schrieb er im Juli 1999: »Die Wirksamkeit staatlicher Instrumente wird hauptsächlich durch die größere Mobilität von Kapital, Produktion und Investition, aber auch durch globalisierende Arbeitsteilung und transnationale Vernetzung eingeschränkt. Kapitalverkehrskontrollen wie Unternehmensbesteuerung greifen nicht mehr im früheren Ausmaß, staatliche Ausgabenpolitik beeinflußt die Konjunktur nicht mehr wie früher, Nachfragestimulierung fließt durch Importe ins Ausland ab etc.«

Das Schlagwort von der Globalisierung wurde in der zweiten Hälfte der 1980er Jahre populär. Durch Fortschritte in Transport und IT, durch Deregulierung und Liberalisierung seien globale Märkte geschaffen worden. Konjunkturpolitik und auf Wachstum zielende Nachfragepolitik würden dadurch schwierig bis unmöglich. Die Staaten befänden sich schließlich im Standortwettbewerb: geringe Steuern, niedrige Löhne und ein Abbau von Arbeitsmarkt-Regulierungen seien das Gebot der Stunde.

Zwanzig Jahre später kann man sich über solche Thesen nur wundern. Denn auf die große Finanz- und Wirtschaftskrise (→ Kapitel 61) bzw. Eurokrise ab 2008/2009 (→ Kapitel 05) reagierten viele Staaten erfolgreich mit großen Konjunktur- und Nachfrageprogrammen. (Anderen wurden hingegen fatale Kürzungsprogramme aufgezwungen, → Kapitel 57). Und auch im Zuge der Corona-Pandemie ab 2020 und nach dem russischen Überfall auf die Ukraine 2022 machten sie enorme Gelder zur Stabilisierung der Wirtschaft locker. Diese Politik hat die Welt mehrfach vor einem Absturz bewahrt (→ Kapitel 51).

Die Wirklichkeit zeigt also: Nachfragepolitik ist keineswegs unmöglich. Ihr Handlungsspielraum hängt allerdings von verschiedenen Faktoren ab. Eingeschränkt wird er etwa durch eine Inflationsrate, auf die die Zentralbank mit höheren Zinsen reagiert. Letztere verteuern die staatliche Kreditaufnahme, erhöhen die Arbeitslosigkeit und bremsen so die volkswirtschaftliche Nachfrage durch höhere Staatsausgaben aus. (Mit Inflation ist insbesondere zu rechnen, wenn Produktionskapazitäten ausgelastet sind, denn die Unternehmen reagieren dann auf zusätzliche Nachfrage nicht mit höherer Produktion, sondern mit höheren Preisen.)

Eine weitere Gefahr für eine aktive Nachfragepolitik besteht, wenn die eigene Währung unter Abwertungsdruck gerät. Dies kann etwa der Fall sein, wenn ein Außenhandels-Defizit weiter ansteigt. Die Abwertung einer Währung verteuert Importgüter, was die Inflationsrate erhöhen und eine Reaktion der Zentralbank auslösen kann (→ Kapitel 47). Ein dauerhaftes Außenhandels-Defizit führt zudem zu einer Abhängigkeit der Volkswirtschaft von ausländischen Krediten – mit dem Risiko steigender Zinsen.

All das bedeutet umgekehrt aber auch, dass eine Nachfragepolitik Erfolgsaussichten hat, wenn Produktionskapazitäten unausgelastet sind, die Inflationsrate niedrig (oder die Zentralbank zurückhaltend) ist, der Außenhandel kein dauerhaftes Defizit aufweist und der Wechselkurs nicht unter Abwertungsdruck steht.

Und was ist nun von der Behauptung zu halten, dass zusätzliche Nachfrage in Form höherer Löhne und Staatsausgaben durch Importe quasi nutzlos ins Ausland abfließe? Gewiss führt zusätzliche Nachfrage meist zu mehr Importen. Wenn die öffentliche Hand Geld etwa für das Bahnnetz ausgibt, dann werden davon auch Vorprodukte im Ausland gekauft. Und wenn die Löhne steigen, profitiert davon auch der Auslandstourismus.

Umgekehrt fließt aber aus dem Ausland, wenn dort die Löhne und Staatsausgaben steigen, auch Nachfrage ins Inland. Und deshalb gilt: Wenn Staaten miteinander Handel treiben, dürfen sie nicht egoistisch nur auf die Nachfrage aus dem Ausland schielen. Sie haben vielmehr zu aller Nutzen eine Verantwortung dafür, selbst ausreichend Nachfrage zu schaffen – dies gilt insbesondere für wirtschaftlich starke Länder.

Was passiert, wenn ein Land hingegen den Vorstellungen von Schirm & Co. folgt, sieht man an Deutschland in den 2000er Jahren. Weder die Löhne noch die Staatsausgaben sind damals ausreichend gewachsen. Dadurch hat das Land viel weniger importiert, als es exportierte, und so enorme Außenhandels-Überschüsse aufgebaut (→ Kapitel 46). Sie führten in anderen Eurostaaten spiegelbildlich zu Außenhandels-Defiziten und Verschuldung. Als die Finanzmärkte diese Schulden nicht mehr für tragfähig hielten, brach Ende der 2000er Jahre die Eurokrise aus. Der Euroraum geriet an den Rand des Zusammenbruchs.

50: »Jedes Angebot schafft sich seine Nachfrage selbst!«

Es war einmal ein französischer Präsident, der sich zum Totengräber seiner Sozialistischen Partei aufschwang. Um dabei besonders klug und belesen zu erscheinen, begründete jener François Hollande in einer Pressekonferenz im Januar 2014 den neoliberalen Schwenk seiner Politik mit einem berühmten Satz: »Das Angebot schafft sich seine Nachfrage selbst.«

François Hollande bezieht sich hier auf ein Theorem eines anderen Franzosen, des Ökonomen Jean-Baptiste Say (1767-1832). Dieser ging davon aus, dass Geld lediglich einen vorübergehenden Zweck erfüllt. Tatsächlich bestehe das Wirtschaftsleben aus einer Abfolge von Tauschvorgängen, im Kern würden Produkte gegeneinander getauscht. Damit aber entstehe mit jedem Produkt zugleich Nachfrage nach Produkten. Bis heute legen große Teile der Volkswirtschaftslehre diesen Satz so aus, dass es einen Mangel an Nachfrage nicht geben könne. Der britische Ökonom John Maynard Keynes (1883-1946) fasste diesen Gedanken, den er für falsch hielt, in dem prägnanten Satz zusammen: »Jedes Angebot schafft sich seine Nachfrage selbst.«

Es gehört zu den größten Rätseln der Ökonomie, dass diese offensichtlich unsinnige Aussage bis heute Grundlage für die herrschende Wirtschaftslehre und Wirtschaftspolitik ist. Auf eine reine Tauschwirtschaft mag sie modellhaft vielleicht zutreffen. In einer Wirtschaft, in der es Geld gibt, sieht das aber gänzlich anders aus. Das hat insbesondere der bereits zitierte John Maynard Keynes herausgearbeitet. Jean-Baptiste Say und seine Jünger (wie François Hollande) unterstellen, dass die Produktion und der Tausch von Gütern und Dienstleistungen ohne jede Störung in eins fallen. In einer geldvermittelten Wirtschaft kann allerdings das Sparen von Einkommen zu einem Nachfrageausfall führen. Schließlich stehen Ersparnisse für den Kauf von Waren nicht zur Verfügung. Ein Teil der Produktion findet dann keine Käuferinnen und Käufer.

Zwar könnte man nun meinen, dass die Ersparnisse von den Unternehmen gegen Zinsen für Investitionen verwendet werden. Wäre dies der Fall, würden sie in der Tat doch noch nachfragewirksam. Allerdings werden aus Ersparnissen nicht automatisch Investitionen, setzt die Investitionstätigkeit von Unternehmen doch positive Absatz- und Gewinnerwartungen voraus (→ Kapitel 70). Und selbst wenn es die gibt, braucht es für Investitionen schlicht keine Ersparnisse – das für Kredite benötigte Geld schaffen Banken per Mausklick (→ Kapitel 62).

Der von den Say-Fans unterstellte Automatismus ist daher keiner. Denn Geld und Ersparnisse durchkreuzen die Idee vom harmonischen und störungsfreien Wirken der Marktkräfte.

Dass Angebot und Nachfrage keineswegs immer harmonisch zusammenkommen, zeigt aber auch unser aller Alltagserfahrung. Denn wenn jedes Angebot automatisch seine Nachfrage fände, gäbe es keine Rabatte, durch die schlecht Verkäufliches doch noch abgesetzt werden soll. Wir würden nicht über das Containern sprechen. Unternehmen bräuchten keine kostspieligen Marketingabteilungen. Und wir alle würden etwa beim Fernsehen und im Internet nicht permanent von Werbung belästigt.

Obwohl eigentlich längst widerlegt, lebte das »Saysche Theorem« mit dem Neoliberalismus seit den 1970er Jahren wieder auf. Es ist bis heute die Grundlage für die so genannte Angebotspolitik. Auch sie geht davon aus, dass grundsätzlich keine Nachfrageprobleme bestehen. Wirtschaftspolitik müsse daher alles dafür tun, die Verwertungsbedingungen des Kapitals zu optimieren. Dies hebe die Produktion auf ein optimales Niveau und beseitige Arbeitslosigkeit. Ein Ausgleich von Angebot und Nachfrage erfolge dann ganz automatisch. Angebotspolitik setzt folglich auf Maßnahmen nach dem Geschmack von Unternehmen: niedrigere Steuern, weniger staatliche Leistungen, umfangreiche Privatisierungen, Deregulierung am Arbeitsmarkt und an den internationalen Finanzmärkten und vieles mehr.

Die Angebotspolitik hatte vor allem in den 1980er Jahren einen erheblichen Einfluss auf die marktextremistische Politik von Ronald Reagan (1911-2004) in den USA und von Margaret Thatcher (1925-2013) in Großbritannien. Danach prägte dieses Denken die Politik der meisten Regierungen und Länder – von Bill Clinton (USA) und Tony Blair (Großbritannien) über Gerhard Schröder und Angela Merkel (Deutschland) bis hin zu François Hollande und Emmanuel Macron (Frankreich), um nur einige zu nennen. Auch die Politik der Europäischen Union war seit Mitte der 1980er Jahre stark davon bestimmt.

51:
»Konjunkturpakete entfachen nur teure Strohfeuer«

Es war einmal CDU-Politiker, der zum Wirtschaftsfachmann hochgeschrieben wurde, seitdem er Steuererklärungen auf die Größe eines Bierdeckels schrumpfen wollte. Ebenso bescheiden wie die steuerpolitischen Kenntnisse jenes Friedrich Merz war sein Wesen: Trotz eines jährlichen Einkommens in Millionenhöhe hielt er sich selbst für Mittelschicht – wenn auch für gehobene. Auf die Frage des Redaktionsnetzwerks Deutschland, *ob die öffentliche Hand einem Abschwung mit Konjunkturprogrammen entgegenwirken solle, antwortete er im August 2019 mit einem klaren Nein: »Jede rein nachfrageorientierte Wirtschaftspolitik hat sich am Ende immer als Strohfeuer erwiesen, die Staatsschulden noch weiter erhöht und die Arbeitslosigkeit gleich mit dazu.«*

Tatsächlich ist das Strohfeuer-Argument sehr beliebt, wenn es darum geht, aktive Konjunktursteuerung zu verunglimpfen. Unterstellt wird, dass ein kreditfinanziertes Ausgabenprogramm des Staates bestenfalls kurzfristig die Konjunktur belebe, Produktion und Beschäftigung also nicht dauerhaft voranbringe. Lediglich die Staatsverschuldung steige.

Überzeugen kann diese Argumentation nicht. Zunächst ist festzuhalten: Wenn etwa die Investitionen der Unternehmen oder die Nachfrage aus dem Ausland zurückgehen, trübt sich die Konjunktur ein. Dies verringert die Steuereinnahmen des Staates. Kürzt die öffentliche Hand in einer solchen Situation ihre Ausgaben, dann belastet dies die Konjunktur zusätzlich (→ Kapitel 57). Deshalb sollte der Staat den Rückgang der Steuereinnahmen durch Kreditaufnahmen ausgleichen und keine Ausgaben kürzen.

Darüber hinaus kann es sinnvoll sein, die Konjunktur durch zusätzliche kreditfinanzierte öffentliche Ausgaben anzuschieben. In diesem Fall wird zumeist von »Konjunkturmaßnahmen«, »Konjunkturpaketen« oder »Konjunkturprogrammen« gesprochen. Im

Falle eines Abschwungs trüben sich die Absatz- und damit die Gewinnaussichten der Unternehmen immer weiter ein. Sie investieren folglich nicht mehr, wodurch Arbeitsplätze in den Investitionsgüter produzierenden Branchen verloren gehen. Durch diese sinkende Beschäftigung fallen Einkommen weg, der private Konsum geht zurück, die Lage verschlechtert sich weiter und weiter. Ein Teufelskreis kommt in Gang.

Das gilt zumindest, wenn die öffentliche Hand nicht durch ein kreditfinanziertes Ausgabenprogramm die gesamtwirtschaftliche Nachfrage belebt. Hier gilt das Motto »Klotzen statt Kleckern«: Der Staat kann dazu beispielsweise mehr Mittel zur Aufforstung der Wälder oder für Investitionen in einen klimafreundlichen öffentlichen Personennah- und -fernverkehr bereitstellen. Oder er kann Investitionen in andere gesellschaftlich wichtige Infrastruktur tätigen. Durch den Beschäftigungsanstieg aufgrund der zusätzlichen staatlichen Ausgaben erhöhen sich die Einkommen, was auch den privaten Konsum belebt. Die gleiche Wirkung haben direkte staatliche Zahlungen an die Privathaushalte. Hier ist der erwünschte Effekt am größten bei Haushalten mit kleinem Einkommen, da sie einen größeren Anteil des Geldes wieder ausgeben als reichere Haushalte (→ Kapitel 35).

Im Ergebnis dieser Maßnahmen steigt die gesamtwirtschaftliche Nachfrage, nimmt die Auslastung der Produktionskapazitäten bei den Unternehmen zu. Ihre Gewinnaussichten verbessern sich. Das belebt wiederum die Investitionstätigkeit (→ Kapitel 70). Es entstehen Arbeitsplätze (→ Kapitel 06). Aus dem Abschwung wird ein Aufschwung.

Warum aber lehnen die Kapitalistinnen und Kapitalisten und ihre Lobby vom Schlage eines Friedrich Merz eine solche Ausgabenpolitik ab? Diese Frage hat der polnische Ökonom Michał Kalecki (1899-1970) schon 1943 beantwortet: Bei der herrschenden Klasse (→ Kapitel 32) bestehe grundsätzliches Unbehagen gegenüber konjunkturpolitischen Maßnahmen, weil sie das Prinzip »Markt vor Staat« (→ Kapitel 86) nicht gefährdet sehen wolle. Das aber sei der

Fall, wenn ein aktives und gestaltendes Handeln des Staates erfolgreich ist. Zudem sei eine dauerhafte Vollbeschäftigung nicht im Sinne des Kapitals – denn diese könne zu sozialen und politischen Begehrlichkeiten führen. In den Worten Kaleckis: »Der Klasseninstinkt sagt ihnen, dass permanente Vollbeschäftigung von ihrem Standpunkt aus ›ungesund‹ ist und dass Arbeitslosigkeit einen integralen Bestandteil der normalen kapitalistischen Wirtschaft darstellt.«

Nur wenn Wirtschaftskrisen systembedrohend werden, wie etwa im Zuge der Corona-Krise Anfang der 2020er Jahre, werden Konjunkturmaßnahmen ergriffen. Und wenn die Krise dann überwunden ist, holen die Neoliberalen wieder das »Strohfeuer«-Argument aus ihrer Mottenkiste.

52:
»Wir müssen erst erwirtschaften, was wir verteilen!«

Es war einmal ein Arbeitgeberpräsident, dem die Hoffnung auf den Sieg im Klassenkampf schon im Zweitnamen eingeschrieben war. Dieser Rainer Viktor Dulger war der Überzeugung, dass man nur verteilen könne, was man zuvor erwirtschaftet habe. Weshalb das Erwirtschaften wichtiger sei als das Verteilen. Auf der Webseite des Arbeitgeberverbands Gesamtmetall, dessen Chef er damals war, ließ er im Juni 2015 folgende Weisheit vom Stapel: »Wir müssen wieder mehr über das Erwirtschaften reden und weniger über das Verteilen.«

Was Dulger hier behauptet, erscheint auf den ersten Blick einleuchtend: Der Kuchen müsse erst gebacken werden, bevor er verteilt werden könne. Stillschweigend unterstellt er dabei, dass (zu viel) Umverteilung die Produktion gefährde. Ja mehr noch: Schon die Diskussion über Verteilungsfragen sei wirtschaftlich schädlich und könne den Kuchen kleiner machen.

Und genau hier liegt sein Denkfehler. Denn was in einer Volkswirtschaft erwirtschaftet wird, ist in erster Linie von der Möglichkeit und der Bereitschaft zum Geldausgeben abhängig. Schließlich werden Unternehmen dann besonders viel investieren und produzieren, wenn sie diese Produktion auch absetzen können (→ Kapitel 70). Es braucht also eine entsprechende Nachfrage nach Gütern und Dienstleistungen, und für die spielen die Einkommensverteilung und auch der Staat eine enorme Rolle.

Das liegt daran, dass die Höhe des privaten Konsums wesentlich durch Verteilung der Einkommen beeinflusst ist. Denn die Höhe der Ersparnis nimmt mit steigendem Einkommen zu. Je ungleicher die Einkommen in einer Volkswirtschaft sind, desto geringer ist folglich die gesamtwirtschaftliche Konsumnachfrage (→ Kapitel 35). Deshalb ist es wichtig, dass Politik auf mehr Gleichheit in der Einkommensverteilung hinwirkt. Dies steigert den Konsum. Und setzt damit einen Anreiz, mehr zu produzieren, was den Kuchen größer macht. Die Stärkung des Tarifvertrags-Systems und des Sozialstaats wären Beispiele für solche Maßnahmen.

Auch der Staat kann durch Steuern und Staatsausgaben zu einem größeren Kuchen beitragen. Wenn die öffentliche Hand ihre Ausgaben steigert und dafür die Steuern erhöht, dann wird sich das positiv auf das Wirtschaftswachstum auswirken. Auch dieser Effekt hängt mit der Spartätigkeit der privaten Haushalte zusammen: Besteuerung vermindert zwar sowohl den Konsum als auch die Ersparnisse der Privathaushalte. Werden die gesamten Steuereinnahmen allerdings wieder ausgegeben, sind sie unmittelbar nachfragewirksam. Konsum und Ersparnisse der Privathaushalte werden dann Konsum durch den Staat. In der Summe vermindert Besteuerung also die Ersparnisse und erhöht die Nachfrage sowie die Produktion. Dieser Effekt ist umso größer, je stärker gerade hohe Einkommen besteuert werden, weisen diese doch eine besonders hohe Sparquote auf. Er wird auch als »Haavelmo-Theorem« bezeichnet, benannt nach dem norwegischen Ökonomen und Nobelpreisträger Trygve Magnus Haavelmo (1911-1999).

Eine sehr ungleiche Verteilung und eine unzureichende staatliche Nachfrage hingegen führen dazu, dass ein gebackener Kuchen nicht verkauft werden kann. Dieser wird dann zukünftig kleiner ausfallen, als es eigentlich möglich wäre.

Nun würden Dulger & Co. an dieser Stelle einwenden, dass Ungleichheit notwendig sei, weil sie einen Anreiz für Leistung, Investition und Produktion setze. Wer sich anstrenge und ins Risiko gehe, ohne dass dabei etwas rüberkomme, der werde dies kein zweites Mal tun. Das mag man glauben oder nicht. Sicher aber ist: Nach Jahrzehnten neoliberaler Politik sind wir von einem solchen Zustand weit entfernt. Ein großer Niedriglohnsektor, hohe und steigende Armutsquoten, eine große Einkommensungleichheit und Rekordstände bei der Vermögensungleichheit: Wer angesichts dessen meint, für Reiche und Kapitalbesitzende bliebe am Ende nicht genug übrig, der lebt in einer anderen Welt.

53: »Wenn es einem Unternehmen gut geht, dann auch seinen Beschäftigten!«

Es war einmal ein Ökonom, der für das von Arbeitgebern und Unternehmen finanzierte Institut der Deutschen Wirtschaft arbeitete. Sein Schwerpunkt war der Arbeitsmarkt, und zu seinen Aufgaben gehörte das Verfassen angeblich neutraler Lehrtexte für die Schule. In einer entsprechenden Broschüre schrieb Holger Schäfer im August 2001: »Wenn es den Unternehmen gut geht, profitieren davon auch die Arbeitnehmer, weil sie anständig bezahlt werden.«

Wie so oft, klingt auch das auf den ersten Blick schlüssig: Wenn es einem Unternehmen gut geht, kann es seinen Beschäftigten ordentliche Arbeitsbedingungen und Löhne bieten. Diese Aussage ist immer wieder zu lesen; auch dem früheren Wirtschaftsminister und Bundeskanzler Ludwig Erhard (1897-1977) wird sie zugeschrieben. Zumeist ist sie zwischen den Zeilen mit einer scheinbar ebenso schlüssigen Forderung verbunden: Die Beschäftigten sollen ein Interesse daran haben, dass es ihrem Unternehmen gut geht – und an der einen oder anderen Stelle Verzicht üben.

Nun ist die Feststellung zunächst einmal banal, dass die Einkommen und Arbeitsplätze von Arbeitnehmerinnen und Arbeitnehmern von der Finanzlage ihres Arbeitgebers abhängen. Sie sind existenziell auf ihren Arbeitgeber (in den meisten Fällen also auf Unternehmen) angewiesen. Weshalb sie im Deutschen ja auch als »abhängig« Beschäftigte bezeichnet werden. Dahinter steht letztlich ein grundlegendes Merkmal der kapitalistischen Klassengesellschaft (→ Kapitel 32). Hier gibt es jene mit Eigentum an Produktionskapital, die Kapitalistinnen und Kapitalisten. Sie kaufen zur Mehrung dieses Kapitals die Arbeitskraft anderer. Und es gibt jene anderen, die nichts besitzen und ihre Existenz daher nur durch den Verkauf ihrer Arbeitskraft sichern können – die Arbeitnehmerinnen und Arbeitnehmer. (Wobei dieser Begriff mindestens ungenau ist. Denn diese Menschen »nehmen« Arbeit ja nicht, sondern sie verkaufen sie.)

In Schäfers Zitat steckt also durchaus ein Kernchen Wahrheit. Und dennoch ist es aus zwei Gründen ein Märchen: Erstens ist die gute Lage eines Unternehmens nur eine notwendige, aber keine hinreichende Bedingung. Ein Unternehmen mit voller Kasse kann seine Beschäftigten zwar gut bezahlen. Es ist aber keineswegs sicher und garantiert, dass es dies auch tut. In einigen Fällen mag es Unternehmensführungen geben, die von sich aus gute Löhne bieten. In den meisten Fällen aber braucht es zusätzlichen Druck: etwa durch eine gewerkschaftlich gut organisierte Belegschaft, durch Betriebsräte, durch staatliche Vorgaben oder aufgrund eines Fachkräftemangels. Die Bosse haben nichts zu verschenken. Die Interessen von Beschäftigten und Unternehmensführungen, von Arbeit und Kapital sind hier gegensätzlich. Ein Unternehmen ist daran interessiert, im Sinne hoher Gewinne seine Löhne und Arbeitskosten niedrig zu halten. Die Beschäftigten hingegen sind auf gute Löhne und Arbeitsbedingungen angewiesen. Zu glauben, von einer wirtschaftlich guten Lage eines Unternehmens profitierten automatisch auch dessen Mitarbeiterinnen und Mitarbeiter, ist vor diesem Hintergrund naiv.

Nicht nur naiv, sondern auch gefährlich ist – zweitens – das, was das Zitat zwischen den Zeilen nahelegt: Dass die Beschäftigten durch Verzicht oder Flexibilität dazu beitragen sollen, die Lage ihres Arbeitgebers zu verbessern, weil dies wiederum ihre eigene Lage verbessere (→ Kapitel 04). Gefährlich ist dies, weil hier nur auf einzelbetrieblicher Ebene gedacht, das Große und Ganze aber ausgeblendet wird. Was für ein einzelnes Unternehmen gut ist, ist auf volkswirtschaftlicher Ebene noch lange nicht sinnvoll. Das gilt auch hier: Wenn sich alle Beschäftigten in Verzicht üben, verdienen sie weniger. Dies führt unmittelbar zu einem Einbruch der Binnennachfrage – wer weniger hat, kauft weniger Güter und Dienstleistungen. Die Umsätze und Gewinne der Unternehmen brechen ein. Arbeitsplätze werden abgebaut (→ Kapitel 06). Löhne noch weiter gesenkt. Am Ende verlieren alle.

Um die wirtschaftliche Entwicklung zu stabilisieren, ist es also wichtig, dass sich die Löhne unabhängig von der wirtschaftlichen Lage eines Unternehmens entwickeln. Und zwar ohne Ausnahme. Wofür es im Übrigen noch einen weiteren Grund gibt: Relativ einheitliche Löhne zumindest in den Unternehmen einer Branche verhindern Schmutzkonkurrenz. Denn dann kann sich niemand durch schlechtere Bezahlung oder schlechtere Arbeitsbedingungen Vorteile verschaffen. Die Unternehmen mit besseren Produkten und effizienterer Produktion haben dann die Nase vorn (→ Kapitel 15).

54: »Private-Equity-Fonds retten Unternehmen!«

Es war einmal ein Gründer und Geschäftsführer einer Vermögensverwaltung, der sich um den Ruf so genannter Private-Equity-Fonds sorgte. Seit einer Interview-Äußerung des damaligen SPD-Vorsitzenden Franz Müntefering 2005 verglich man deren Verhalten mit dem von Heuschrecken: einfallen, abgrasen, weiterziehen. Wie viele andere auch, wollte Christian Schneider-Sickert das so nicht stehen lassen, weshalb er im Juli 2018 in der Tageszeitung Die Welt *schrieb: »Aus den ›Heuschrecken‹ sind Unternehmensretter geworden, die Schieflagen korrigieren und das langfristige Florieren ihrer Beteiligungen sicherstellen.«*

Seitdem sie die Finanzmärkte entfesselt haben, haben die Neoliberalen ein Problem: Die neuen Finanzmarkt-Akteure entpuppen sich oft als höchst fragwürdig. Für Rendite treiben sie etwa spekulativ die Nahrungsmittelpreise nach oben, wetten auf Staatspleiten oder Währungsverfall, zerschlagen Unternehmen oder treiben Entlassungen voran. Viele Neoliberale begegnen der Kritik hieran, indem sie hinter all dem irgendeinen gesellschaftlichen Nutzen sehen wollen. Über Private-Equity-Fonds heißt es dann, diese seien nicht schädlich, sondern sie unterstützten die Fortentwicklung und den Erfolg von Unternehmen. Nicht zuletzt fließe ja auch nur Rendite, wenn die Unternehmen florierten.

Private-Equity-Fonds sind eine spezielle Form von Investmentfonds, die Kapital einsammeln, um es in Unternehmensbeteiligungen zu investieren. Ihre Anlage ist dabei begrenzt auf in der Regel fünf bis acht Jahre. In dieser Zeit lassen sie in den Unternehmen kaum einen Stein auf dem anderen – Fusionen, Zukäufe, Entlassungen und Zerschlagungen eingeschlossen. Ziel ist es, aus den Beteiligungen Profite zu ziehen und/oder sie wieder mit Gewinn zu verkaufen. Kapitalgeber sind zumeist Banken, Versicherungen und vor allem Pensionskassen, aber auch vermögende Privatpersonen.

Einfallen, abgrasen, weiterziehen: Nicht immer handeln Private-Equity-Fonds nach diesem Muster. Oft aber eben schon, und nichts hindert sie daran. Nicht selten zerschlagen sie Unternehmen oder verkaufen Teile seiner Infrastruktur, wenn es sich rechnet. Beliebt ist es auch, den Kauf der Beteiligung an einem Unternehmen durch Kredite zu finanzieren und diese dann auf das Unternehmen zu übertragen. Was dort den Druck massiv erhöht, kurzfristig eine hohe Rendite erwirtschaften zu müssen. Überhaupt steht bei Private-Equity-Fonds die Renditemaximierung und Kostensenkung gegenüber dem Kapitalerhalt im Vordergrund. Dafür sorgt nicht zuletzt der mittelfristige Anlagezeitraum; das Unternehmen soll binnen fünf bis acht Jahren mit Profit verkauft werden. Ob es auch in zehn oder 15 Jahren noch gut aufgestellt ist, etwa dank heute zu tätigender Investitionen, ist zweitrangig.

Das hat Folgen. Eine Studie der Hans-Böckler-Stiftung zeigte 2020: In Unternehmen, die von Private-Equity-Fonds dominiert werden, entwickeln sich Beschäftigung, Eigenkapitalquote und Umsatz häufig schlechter als in Vergleichsunternehmen. Und sie verhökern ihre Unternehmen vorwiegend an internationale Finanzinvestoren.

Unternehmen zu zerschlagen, ist nur eine Strategie der Private-Equity-Fonds. Eine andere, zunehmend wichtige ist der Bau eines neuen Unternehmens durch Zukäufe. So etwa im Wohnungswesen, wo die Fonds durch den Aufkauf öffentlicher Wohnungen die Grundlage für Wohnungskonzerne wie etwa Vonovia legten. Im Gesundheitswesen kaufen sie aktuell Arztpraxen, Medizinische Versorgungszentren oder Pflegeheime auf und bilden daraus Ketten. So breiten sich internationale Finanzmarktakteure selbst in sensiblen Bereichen der Daseinsvorsorge aus. Für die Geldgeber ist das eine lohnende Sache: Gewohnt werden muss immer, und der Bedarf an Pflege wächst. Was es für Mieterinnen, Patienten, Klientinnen und Arbeitnehmer bedeutet, steht auf einem anderen Blatt.

Dass ausgerechnet ein SPD-Vorsitzender über »Heuschrecken« schimpfte, entbehrte übrigens nicht einer gewissen Ironie. Schließlich war es in Deutschland seinerzeit die SPD, die die Finanzmarktakteure überhaupt erst von der Leine ließ. Und es war ausgerechnet ein Verkehrsminister Franz Müntefering, der den Raststättenbetreiber Tank&Rast an einen Private-Equity-Fonds verkaufte (wenngleich vorbereitet durch seinen CDU-Amtsvorgänger). Bis heute wird das Unternehmen von einem fragwürdigen Finanzinvestor zum nächsten weitergereicht. Offenbar rechnet sich das. Vermutlich auch, weil seit der Privatisierung Pipi-Machen Geld kostet und die preisgünstigen Würstchenbuden an den Raststätten verschwunden sind.

55: »Längere Ladenöffnungszeiten schaffen Arbeitsplätze!«

Es war einmal ein sozialdemokratischer Landesarbeitsminister mit großem Vertrauen in das Arbeitgeberwort. Seine Landesregierung hatte im Rahmen einer Debatte um die Freigabe der Ladenöffnungszeiten die damals radikalsten Vorstellungen, was jener Günter Baaske im Juli 2004 wie folgt begründete: »In längeren Öffnungszeiten sehe ich auch die Chance für mehr Arbeit. Wenn der Einzelhandel verbindlich erklärt, dass er zusätzliche Arbeitsplätze schafft, soll er aufmachen können, wann er will.«

Staatliche Vorgaben für die Öffnungszeiten im Einzelhandel stehen regelmäßig in der Kritik der Neoliberalen. Und tatsächlich ist ein Trend hin zu längeren und flexibleren Ladenöffnungszeiten in vielen Ländern klar erkennbar, auch in Deutschland, Österreich und der Schweiz. Als Argument dafür ist immer wieder zu hören, dass hierdurch neue Arbeitsplätze entstünden. Schließlich benötigten die Einzelhandelsunternehmen für die zusätzlichen Öffnungszeiten zusätzliches Personal. Welche Politikerin und welcher Politiker wollte da widerstehen?

Die Wirklichkeit sieht allerdings anders aus. Schon theoretisch spricht nichts dafür, dass durch längere Ladenöffnungszeiten neue Arbeitsplätze geschaffen werden. Denn die Einzelhändler müssen die zusätzlichen Beschäftigten bezahlen – was sie nur können, wenn auch ihre Verkäufe und Umsätze wachsen. Das aber ist nicht zu erwarten. Schließlich haben die Verbraucherinnen und Verbraucher kein zusätzliches Geld in der Tasche, nur weil die Ladentüren länger offen sind. Ihre Käufe verteilen sich lediglich auf mehr Stunden.

So ist nach der Deregulierung der Ladenöffnungszeiten ein Arbeitsplatzboom im Einzelhandel wenig überraschend ausgeblieben. Für Deutschland etwa lässt sich zwar in den relevanten Zeiträumen (den späten 1990er und den 2000er Jahren) ein leichter Beschäftigungszuwachs im Handel feststellen. Allerdings haben die

Unternehmen damals auch die Verkaufsflächen stark ausgeweitet. Alleine dafür brauchten sie mehr Personal. Berücksichtigt man dies, bleibt von den dank längeren Ladenöffnungszeiten angeblich geschaffenen Stellen nicht mehr viel übrig.

Hinzu kommt: Neu entstanden sind fast ausschließlich Teilzeit- und Minijobs. Die Zahl der Vollzeitstellen im Einzelhandel hingegen ging zurück. Schon durch dieses Zerstückeln von Vollzeit- in Teilzeitstellen »entstanden« neue Arbeitsplätze, jedenfalls statistisch. Mehr Arbeit bedeutete das aber nicht. Denn nun teilten sich schlicht mehr Beschäftigte die Arbeit, die vorher weniger Beschäftigte erledigt haben. Und das oft unfreiwillig: Viele im Einzelhandel würden gerne länger arbeiten. Daran haben die Arbeitgeber aber oft kein Interesse (mehr). Denn sie brauchen wegen der längeren Öffnungszeiten möglichst viele Personen, die sie möglichst flexibel einsetzen können. Es gilt ja nun, zusätzliche, unattraktive Rand-Öffnungszeiten etwa am Abend, in der Nacht oder am Wochenende mit Personal abzudecken. Zu lange und zu feste Arbeitszeiten machen die Beschäftigten aus Sicht der Arbeitgeber zu unflexibel, da sie deren Einsatzzeiten dann weniger einfach hin- und herschieben können.

Zudem führen längere und flexiblere Öffnungszeiten zu mehr unsicheren Arbeitsverhältnissen mit schlechter Bezahlung. Die Arbeitgeber reagieren auf die nicht ausreichend wachsenden Umsätze mit Lohnsenkungen, auch durch den Ausstieg aus Tarifverträgen.

Übrigens: Ein weiteres immer wieder zu hörendes Argument für längere und flexiblere Ladenöffnungszeiten war und ist die größere Verbraucherfreundlichkeit. Und in der Tat mag es auf den ersten Blick bequem erscheinen, auch spät am Abend oder an Sonn- und Feiertagen einkaufen zu können. Allerdings profitierten von der Deregulierung der Ladenöffnungszeiten vor allem große Einzelhändler mit wenig (Beratungs-) Personal. Sie haben durch längere Öffnungszeiten einen zusätzlichen Wettbewerbsvorteil. Kleine Läden mit oft beratungsintensiverem Angebot haben hingegen das Nachsehen. Sie können sich stundenlanges Öffnen am Abend und am Wochenende nicht leisten und werden verdrängt. Für Verbraucherinnen und Verbraucher sind die Wege dadurch im Ergebnis länger geworden, gute Beratung seltener und Vielfalt geringer. Dies ist zwar ein schon seit Langem zu beobachtender Strukturwandel im Einzelhandel. Die Deregulierung der Ladenöffnungszeiten hat ihn aber zusätzlich angeheizt.

56:
»Wir sollten beim Klimaschutz auf Marktkräfte vertrauen!«

Es war einmal ein Korrespondent der Schweizer Neuen Zürcher Zeitung *mit neoliberalem und kritischem Blick auf die deutsche Politik. Jener René Höltschi saß im fernen Berlin und schrieb im September 2019 zur Klimapolitik der Bundesregierung: »Tatsächlich wären viele der zusätzlich diskutierten Schritte unnötig, würde man die Marktkräfte wirklich spielen lassen: Wird klimaschädliches Verhalten durch Emissionshandel ausreichend verteuert (die Ökonomie spricht von einer Internalisierung externer Kosten), muss Klimafreundlichkeit nicht zusätzlich subventioniert werden. Doch vielen deutschen Politikern scheint es an Vertrauen in den Markt zu fehlen.«*

Das Argument ist häufig zu hören: Klimapolitik solle sich die Vorteile von Märkten zu Nutze machen, um Klimaziele zu erreichen. Sie solle ganz auf Marktmechanismen setzen – hier auf den so genannten Emissionshandel. Gemeint sind damit Handelssysteme, die den Ausstoß klimaschädlicher Gase begrenzen, indem sie ihn an den Besitz handelbarer Zertifikate binden. Wer kein Zertifikat hat, muss eines kaufen – oder darf die Luft nicht verpesten. Je mehr Schadstoffe die Unternehmen ausstoßen wollen, desto größer die Nachfrage nach Zertifikaten, desto höher der Preis. Das wiederum mache emissionsmindernde Investitionen attraktiver.

Nun gibt es gute Gründe dafür, klima- und umweltschädliches

Verhalten höher zu bepreisen. Gegen Emissionshandels-Systeme spricht aber einiges: Etwa, dass die Preise für Zertifikate schwanken. Dies erschwert Investitionen in emissionsmindernde Technologien. Schließlich lassen sich zukünftige Kostennachteile (durch das Nicht-Investieren) und Renditen (der Investition) so nur schwer kalkulieren. Auch ist der Emissionshandel anfällig für Spekulation.

Warum plädieren die Neoliberalen dennoch für Emissionshandels-Systeme? Dies ist umso erstaunlicher, als solche Systeme nicht nur bürokratisch sind, sondern auch erhebliche Eingriffe in Märkte darstellen. Die »Internalisierung externer Kosten« ist eine Korrektur von Marktpreisen. Denn an Märkten zählen alleine Profit und Kapitalverwertung; Natur, Umwelt und Klima haben das Nachsehen. Nur wenn Staat und Politik eingreifen, können ökologische Kriterien und Interessen zum Tragen kommen. Genau das sollen Emissionshandels-Systeme leisten, indem sie Emissionen einen Preis geben: Politik will mit Marktkräften gegen Marktkräfte wirken.

Der Emissionshandel lässt sich daher als eine Art Kompromiss verstehen. Einerseits sehen die Neoliberalen die Notwendigkeit ökologischen Handelns. Der Staat soll eingreifen und regulieren, aber das soll nicht wie staatliche Regulierung erscheinen. Andererseits soll er auf Markteingriffe sowie Regulierungen jenseits des Emissionshandels verzichten. Bei René Höltschi wird dies deutlich, wenn er schreibt, dass dank Emissionshandel »Klimafreundlichkeit nicht zusätzlich subventioniert« werden müsse und »viele der zusätzlich diskutierten Schritte unnötig« seien.

Damit aber wäre die einzige Aufgabe von Klimapolitik, den Emissionshandel zu gewährleisten. Die staatliche Förderung oder Erforschung neuer Technologien entfiele ebenso wie etwa der Ausbau Erneuerbarer Energien, die Bezuschussung der energetischen Gebäudesanierung oder Investitionen in den öffentlichen Verkehr. Selbst der Ausgleich sozialer Härten, die durch die Bepreisung von Emissionen entstehen, wäre aus dieser Perspektive unnötig. Politik als Akteur wäre damit bei der Gestaltung des ökologischen Umbaus weitgehend außen vor.

Würde sich diese Sichtweise durchsetzen, hätte dies gravierende Folgen. In ökologischer Hinsicht, weil der enorme Verbrauch fossiler Energien auf langfristigen Entwicklungspfaden beruht. Wir haben heute Infrastrukturen, Institutionen und Verhaltensweisen, die sich nicht einfach und schnell ändern lassen. Es braucht aktives politisches Handeln, und es braucht Industriepolitik, um Infrastrukturen, Produktion, Institutionen und Verhaltensweisen an steigende Emissionspreise anzupassen und emissionsfreie Alternativen zu entwickeln.

In sozialer Hinsicht ist der Verzicht auf politische Gestaltung des ökologischen Umbaus fragwürdig, weil alle Emissionen im Emissionshandel gleichgestellt sind. Er macht sie alle gleichermaßen teurer. Und er setzt damit den Anreiz, vorrangig dort Emissionen einzusparen, wo es am kostengünstigsten möglich ist. Ob dahinter die Produktion etwa von Grundnahrungsmitteln oder SUVs, von Medikamenten oder Kaffeekapseln steht, spielt keine Rolle. Greift Politik hier nicht ein, um Prioritäten zu setzen, Kostenstrukturen zu verändern und Einkommen umzuverteilen, kann dies zu erheblichen sozialen Verwerfungen führen – bis hin zur Ablehnung von Klimapolitik schlechthin.

57:
»Krisenländer können nur durch Strukturreformen ihre Krise bewältigen!«

Es war einmal eine Bundeskanzlerin, die das mächtigste Land der europäischen Währungsunion regierte. Als dieser Währungsraum in den 2010er Jahren in eine Krise geriet, gab jene Angela Merkel in Sachen Krisenbekämpfung die (neoliberale) Linie vor. In einer Regierungserklärung vor dem Deutschen Bundestag machte sie im Mai 2012 deutlich: »Der Abbau der Verschuldung und die Stärkung von Wachstum und Beschäftigung sind die beiden Säulen der Strategie, mit der die europäischen Staats- und Regierungschefs, die europäischen Insti-

tutionen und der Internationale Währungsfonds die Staatsschuldenkrise in Europa überwinden. Um es an dieser Stelle noch einmal ganz unmissverständlich zu sagen: Wachstum durch Strukturreformen, das ist sinnvoll, das ist wichtig, das ist notwendig.«

»Strukturreformen« – das klingt wichtig und kompetent. Gewichtiger als einfach nur »Reformen« jedenfalls. »Strukturreformen«, das gräbt tiefer, befasst sich nicht mit Symptomen, sondern mit Ursachen. Das in etwa will uns dieses neoliberale Neusprech wohl sagen. Viel klarer aber lässt sich seine Bedeutung nicht fassen. Oft heißt es, »Strukturreformen« verbesserten Institutionen und Gesetze, dadurch stärkten sie Wachstum, Beschäftigung und Krisenfestigkeit. Das ist aber eine programmatische Behauptung, keine inhaltliche Klärung. Kaushik Basu, früherer Chefökonom der Weltbank, hat auf Twitter treffend erklärt, warum der Begriff »Strukturreform« (→ Kapitel 98) derart im Unklaren bleiben muss: Zu Strukturreformen zu raten, das könne dadurch nie falsch sein. Denn wenn die Wirtschaft wachse, habe man mit seinem Rat Recht gehabt. Und wenn die Wirtschaft stillstehe, fehle es an Strukturreformen.

Nun spricht selbstredend nichts gegen bessere Institutionen und Gesetze. Es trifft ja zu, dass schlechte Institutionen und Gesetze schädlich sind. Ein funktionierendes Rechtssystem und eine funktionierende öffentliche Verwaltung etwa sind für wirtschaftliche Entwicklung und Demokratie unabdingbar. Gleiches gilt für Vorkehrungen gegen Korruption, ein gutes Bildungswesen und eine verlässliche Versorgung mit Energie und Mobilität.

Die Verbesserung solcher Institutionen ist aber allenfalls am Rande gemeint, wenn von »Strukturreformen« die Rede ist. Im Kern zielen diese auf anderes: auf weniger Staatsausgaben, weniger Sozialleistungen, weniger Personal im öffentlichen Dienst, weniger Beschäftigungsschutz, weniger Staatsschulden, niedrigere Löhne, mehr Privatisierungen und generell weniger Regeln und Vorgaben für Märkte und Unternehmen. In den Fokus geraten beispielsweise Mindestlöhne (→ Kapitel 09), Streikrecht (→ Kapitel 16), Tarifverträge (→ Kapitel 15),

Gewerkschaften (→ Kapitel 14), öffentliche Investitionen, Steuern und das Renteneintrittsalter (→ Kapitel 23). Insofern entpuppen sich Strukturreformen einmal mehr als das, was die Neoliberalen immer schon forderten: Angebotspolitik (→ Kapitel 50). Sie betrachten die Welt durch die Brille von Unternehmen und glauben, dass für alle gut sei, was aus dieser einzelbetrieblichen Sicht als gut erscheint.

Dass Strukturreformen die wirtschaftliche Entwicklung stärken und aus der Krise führen, darin sind sich die Befürworterinnen und Befürworter einig. Wie schnell Strukturreformen wirken sollen, ist aber umstritten. Die Bornierten behaupten, dass sich schon kurzfristig positive Auswirkungen beobachten und messen lassen. An entsprechenden Studien mangelt es nicht. Die Ehrlicheren sehen das anders: Sie erwarten positive Auswirkungen erst langfristig, nach vielen Jahren. Und legen ebenfalls entsprechende Studien vor. Wobei ehrlicher nicht ehrlich bedeutet. Denn es ist reichlich vermessen, Jahre später positive Auswirkungen bestimmter »Strukturreformen« bestimmen zu wollen. Dazu ist wirtschaftliche Entwicklung viel zu komplex.

Überhaupt dürfte es solche positiven Auswirkungen kaum geben. Denn »Strukturreformen« laufen Gefahr, die gesamtwirtschaftliche Nachfrage zu schwächen: Geringere Staatsausgaben und niedrigere Löhne verschlechtern die Aussichten für die Unternehmen; der Absatz bricht ein. Sie werden weniger herstellen, weniger investieren und Arbeitsplätze abbauen, wodurch sich die wirtschaftlichen Aussichten weiter verschlechtern. Ein Teufelskreis kommt in Gang. Damit unterlaufen »Strukturreformen« jede wirtschaftliche Erholung. Und sie verstärken die in der Krise vorherrschende Unsicherheit. Das Rechtssystem, die öffentliche Verwaltung, öffentliche Investitionen und das Bildungswesen drohen sie durch Personalabbau und Minderausgaben zu schwächen.

Das zeigen nicht zuletzt geschichtliche Erfahrungen – denn ganz neu ist die Idee der »Strukturreformen« nicht. So schrieben der Internationale Währungsfonds und die Weltbank seit den 1980er Jahren kreditnehmenden (Krisen-) Ländern in so genannten Strukturanpassungsprogrammen entsprechende Reformen vor. Mittlerweile gelten diese Programme weithin als gescheitert. Die Misere der betroffenen Länder haben sie nicht beendet, sondern verschlimmert.

58: »Zu viel Regulierung hemmt die Wirtschaft!«

Es war einmal eine Forschungseinrichtung, die laut Beschluss der Gründerversammlung »breitgefächerte volkswirtschaftliche Aufklärungsarbeit über Leistungen und Grundsätze der freien Unternehmerwirtschaft auf der Grundlage von wissenschaftlich einwandfreien Erkenntnissen« leisten sollte. In der Realität allerdings war die Grenze zwischen Wissenschaft und Lobbyismus bei jenem Institut der deutschen Wirtschaft (IW) nur allzu fließend. Das zeigte etwa der »Wissenschaftspreis Bürokratie«, den es seit 2015 vergab. Die hier geförderte Forschung dürfte nicht ganz unvoreingenommen gewesen sein, schrieb das IW auf seiner Homepage in einem undatierten Einleitungstext zum Thema doch Folgendes: »Die Bürokratie bremst das Wachstum der Wirtschaft und verhindert die Schaffung neuer Arbeitsplätze«.

Kritik an »Bürokratie« ist keineswegs neu. Schon vor über 200 Jahren ließen sich Politiker und Unternehmer über sie aus. Zu viel Bürokratie, das meint heute in der Regel ein Zuviel an Regulierung im Sinne gesetzlicher Regelungen und Vorschriften für Unternehmen: Durch Bürokratie werde die unternehmerische Freiheit eingeschränkt. Ein Unternehmen könne sich so nicht mehr auf sein eigentliches Geschäft konzentrieren. Es entstünden unnötige Kosten. Und volkswirtschaftlich schade dies uns allen, weil es die Wirtschaft hemme. Jene Parteien, die jedes Argument der Unternehmerseite ungeprüft in ihre Programme schreiben, fordern denn auch unentwegt Bürokratieabbau, Entbürokratisierung und generell einen »schlanken Staat«.

Gewiss: Regulierungen sollten von Zeit zu Zeit hinterfragt werden. Wenn sich Gegebenheiten ändern, sollten sich auch gesetzliche Regelungen und Vorschriften ändern. Und wenn sie sinnlos geworden sind, sind sie abzuschaffen. Die pauschale Forderung nach Bürokratieabbau aber hat letztlich ein anderes Ziel: Hier geht es um den Abbau von Regelungen, die einer ungehemmten Kapitalverwertung im Weg stehen. Eine Regulierung allerdings ist nicht deshalb sinnlos oder veraltet, nur weil Unternehmen sie dafür halten.

Ein Beispiel hierfür findet sich etwa im öffentlichen Vergaberecht. Der Staat ist ein großer Nachfrager nach privaten Gütern und Dienstleistungen. Diese Nachfrage-Macht kann er für soziale oder ökologische Ziele einsetzen. So kann er etwa in Vergabegesetzen Tarifbindung vorschreiben, also die Bezahlung nach einem Tarifvertrag. Wenn dann ein staatlicher Auftrag vergeben wird, beispielsweise zum Bau einer neuen Schule, dann muss das ausführende Unternehmen die Beschäftigten nach Tariflohn bezahlen.

Ein weiteres Beispiel findet sich im europäischen Chemikalienrecht. Mitte der 2000er Jahre hatte die Europäische Kommission die REACH-Verordnung erlassen (»Registrierung, Evaluierung und Autorisierung von Chemikalien«). Seitdem müssen die Hersteller alle in der EU gehandelten Stoffe, die eine bestimmte Produktionsmenge überschreiten, erfassen, mit Blick auf Umwelt- und Gesundheitsfolgen prüfen und melden. Mit dem Verweis auf Bürokratiekosten ist es der europäischen Industrie gelungen, die Verordnung vor Beschlussfassung aufzuweichen.

Gegen solche gesetzlichen Vorschriften, die natürlich überwacht und durchgesetzt werden müssen, laufen Unternehmensverbände regelmäßig Sturm. Denn für die Firmen schränken sie die Möglichkeit ein, sich im Wettbewerb durch Billiglöhne oder niedrige Umweltstandards Vorteile zu verschaffen. Gleichwohl sind solche Regulierungen sinnvoll: Unternehmen sollten auf Basis guter Leistungen und innovativer Produkte um Aufträge konkurrieren. Nur dann ist Wettbewerb für alle gut (→ Kapitel 15). Wer hingegen einen pauschalen Bürokratieabbau fordert, der stellt zumindest unterschwellig die Sinnhaftigkeit von Regulierung im Sinne der Arbeitnehmerinnen und Arbeitnehmern, ärmeren Menschen, Verbraucherinnen und Verbrauchern oder der Umwelt infrage.

Klar ist aber auch, dass die Verwaltung ihre Aufgaben effizient und zielgenau erfüllen sollte. Wenn etwa Bauanträge oder Wohngeldanträge übermäßig lange unbeantwortet bleiben, so ist das für Bürgerinnen, Bürger und Unternehmen eine unnötige Belastung. Zumal sie in den meisten Fällen auf mangelndes Personal in Ämtern und Behörden zurückzuführen ist. Über diesen Aspekt der Bürokratie sprechen die Unternehmensverbände allerdings eher ungern, drängen sie doch oft genug selbst auf Ausgabenkürzungen und Stellenabbau im öffentlichen Dienst. Was verheerend ist: Eine effiziente und zielgenaue Verwaltung braucht ausreichendes und gut ausgebildetes Personal. Der »schlanke Staat« ist also ganz und gar keine gute Idee, will man unnötige Bürokratie vermeiden.

59: »Der Staat sollte untergehende Branchen nicht schützen!«

Es war einmal ein Forschungsinstitut, das sich von deutschen Unternehmens- und Arbeitgeberverbänden finanzieren ließ. Dieses Institut der deutschen Wirtschaft gönnte sich eine gemeinnützige Tochtergesellschaft, deren Aufgabe unter anderem die Erarbeitung scheinbar neutraler Lehrinhalte für Schulen war. In einem undatierten Beitrag eines Online-Wirtschaftslexikons gab diese zum Besten: »Bei strukturkonservierender Protektion werden Produktionsfaktoren in überkommenen Verwendungen gebunden, obwohl sie an anderer Stelle einen höheren Wohlstandsbeitrag leisten könnten.«

Das Gute an dem Satz ist, dass er seine Zielgruppe sprachlich meilenweit verfehlt. Aussagen will er wohl Folgendes: Märkte änderten sich ständig, wodurch sich manche Branchen bzw. Unternehmen nicht (mehr) am Markt halten können. Sie gehen unter. Werden sie durch Politik künstlich am Leben gehalten, so binde dies Kapital und Arbeit an der falschen Stelle. Staatliches Geld und andere Schutzmaßnahmen kommen dann Veraltetem, Überholtem, Unnützem zu Gute. Besser sei es, Kapital und Arbeit in anderen Branchen und Unternehmen einzusetzen, wo sie den allgemeinen Wohlstand mehr steigerten.

Das Problem an dem Satz ist, dass er (wie so oft) eine komplexe Realität auf eine viel zu einfache Faustregel reduziert. Das beginnt schon damit, dass nicht alles, was am Markt alleine nicht bestehen kann, veraltet, überholt oder unnütz ist. Ein gutes Beispiel dafür ist die Eisenbahn. In den meisten Ländern wird sie hochgradig subventioniert. Ohne staatliche Gelder für Investitionen und/oder den Betrieb würde die Bahn neben Auto und Flugzeug allenfalls noch ein Nischendasein fristen. (Die USA sind das beste Beispiel dafür.) Für den Erhalt der Bahn gibt es aber gute verkehrs- und umweltpolitische Gründe.

Häufig zielen die Neoliberalen mit ihrem Märchen von der bösen staatlichen Unterstützung auf Branchen und Unternehmen, die durch die zunehmende internationale Arbeitsteilung unter Druck geraten. Tatsächlich führen Globalisierung und globale Märkte dazu, dass sich die Produktion vieler Güter auf wenige Länder weltweit beschränkt. So ist etwa die Produktion von Bekleidung oder Unterhaltungselektronik weitgehend aus Deutschland verschwunden. Die betroffenen Betriebe waren nicht mehr wettbewerbsfähig.

Auch in Sachen internationale Arbeitsteilung ist die Realität allerdings komplexer, als es auf den ersten Blick scheint. Denn es gibt durchaus gute Gründe dafür, die Produktion bestimmter Güter im eigenen Land oder Wirtschaftsraum zu halten. Und zwar auch dann, wenn sie sich am Markt ohne politische Unterstützung nicht mehr halten kann. Das kann etwa bei Gütern der Fall sein, die als Vorleistungsgüter für zahlreiche oder wichtige andere Branchen unverzichtbar sind. Beispiele dafür wären etwa Stahl oder Computerchips. Es kann bei Gütern der Fall sein, deren Produktion ein bestimmtes Wissen erfordert, das aktuell oder zukünftig unverzichtbar ist. Alleine um dieses Wissen (mit den daraus folgenden Innovationen) zu erhalten und fortzuentwickeln, kann es sinnvoll sein, die entsprechenden Unternehmen und Branchen zu stützen. Und es kann bei Gütern der Fall sein, die für eine Gesellschaft unverzichtbar sind – etwa bestimmte Medikamente.

Das soll gleichwohl nicht bedeuten, dass jede Branche und jedes Unternehmen erhaltenswert wäre. Ganz im Gegenteil: Die wirtschaftliche Entwicklung, sich ändernde Konsumgewohnheiten, technische Neuerungen und ausländische Konkurrenz führen beständig zum Verschwinden von Branchen und Unternehmen. Und in den meisten Fällen wäre es tatsächlich nicht zielführend, diese dauerhaft vor dem Untergang zu bewahren. Wer bräuchte im Zeitalter des Treckers noch ochsengetriebene Pflüge? Wer neben Wikipedia noch gedruckte mehrbändige Lexika? Auch für Heißmangeln interessiert sich heute kaum noch ein Haushalt – gerade Jüngere dürften schon das Wort gar nicht mehr kennen. Nicht zuletzt können politische Ziele ganze Branchen überflüssig machen: Zum Schutz des Klimas sollen Kohle und Erdgas durch Sonne und Wind ersetzt werden.

In solchen Fällen ist es durchaus angemessen, wenn eine Regierung die betroffenen Branchen und Unternehmen nicht dauerhaft am Leben hält (was Unterstützung zum Schutz der Beschäftigten nicht ausschließt.) Aber es gibt eben nicht nur solche Fälle – sondern auch die anderen. Weshalb politische Entscheidungsträgerinnen und Entscheidungsträger stets abwägen müssen, wo sie industriepolitisch eingreifen und wo nicht. Das ist nicht einfach. Vielleicht sind ja gerade deshalb einfache Märchen wie das obige so beliebt.

60:
»Pleiten von Banken und Unternehmen sind notwendige Marktbereinigung!«

Es war einmal ein Vorsitzender einer wirtschaftsliberalen Partei, der einst Finanzminister werden sollte. Sein Name war Christian Lindner, auf Wahlplakaten zeigte er sich gerne mit Unterhemd und Stoppelbart. Weil seine Liebe zu marktradikalen Prinzipien größer war als sein Sinn für Verantwortung, sprach er sich im Oktober 2016 gegen Staatshilfen zur Rettung der kriselnden Deutschen Bank aus. Für Versäumnisse des Managements, so Lindner, dürfe nicht der Steuerzahler haftbar gemacht werden: »Es gibt eine einfache Menschheitsregel, und die heißt Haftung durch die Eigentümer und Anteilseigner«.

Die von Lindner formulierte Idee lautet: Der Markt bestrafe falsches unternehmerisches Handeln, dies dürfe nicht durch Rettungsaktionen unterbunden werden. Ein Unternehmen – auch eine Bank – habe die Konsequenzen falscher Entscheidungen seines Managements selbst zu tragen. Der Staat solle sich raushalten. Dieser Haftungsgrundsatz stammt aus dem Ordoliberalismus, der deutschen Variante des Neoliberalismus. Nur wer haftbar gemacht werden könne, so verkündete einst schon dessen Großmeister Walter Eucken (1891-1950), werde auch verantwortlich handeln.

Welche Folgen solches Denken haben kann, zeigte sich 2008 in den USA (→ Kapitel 61). Nachdem die US-Regierung sich geweigert hatte, die Insolvenz der Bank Lehman Brothers abzuwenden, stieg weltweit das wechselseitige Misstrauen der Banken ins Unermessliche. Kein Finanzinstitut konnte mehr sicher sein, das Geld zurückzuerhalten, das es einer anderen Bank leiht. Der Markt für Kredite zwischen den Banken ging global in die Knie; die Kreditvergabe an Unternehmen brach ein. Aufträge wurden storniert, Ausgaben gestrichen, Arbeitskräfte entlassen, die Nachfrage ging weltweit zu Boden, Gewinne brachen ein. Weitere Bankenzusammenbrüche hätten die Weltwirtschaft komplett zum Einsturz gebracht. Dass es dazu nicht kam, war einzig dem Umstand zu verdanken, dass die Regierungen verschiedener Länder nach der Lehman-Pleite Großbanken nicht mehr in eine ungeordnete Insolvenz gehen ließen. Aber auch so war der Zusammenbruch nur einer Großbank schon der Startschuss zur bis dahin größten Wirtschaftskrise der Nachkriegszeit.

Solchen Bankenrettungen kann sich nur verschließen, wer marktextremistische Prinzipien höher gewichtet als eine Politik für die Mehrheit der Menschen. Dennoch klingt es auch an linken Stammtischen bisweilen fast wie aus dem Munde Christian Lindners: Hier lautet die Parole, der kapitalistische Staat privatisiere Profite und sozialisiere die Verluste der Banken. Das sei falsch – weshalb es umgekehrt richtig sei, Banken in die Pleite schlittern zu lassen.

Tatsächlich übernimmt (»sozialisiert«) der Staat bei Bankenrettungen die Risiken und Verluste der Finanzinstitute. Das kann man mit guten Gründen politisch fragwürdig finden. Dadurch wird eine Bankenpleite aber noch lange keine echte Alternative. Wer Kosten durch Bankenrettungen vermeiden möchte, muss daher schon im Vorfeld handeln: Die öffentliche Hand muss den Bankensektor regulieren. Sie kann beispielsweise Finanzprodukte untersagen. Sie kann ein hohes Eigenkapital vorschreiben. Sie kann Finanztransaktionen besteuern. Sie kann den Kapitalverkehr kontrollieren. Sie kann in die Geschäftstätigkeit der Banken eingreifen. Sie kann verhindern, dass Banken zu groß werden.

Dass eine ungeordnete Insolvenz bisweilen keine gute Idee ist, gilt im Übrigen nicht nur für Banken. Auch große Unternehmen etwa in Schlüsselindustrien, im Bahnverkehr oder in der Energieversorgung haben oft eine erhebliche volkswirtschaftliche und gesellschaftliche Bedeutung. Ihre Pleite hätte gravierende Auswirkungen für zahlreiche andere Branchen, Unternehmen und Arbeitsplätze. Auch in diesem Fall kann es klüger sein, taumelnde Unternehmen vor dem Untergang zu bewahren. Dies gilt umso mehr, wenn diese aus Gründen in Probleme geraten, die sie gar nicht selbst zu verantworten haben. Weshalb sollte man gesunde Unternehmen, die beispielsweise nur wegen eines Krieges oder einer Pandemie in Schwierigkeiten sind, in die Pleite schicken?

Die Rettung insolvenzbedrohter Banken und Unternehmen schließt im Übrigen eine Haftung der Kapitaleignerinnen und Kapitaleigner keineswegs aus. Regierungen können Unternehmensanteile zu niedrigen Marktpreisen kaufen, oder sie können die Unternehmen schlicht enteignen. Ganz gleich, ob sie diese dann dauerhaft halten oder nach der Rettung zu höheren Preisen verkaufen: In beiden Fällen ist dem Haftungsgrundsatz Genüge getan. Und die öffentliche Hand könnte dabei durchaus einen guten Schnitt machen.

61:
»Freie Finanzmärkte führen zur effizienten Verwendung von Kapital!«

Es war einmal ein Bundesbankpräsident, der schon qua Amt »Falke« sein musste. Er hieß Axel Weber, und wie jedes Exemplar dieser geldpolitischen Vogelgattung vertraute er auf den Segen des freien Marktes – komme, was da wolle. Bevor der Falke Anfang 2011 aus seinem Amt in Richtung Großbank UBS davonflog, sagte er im Dezember 2010 bei einer Feier der Börse München über den Trend, Gelder wieder stärker im eigenen Land anzulegen: »Ein dauerhafter Rückzug auf den Heimatmarkt wäre die falsche Schlussfolgerung, da die Chancen einer internationalen Diversifizierung des Risikos und einer effizienten Kapitalallokation ungenutzt blieben.«

Axel Weber führt hier die beiden zentralen Argumente an, die Marktgläubige regelmäßig zur Begründung freier internationaler Finanzmärkte vorbringen: die breite, also internationale Streuung (»Diversifizierung«) von Risiken und den optimalen Einsatz von Kapital (»effiziente Kapitalallokation«). Streuung meint, dass ein Finanzinvestor eine möglichst breite Palette von Wertpapieren besitzen solle: Nie alle Eier in einen Korb! Eine solche Strategie begrenze mögliche Zahlungsausfälle, da bei Verlusten immer nur ein Teil der Papiere betroffen sei. Optimaler Einsatz von Kapital wiederum bedeutet, dass Kapital dorthin fließen können solle, wo die höchsten Profite winken. Denn hohe Profitmöglichkeiten zeigten einen Mangel an Kapital an. Werde dieser Mangel behoben, sei dies stets zu unser aller Nutzen. Freie und unregulierte Finanzmärkte sowie ein freier Kapitalverkehr seien für all dies die Voraussetzungen.

Wer nach all den Finanzkrisen der letzten Jahrzehnte denkt: »Die haben doch einen Vogel!« – der liegt so falsch nicht. Denn im Märchen vom Segen der freien Finanzmärkte werden Effekte wie Herdenverhalten, spekulative Verhaltensweisen und Blasenbildungen gänzlich ausgeblendet. So können steigende Kurse von Wertpapieren beispielsweise dazu führen, dass Marktakteure diese nur erwerben, weil sie auf weitere Wertsteigerungen spekulieren. Den gleichen Effekt kann es auch bei Immobilien, Kryptowährungen, Edelmetallen und anderen Vermögensgütern geben. Solche Käufe können zu einer sich selbst erfüllenden Prophezeiung führen: Die steigende Nachfrage erhöht den Preis des Wertpapiers bzw. Vermögensguts, was weitere Käuferinnen und Käufer anzieht. Es entsteht eine Preisblase. Wenn sie kreditfinanziert ist, wird sie besonders gefährlich. Platzt die Blase, können Kredite nicht mehr getilgt werden. Es kommt zu Zahlungsausfällen und schlimmstenfalls einem wirtschaftlichen Einbruch.

Die internationale Finanz- und Weltwirtschaftskrise ab dem Jahr 2008 verlief geradezu schulbuchmäßig nach diesem Muster. In den USA war es nach der Jahrtausendwende zu einem spekulationsgetriebenen Anstieg der Immobilienpreise gekommen. Angefeuert war dies von Krediten, für die die steigenden Immobilienwerte als Sicherheit dienten. Die Kreditforderungen wurden in Wertpapiere gepackt und in einem komplizierten Verfahren weltweit über die Finanzmärkte verkauft. Die Risiken waren also breit gestreut. Als die Preisblase schließlich platzte, zeigte sich: Durch die breite Streuung der Risiken hatte die Krise rasch den ganzen Globus im Griff, denn viele große Banken und Fonds hatten sich mit den Schrottpapieren eingedeckt. Auch von effizienter Kapitalverwendung konnte keine Rede sein, im Gegenteil. Weltweit stockte die Kreditvergabe der Banken. Die Weltwirtschaft stand vor dem Abgrund. Unternehmen und Produktion brachen zusammen. Arbeitsplätze gingen verloren.

Freie Finanzmärkte machen auch die Spekulation mit Währungen, Rohstoffen oder Nahrungsmitteln überhaupt erst möglich. Dabei wetten Finanzakteure wie Banken, Hedge-Fonds, Versicherungen, Staats- oder Pensionsfonds auf steigende oder fallende Kurse bzw. Preise. Dies führt immer wieder zu Kursschwankungen, für die es keine in der Sache liegenden Gründe gibt. Die Folgen dessen sind verheerend: Steigende Nahrungsmittel-Preise etwa führen zu Hungerkrisen insbesondere in ärmeren Ländern. Und ein stark schwankender Außenwert einer Währung hat verheerende Folgen für die Wirtschaft und die Arbeitsplätze des betreffenden Landes.

Von all dem aber wollen Neoliberale nichts wissen. Für Axel Weber hat sich seine neoliberale Haltung übrigens ausgezahlt. Schon vor Beginn seines neuen Jobs als Präsident des Verwaltungsrats bei der UBS kassierte er die märchenhafte Antrittsprämie von vier Millionen Schweizer Franken.

62:
»Staatsverschuldung verdrängt Investitionen der Unternehmen!«

Es war einmal ein regionaler Zusammenschluss der Produktionsmittel besitzenden Klasse, der den Namen Vereinigung der Hessischen Unternehmerverbände trug. Im Juni 2022 legte diese VhU Forderungen zur Haushaltspolitik des Landes Hessen vor, die auf Einsparungen und Kürzungen zielten. Sie begründete dies mit klassischen neoliberalen Argumenten – unter anderem damit, dass der Staat andernfalls der privaten Wirtschaft notwendige Mittel für Investitionen entziehe: »Viertens reduziert jeder Zugriff des Staates auf das Kapital im privaten Sektor das Potential für private Investitionen (›crowding out‹) – sei es durch Besteuerung oder Kreditaufnahme.«

Das Zitat unterstellt, dass der Staat Investitionen von Unternehmen unmöglich mache bzw. verdränge, wenn er Steuern erhebt oder Kredite aufnimmt. Nachfolgend interessiert der zweite Punkt: die staatliche Kreditaufnahme. Das Zitat unterstellt (unausgesprochen), dass es ein begrenztes Angebot an Kreditgeldern gebe. Wenn nun der Staat durch seine Kreditaufnahme einen Teil dieser Gelder abziehe, könnten diese Mittel von den Unternehmen nicht mehr für Investitionen verwendet werden.

Dahinter steht ein naives ökonomisches Weltbild. Denn Unternehmensinvestitionen sind in allererster Linie von den Gewinnerwartungen abhängig. Ein Unternehmen investiert, wenn es sich davon Profite verspricht (→ Kapitel 70). Sind die Gewinnerwartungen etwa wegen schlechter Konjunkturaussichten auf dem Nullpunkt, dann werden auch keine Mittel für Investitionen nachgefragt. In einer solchen Situation ist es sinnvoll, wenn staatliche Kreditnachfrage an die Stelle der wegfallenden Kreditnachfrage privater Investoren tritt. Denn mit den Geldern, die er dann aufnimmt, kann der Staat die gesamtwirtschaftliche Nachfrage stärken. Damit stabilisiert er Produktion und Beschäftigung – und wirkt dem Konjunkturabschwung entgegen (→ Kapitel 51).

Gelingt es auf diese Weise, die gesamtwirtschaftliche Nachfrage mittelfristig zu stabilisieren, so wird dies die private Investitionstätigkeit nicht hemmen, sondern sogar verstetigen. Die privaten Investitionen werden dann nicht verdrängt, sondern durch die Nachfrage-Effekte dieser wirtschaftspolitischen Maßnahmen erst geschaffen. Es kommt also nicht zu einem »Crowding out«, sondern im Gegenteil zu einem »Crowding in«.

Sehr viel grundsätzlicher stellt sich allerdings die Frage, ob es – wie die VhU unterstellt – überhaupt ein begrenztes Angebot an Kreditgeldern gibt. Ob also irgendwo eine Art Topf mit möglichen Kreditgeldern herumsteht, der leer werden kann. Angenommen, dass es ein solches begrenztes Angebot gebe: Auch dann überzeugt die Argumentation in obigem Zitat nicht. Denn diese blendet gesamtwirtschaftliche Rückkopplungseffekte kreditfinanzierter Staatsausgaben aus (→ Kapitel 64). Indem der Staat durch seine Ausgaben Investitionen befördert und Einkommen schafft, schafft er auch zusätzliche Ersparnis. Schließlich wird ein Teil der zusätzlichen Einkommen gespart. Damit wiederum vergrößert sich das Angebot an möglichen Kreditgeldern.

Tatsächlich aber gibt es gar kein begrenztes Angebot an Kreditgeldern. Geschäftsbanken können Kredite quasi unbegrenzt vergeben. Ersparnisse benötigen sie dafür nicht. Sie führen lediglich einige Buchungen durch; im Grunde drücken sie zur Geldschöpfung einfach einige Tasten am Computer.

Wenn eine Bank einen Kredit gewährt, so schreibt sie den entsprechenden Betrag auf dem Girokonto des Kreditnehmers oder der -nehmerin gut. Er oder sie kann dieses Geld für Überweisungen oder Kartenzahlungen nutzen, etwa zum Kauf eines Autos, oder sich in bar auszahlen lassen. Banken schaffen Geld also aus dem Nichts. (Lediglich bei Überweisungen an andere Banken benötigen Sie Zentralbankgeld, das sie sich bei anderen Banken oder der Zentralbank besorgen können.) Wird der Kredit später zurückgezahlt, so wird das durch den Kredit geschaffene Geld entsprechend wieder vernichtet. Es verschwindet also wieder im Nichts. Die Zinsen verbucht die Bank als Einnahmen.

Banken können und werden Kredite auf diese Weise vergeben, solange es genug Kreditinteressierte gibt, bei denen eine ordnungsgemäße Rückzahlung hinreichend wahrscheinlich ist. Zudem müssen sie geltendes Recht sowie Vorgaben der Aufsichtsbehörden beachten. Davon abgesehen, kennt die Geldschöpfung durch Geschäftsbanken im Zusammenspiel mit der Zentralbank aber keine Grenzen.

Wenn die Banken Kredite aber fast unbegrenzt vergeben und dafür insbesondere keine Ersparnisse brauchen, dann kann niemand durch staatliche Kreditaufnahme verdrängt werden. Dass dies ausgerechnet ein Unternehmensverband aus Deutschlands Bankenhauptstadt nicht versteht, ist bezeichnend.

63: »Weniger Ersparnisse bedeuten geringere Investitionen!«

Es war einmal ein Banker, der fast 20 Jahre bei Branchenriesen wie J.P. Morgan und Merrill Lynch mit Finanzprodukten gehandelt hat. Über die Rolle von Geld in der Welt des real existierenden Kapitalismus hatte er trotzdem nichts gelernt. Das offenbarte jener Detlev Schlichter im Mai 2013 in einem Interview mit dem Online-Magazin Telepolis: *»In einer funktionierenden Marktwirtschaft entsteht realer Wohlstand dadurch, dass aus dem realen Einkommen reale Ersparnis gebildet wird (eben durch Konsumverzicht). Diese erlaubt dann reale Kapitalbildung, welche die Produktivität der Wirtschaft hebt und somit zu höheren Realeinkommen führt.«*

An diesem Zitat sind zwei Dinge bemerkenswert: Zum einen erklärt Schlichter die Bildung von Ersparnissen zur Voraussetzung von Investitionen. Nur durch Konsumverzicht entstünden Ersparnisse, die durch Investitionen zu realem Kapital (wie Gebäude, Maschinen usw.) würden und so den Wohlstand steigerten. Zum anderen blendet Schlichter die Besonderheiten von Geld und den Geldpreis von Gütern aus. Damit aber beschreibt er gerade keine »funktionierende Marktwirtschaft«. Er beschreibt vielmehr eine vor-kapitalistische Landwirtschafts-Ökonomie, in der Güter direkt getauscht werden – und eben nicht vermittelt über Geld gehandelt.

Dieser zweite Aspekt springt in obigem Zitat nicht unmittelbar ins Auge, ist aber wichtig. In einer Ökonomie ohne modernes Kreditgeld, die vorrangig auf Landwirtschaft beruht, können Güter wie etwa das Korn entweder gegessen oder für die Aussaat genutzt werden. Je weniger Korn verspeist wird, desto höher sind die realen Ersparnisse. Diese höheren Ersparnisse wiederum ermöglichen größere Investitionen, weil eine größere Menge Saatgut ausgebracht werden kann. Das wiederum verspricht im folgenden Jahr eine größere Ernte. Wird Jahr für Jahr aus der wachsenden Ernte etwas mehr gespart, so erhöhen sich tatsächlich die »Realeinkommen« durch höhere Ernteerträge.

Eine »funktionierende Marktwirtschaft« mit modernem Kreditgeld ist aber etwas gänzlich anderes. Hier spielt Geld eine zentrale Rolle. Güter werden nicht wie vielleicht in grauer Vorzeit unmittelbar gegeneinander getauscht. Sie werden vielmehr durch Geld erworben. In einer solchen kapitalistischen Ökonomie (mit Privateigentum an den Produktionsmitteln und fortgeschrittener gesellschaftlicher Arbeitsteilung) ist die gesamtwirtschaftliche Nachfrage entscheidend. Sie bestimmt das gesamte Produktionsvolumen und damit auch den Beschäftigungsstand (→ Kapitel 06) und den allgemeinen Wohlstand.

Unter sonst gleichen Bedingungen führen höhere Ersparnisse der privaten Haushalte zu einem Rückgang der Konsumnachfrage. Denn Geld kann nur gespart oder ausgegeben werden. Damit aber gehen auch die Produktion und die Beschäftigung zurück, wenn mehr Geld gespart wird. Unternehmen werden dann nicht mehr investieren, sondern ihre Produktionsmöglichkeiten eher einschränken (→ Kapitel 70). Denn sie bleiben ja wegen mangelnder Nachfrage auf ihren Gütern und Dienstleistungen sitzen.

In einer kapitalistischen Ökonomie mit Kreditgeld braucht es zudem gar keine Ersparnisse, damit Unternehmen Investitionen tätigen können. Unternehmen benötigen lediglich Geld – bei dem es sich in der Regel um Geld in Form eines Kredits handelt. Dieses schaffen Banken quasi aus dem Nichts. Ersparnisse benötigen sie dafür nicht (→ Kapitel 62).

Umgekehrt wird eher ein Schuh daraus. Denn wenn ein Unternehmen investiert, erzeugt es Ersparnisse. Höhere Investitionen bedeuten schließlich eine Steigerung der Produktion durch zusätzliche Beschäftigte und in der Regel auch höhere Profite. Beides geht mit zusätzlichen Einkommen einher. Von diesen wird ein Teil für Konsumgüter verausgabt, ein anderer Teil wird gespart. Die Ausgaben für Konsumgüter sorgen ebenfalls für eine zusätzliche Produktion und damit für Einkommen. Die werden zum Teil wiederum in den

Kauf für Konsumgüter fließen und zum Teil gespart – und so weiter und so fort.

Es ist also genau umgekehrt: Nicht Ersparnisse sind die Voraussetzung für Investitionen, sondern Investitionen führen in »funktionierenden Marktwirtschaften« dazu, dass die Ersparnisse steigen.

Finanzen, Geld und Steuern

64:
»Man kann Geld nur einmal ausgeben!«

Es war einmal ein Interessenverband, der – wie so viele – die Wirtschaftswelt durch die Brille eines Privathaushalts zu betrachten pflegte. In einem undatierten Text schrieb die Vereinigung der kommunalen Arbeitgeberverbände auf ihrer Homepage: »Die kommunalen Arbeitgeber können einen Euro nicht zweimal ausgeben. Darum müssen sie genau abwägen, welche laufenden Ausgaben sie sich leisten können, um auch noch dringend notwendige Investitionen vornehmen zu können.«

Geld könne also nur einmal ausgegeben werden – hier etwa entweder für höhere Löhne der kommunal Beschäftigten oder für Investitionen. Diese Aussage erscheint trivial. Denn natürlich kann ein Mensch, der einen Euro besitzt, diesen nur einmal ausgeben. Erwirbt er ein Vanilleeis, ist das Geld weg. Das ist banal – aber gar nicht das, was Neoliberale eigentlich meinen. Was sie eigentlich sagen wollen, ist Folgendes: Die Einnahmen der öffentlichen Hand reichten nicht für alle Ausgabenwünsche.

Dass man alternativ etwa über höhere Steuereinnahmen nachdenken könnte, wird dann ausgeblendet. Darüber hinaus ist die Aussage aus einer gesamtwirtschaftlichen Perspektive zu hinterfragen. Denn Geld wird im Laufe der Zeit eben nicht nur einmal ausgegeben. Solange Geld nicht gespart wird, bleibt es in einem Kreislauf. Das bedeutet auch, dass ein zusätzlich ausgegebener Euro des Staates weitere Ausgaben und Produktionsprozesse anstößt. Und er steigert die Beschäftigung.

Das gilt gerade auch für einen Euro, den die öffentlichen Haushalte durch Kredite finanzieren. Denn auch er kommt in den Wirtschaftskreislauf – und zwar zusätzlich. Legt der Staat beispielsweise ein mehrjähriges kreditfinanziertes Sanierungsprogramm für Schulen oder Brücken in Höhe von fünf Milliarden Euro pro Jahr auf, dann fließen diese Mittel den beauftragten Bauunternehmen zu. Diese stellen zusätzlich Beschäftigte ein und bezahlen den Anteilseignern einen Anteil am Gewinn. Einen Teil der Gelder nutzen sie ferner für den Einkauf notwendiger Waren, etwa Baustoffe. Diese werden selbst wieder von Unternehmen hergestellt, die die eingenommenen Gelder für Löhne und Gewinnausschüttungen nutzen – und so weiter. Die zusätzlichen Einkommen bei den Lohnabhängigen und die zusätzlichen Gewinneinkommen werden – bis auf den gesparten Teil – ebenfalls ausgegeben.

Im Endeffekt wird sich die Kreditaufnahme damit zumindest in Teilen selbst refinanzieren. Denn bei alldem verdient der Staat mit: Er erhebt Steuern auf die Löhne, die Gewinne, die Kapitaleinkommen sowie den Konsum (hier insbesondere durch die Umsatzsteuer). Dadurch fließt ein Teil der kreditfinanzierten Ausgaben an den Staat zurück und verringert die aufgenommenen Schulden.

Wenn wir davon ausgehen, dass von den fünf Milliarden Euro 20 Prozent in die Ersparnisse fließen, dann erhöht sich die Nachfrage durch unser Sanierungsprogramm in einem zweiten Schritt um 4 Milliarden Euro. In dieser Größenordnung werden weitere Güter und Dienstleistungen produziert. Auch hinter dieser zusätzlichen Produktion steht ein Anstieg der Beschäftigung, es werden zusätzliche Löhne gezahlt und es entstehen Gewinne. Wenn von diesen zusätzlichen Einkommen wiederum 20 Prozent in die Ersparnisse fließen, dann erhöht sich die Nachfrage in einem weiteren Schritt um weitere 3,2 Milliarden Euro. Dieser Prozess, der an einen rollenden und immer größer werdenden Schneeball erinnert, wird als

»Multiplikatoreffekt« bezeichnet. Da in jedem weiteren Schritt die zusätzlich verausgabten Gelder immer kleiner werden, läuft der beschriebene Prozess irgendwann aus – oder um im Bild zu bleiben: Der Schneeball wird immer langsamer und kommt irgendwann zum Stehen.

Natürlich handelt es sich bei dem geschilderten Beispiel um eine Vereinfachung. So entfällt ein Teil der entstehenden Nachfrage auf importierte Güter, sorgt also im Ausland für Arbeit und Einkommen. (Umgekehrt fließt allerdings auch ausländische Nachfrage ins Inland.) Dennoch zeigt das Beispiel: Aus gesamtwirtschaftlicher Sicht wird jeder Euro eben nicht nur einmal ausgegeben.

Übrigens ist der Multiplikatoreffekt bei verschiedenen Maßnahmen des Staates unterschiedlich groß. 2014 ergab eine Studie des Instituts für Makroökonomie und Konjunkturforschung (IMK), dass er bei einnahmeseitigen Maßnahmen (etwa Steuersenkungen) deutlich geringer ausfällt als bei öffentlichen Ausgaben. Am größten ist er bei öffentlichen Investitionen, und auch die öffentliche Beschäftigung wirkt sich sehr positiv aus. Eher gering ist der Multiplikatoreffekt hingegen bei Militärausgaben.

65: »Die Staatsquote ist zu hoch!«

Es war einmal ein Journalist, dem selbst die Reformen der neoliberalen 2000er Jahre nicht ausreichten. Sein Name war Jacques Schuster. In einem Leitartikel über »Die Faulheit der Politik« betonte er im November 2012 in Welt kompakt, *dass sich Deutschland auf seinen »Erfolgen« nicht selbstgefällig ausruhen dürfe: »Geboten wäre es etwa, endlich die Staatsquote zu senken und damit nicht nur langfristig die öffentlichen Kassen zu entlasten, sondern auch den Bürgern mehr Anteile ihres Bruttogehaltes zu verschaffen.« Auch dank solcher Geistesergüsse wurde er 2014 Chefkommentator der konservativen* Welt-*Mediengruppe.*

Neoliberale machen gerne viel Aufhebens um die »Staatsquote«. Dabei ist diese zunächst einmal nicht mehr als eine schlichte Verhältniszahl: Sie setzt die Staatsausgaben ins Verhältnis zum Bruttoinlandsprodukt (BIP), also zum Gesamtwert aller Güter und Dienstleistungen, die während eines Jahres in einer Volkswirtschaft hergestellt wurden. Sie gibt mithin den Anteil der Staatsausgaben an der volkswirtschaftlichen Leistung wieder. Neoliberale interpretieren dies nun allerdings wie folgt: Sie nehmen an, es gebe ein feststehendes, unabhängiges Bruttoinlandsprodukt, von dem der Staat – finanziert über Steuern und Abgaben – sich einen mehr oder weniger großen Teil aneigne. Darauf gründet dann ihre Forderung nach einer Begrenzung oder gar Senkung der Staatsquote zu Gunsten der BürgerInnen und Unternehmen. Bei Jacques Schuster ist dies beispielhaft ablesbar.

Doch schon die Vorstellung eines festen, unabhängigen BIP, von dem der Staat sich einen mehr oder weniger großen Teil aneignet, ist aus mindestens zwei Gründen irreführend: Erstens fließen auch staatliche Leistungen – etwa Infrastrukturinvestitionen, Ausgaben im Gesundheitswesen oder für öffentlichen Verkehr – rechnerisch in das BIP ein. Und zweitens wird die Höhe des BIP selbst in dessen »privatwirtschaftlichen« Teilen von staatlicher Aktivität mitbestimmt: Mit weniger gebildeten Beschäftigten oder schlechterer Infrastruktur beispielsweise wären Unternehmen weniger produktiv, das Bruttoinlandsprodukt fiele geringer aus. Aus diesem Grund ist die Forderung nach einer »Begrenzung« oder gar »Senkung« der Staatsquote verfehlt. (Gleiches gilt für die nach einem Deckel für Steuern bzw. Sozialversicherungsbeiträge.) Ein Staat, der seine politischen, sozialen und ökonomischen Aufgaben nicht angemessen erfüllen kann, nützt niemandem. Im Gegenteil – er schadet allen.

Staatliche Leistungen bestehen zu einem nennenswerten Anteil aus Dienstleistungen, die staatliche Stellen selbst erbringen oder finanzieren – etwa in Pflegeheimen, Schulen, Hochschulen, Verwaltungen oder bei der Polizei. Produktivitätssteigerungen bei Dienstleistungen sind allerdings meist niedriger als in der Industrie und im Handwerk. Denn Pflege, Schuldnerberatung oder Schulunterricht kann und will man nicht im gleichen Maße mechanisieren wie den Automobilbau. Dies führt notwendig dazu, dass (auch öffentliche) Dienstleistungen immer teurer werden (→ Kapitel 19). Staatsausgaben müssen dann überdurchschnittlich wachsen. Das stellt aber kein Problem dar, wie Neoliberale behaupten, sondern ist Ausdruck wachsender Produktivität und damit wachsenden materiellen Wohlstands. Ein Ausgabendeckel für öffentliche Haushalte wäre vor diesem Hintergrund schlicht unsinnig und sogar schädlich.

Unsinnig sind im Übrigen auch internationale Vergleiche der Staatsquoten verschiedener Länder. Denn die Staatsquote hängt unmittelbar von der Wirtschafts- und Sozialstruktur einer Volkswirtschaft ab. Ein Land, das etwa – wie Deutschland – die Sozialversicherungen überwiegend staatlich organisiert, wird eine höhere Staatsquote haben als eines, das dies nicht tut. Dennoch stellen Neoliberale immer wieder solche Vergleiche an, um angeblich »zu hohe« Staatsquoten zu brandmarken. Staaten mit öffentlichen Sozialversicherungssystemen stehen dann schlechter da. Und das, obwohl die staatliche Organisation von Sozialversicherungen nicht nur sozialer, sondern auch ökonomisch effizienter ist als die privatwirtschaftliche.

66:
»Statt für Konsum, sollten wir öffentliche Gelder für Investitionen ausgeben!«

Es war einmal ein Wirtschaftswissenschaftler mit genauen Vorstellungen von guten und bösen öffentlichen Ausgaben. Im April 2019 schrieb jener Niklas Potrafke in der Tageszeitung Die Welt *(die ihn fünf Jahre zuvor als Talent »Top 40 unter 40« gelistet hatte): »Es ist davon auszugehen, dass die relativ hohen konsumtiven und relativ niedrigen investiven Ausgaben in Zukunft das Wirtschaftswachstum drosseln werden. Um die Tragfähigkeit der deutschen Staatsfinanzen zu er-*

halten, sollten erstens weiterhin keine neuen Schulden aufgenommen und zweitens eine Prioritätenverschiebung des Budgets hin zu mehr investiven Ausgaben vorgenommen werden.«

Auf den ersten Blick scheint schlüssig, was so oft zu lesen ist: Auf der einen Seite stünden die Investitionen, das seien die guten öffentlichen Ausgaben. Sie legten die Grundlagen für die Zukunft. Durch sie würden etwa Verkehrswege, Schulen oder Energienetze finanziert, von denen eine Gesellschaft lange profitiere und die den zukünftigen Wohlstand steigerten. Auf der anderen Seite stünden die konsumtiven öffentlichen Ausgaben. Das seien die bösen – zum Beispiel Sozialleistungen, Löhne im öffentlichen Dienst oder Mittel für den Betrieb von Schwimmbädern. Einmal ausgegeben, seien sie weg, ohne dass die Gesellschaft davon zukünftig noch etwas hätte. Aus dieser Perspektive erscheint Potrafkes Schlussfolgerung zwingend: Investive Ausgaben rauf, konsumtive Ausgaben runter!

Sieht man genauer hin, ist es allerdings nicht mehr so eindeutig. Denn auch Investitionen sind keineswegs immer zukunftsträchtig. So zählen statistisch etwa auch Ausgaben für Militärgüter dazu. Ihr Beitrag zur Steigerung des zukünftigen Wohlstands dürfte begrenzt sein. Ähnliches gilt auch für Investitionen in das fünfte Spaßbad im Landkreis oder in unterausgelastete, klimaschädliche Regionalflughäfen.

Hingegen sind viele konsumtive Ausgaben sehr wohl zukunftsträchtig. Sie mögen, einmal ausgegeben, vielleicht keine direkt messbare Steigerung des Wohlstands bewirken. Indirekt aber schon: Viele Sozialleistungen etwa sind für die soziale Teilhabe ärmerer Haushalte – und damit für den sozialen Frieden – unerlässlich. Sie reduzieren die soziale Ungleichheit, was zumindest mittelbar den Wohlstand steigert. Denn eine größere soziale Ungleichheit bremst das Wachstum eher aus (→ Kapitel 35).

Andere Sozialleistungen machen es möglich, trotz Kindern oder Pflegebedürftigen im Haushalt zumindest in einem gewissen Umfang weiter arbeiten zu gehen. Hier sind beispielsweise Zuschüsse für Kitas und bestimmte Leistungen der deutschen Gesetzlichen

Pflegeversicherung zu nennen. Es sind vor allem Frauen, deren Arbeitsmarktbeteiligung hierdurch erleichtert wird. Auch dies steigert den Wohlstand, weil es volkswirtschaftlich zusätzliche Arbeitsstunden und zusätzliche Einkommen ermöglicht.

Auch Bildungsausgaben – etwa für Lehrerinnen und Lehrer oder für Bücher in Bibliotheken – sind keine Investitionen im statistischen Sinne (obwohl sie oft zu Recht als »Bildungsinvestitionen« bezeichnet werden). Dass ihre Bedeutung für die Zukunft einer Gesellschaft kaum überschätzt werden kann, bedarf wohl keiner Begründung.

Es gibt also keinen Grund, konsumtive Ausgaben für grundsätzlich schlechter zu halten als investive. Es kommt vielmehr darauf an, um welche Ausgaben es sich im Konkreten handelt und welchem Zweck sie dienen. Dennoch steckt im Märchen von den wichtigeren investiven Ausgaben ein Kernchen Wahrheit: Investitionen sind für die politisch Handelnden oft einfacher zu kürzen und zu streichen als Konsumausgaben. In vielen Ländern hatte die neoliberale Kürzungspolitik deshalb unzureichende investive Ausgaben zur Folge. Auch die neoliberale Ablehnung von Staatsverschuldung hat hierzu beigetragen, werden öffentliche Investitionen (aus guten Gründen) doch oft durch Kredite finanziert. Alles in allem haben sich so in vielen Ländern Investitionslücken aufgetan, die dringend behoben werden müssen: etwa im Straßen- und Schienenverkehr, bei Schulen und Hochschulen, in Krankenhäusern und bei Erneuerbaren Energien. Zu Lasten wichtiger und sinnvoller konsumtiver Ausgaben soll und darf das aber nicht gehen.

67:
»Noch nie waren die Steuereinnahmen so hoch wie heute!«

Es war einmal ein mächtiger Interessenverband des deutschen Industriekapitals. Der Hauptgeschäftsführer dieses Bundesverbands der Deutschen Industrie (BDI) gab im Mai 2019 in der Tageszeitung Die

Welt *zum Besten: »Noch nie hatte Deutschland so hohe Steuereinnahmen wie heute«. Leider aber, so jammerte besagter Joachim Lang, nutze die Regierung diese Rekordeinnahmen nicht genug für die Wirtschaft: Der BDI fordere, die Steuerlast der Unternehmen in Deutschland auf 25 Prozent zu senken.*

Neu sind solche Äußerungen nicht. Auf die »höchsten Steuereinnahmen aller Zeiten« weisen die entsprechenden Interessengruppen schon seit Jahrzehnten hin. Besonders gerne machen sie das, wenn sie ihre nie endenden Forderungen nach Steuersenkungen untermauern wollen. Und da es fast jedes Jahr Rekordsteuereinnahmen zu vermelden gibt, haben sie auch fast jedes Jahr die Möglichkeit zu entsprechend reißerischen Interviews: Zwischen 1950 und 2021 gab es in Deutschland lediglich in zehn Jahren keinen neuen Höchstwert bei den Steuereinnahmen. In gerade einmal sechs Jahren waren Rückgänge des Steueraufkommens zu verzeichnen.

Einnahmerekorde wiederholen sich, weil die Wirtschaftsleistung (gemessen als Bruttoinlandsprodukt) in der Regel wächst. Das macht sie real – also unter Herausrechnung von Preissteigerungen. Berücksichtigt man zusätzlich auch diese Preissteigerungen, so gelangt man zum nominalen Wachstum des Bruttoinlandsprodukts. Eine größere Produktion und steigende Preise münden beide in höhere Umsätze, Gewinne und Einkommen. Dies steigert folgerichtig die Steuereinnahmen. Rekorde sind hier also normal, langweilig – und gewiss kein Grund für Steuersenkungen.

Steuereinnahmen schrumpfen nur, wenn die Wirtschaftsleistung deutlich einbricht oder die Steuern massiv gesenkt werden. So etwa in Deutschland ab 2001: Die seinerzeit von Gerhard Schröder geführte rot-grüne Bundesregierung verringerte im Rahmen einer großen Steuerreform die Steuersätze – ganz besonders profitierten reiche Haushalte und der Unternehmenssektor. Dies sollte zu Investitionen und Wachstum führen (→ Kapitel 77). Tatsächlich aber brach die Wirtschaft ein, auch weil die Regierung kräftig auf die Ausgabenbremse trat. Die öffentlichen Haushalte – bedingt eben durch Steuersenkungen und Konjunktureinbruch – rutschten erheblich ins Defizit. 2001 und 2002 sanken die Steuereinnahmen jeweils gegenüber dem Vorjahr. Trotz leichter Anstiege konnte selbst in den Jahren 2003 bis 2005 das Niveau des Jahres 2000 nicht wieder erreicht werden. Erst 2006 wurde dieser Wert wieder übertroffen – der erste Steuereinnahmenrekord seit sechs Jahren. Phasen wie diese waren in der Geschichte (nicht nur) der Bundesrepublik aber Ausnahmen. – Ein weiteres Beispiel für schrumpfende Steuereinnahmen gegenüber dem Vorjahr ist das Jahr 2009. Ursache hierfür war der starke Produktionsrückgang im Zuge der damaligen internationalen Finanz- und Wirtschaftskrise (→ Kapitel 61).

Auch auf der Ausgabenseite gibt es gute Gründe für immer höhere Steuereinnahmen. Denn zum einen klettern von Jahr zu Jahr auch die Preise der Güter und Dienstleistungen, die ein Staat für sich und seine Bevölkerung einkauft. Zum anderen nehmen mit wachsendem Bruttoinlandsprodukt auch die Aufgaben und Ausgaben des Staates zu – beispielsweise für die Überwachung von Produkten, da mehr produziert wird, oder für Kinderbetreuung, wenn Eltern häufiger arbeiten. Öffentlich Beschäftigte müssen angemessen bezahlt werden; auch ihre Löhne steigen daher regelmäßig. Wäre dies nicht der Fall, geriete die öffentliche Hand etwa bei der Rekrutierung von Fachkräften ins Hintertreffen. Ohne einen jährlichen Anstieg der Steuereinnahmen würden sich für Bund, Länder und Kommunen also immer größere Schwierigkeiten bei der Finanzierung ihrer Aufgaben ergeben.

Regelmäßige Rekordsteuereinnahmen sind folglich nicht nur normal, sondern auch notwendig. Grund für Steuersenkungen sind sie nicht. Die spiegelbildliche Forderung hört man von den einschlägigen Lobbyverbänden übrigens nie: Sie verlangen keine Steuererhöhungen, wenn die Einnahmen der öffentlichen Haushalte stagnieren oder zurückgehen. Und sie verlangen keine Steuererhöhungen in jenen Jahren, in denen die Gewinne von Rekord zu Rekord eilen. Auch das unterstreicht, wie einseitig ihr Umgang mit diesem Thema ist.

68: »Steuerwettbewerb sorgt für Effizienz und niedrige Steuern!«

Es war einmal ein Journalist, der seine Brötchen bei der wirtschaftsliberalen Tageszeitung Die Welt *als Ressortleiter Wirtschaft, Finanzen, Immobilien verdiente. Sein Name war Olaf Gersemann, und von Steuern hielt er offenbar nicht viel. Im November 2016 schrieb er in einem Kommentar mit dem Titel »Steuerwettbewerb ist gut«: »Steuer- und Sozialstaat stehen voll im Saft, gerade in Deutschland. [...] Davon, dass es bisher schon zu viel Steuerwettbewerb gibt, kann daher offenkundig nicht die Rede sein. Wenn überhaupt, dann gibt es zu wenig davon. Falls nun Theresa May in Großbritannien und demnächst Donald Trump in den USA wirklich die Körperschaftsteuer senken, ist das vor allem eines: willkommener Handlungsdruck.«*

Steuerwettbewerb – dahinter steht die Idee, dass Staaten um international mobiles Unternehmenskapital (oder auch um die Vermögen von Privatpersonen) konkurrieren. Für Regierungen sei es in einem solchen Umfeld vorteilhaft, Unternehmensinvestitionen oder Personen durch niedrige Steuern anzulocken. Im Mittelpunkt steht dabei in der Regel die Höhe des Steuersatzes: Je niedriger dieser ausfalle, desto attraktiver sei ein Land.

Steuerwettbewerb wird häufig als unverrückbare Tatsache hingenommen. Steuersenkungen werden dann zur Dauerforderung, bei den Unternehmensverbänden sowieso. Gehen Regierungen darauf ein, kommt es zu Steuerausfällen. Die Folge: Das Geld fehlt der öffentlichen Hand im sozialen Bereich, aber auch für Infrastrukturausgaben oder andere wichtige Aufgaben.

Nicht der gesellschaftliche Bedarf, sondern die Steuerpolitik anderer Länder bestimmt dann die Politik einer Regierung. Es entsteht »willkommener Handlungsdruck«, wie Olaf Gersemann es in obigem Zitat nennt. Tatsächlich folgen die Regierungen in vielen Ländern diesem Muster seit Jahrzehnten. So wird Einkommen aus Vermögen fast überall in der Europäischen Union geringer besteuert als Arbeitseinkommen. Der Grund: Vermögen sind leicht in Steueroasen zu verschieben, und Vermögenseinkommen sind dank zahlreicher Möglichkeiten der Steuervermeidung einfach kleinzurechnen. In den Worten des früheren deutschen Finanzministers Peer Steinbrück (SPD): »Lieber 25 Prozent von x als 42 Prozent von nix«.

Auch die durchschnittlichen Steuersätze auf Unternehmensgewinne sind in der EU in den letzten rund 20 Jahren deutlich gesunken. In Deutschland etwa erfolgten große Steuerreformen in den Jahren 2000 und 2008 – immer mit dem Argument, dass dies die internationale Wettbewerbsfähigkeit stärke und Unternehmensinvestitionen anziehe. Eine Studie der ETH Zürich untersuchte 2019 die Steuersätze für Unternehmen und Einkommen in den 65 größten Volkswirtschaften für den Zeitraum 1980 bis 2007. Ergebnis: Die Unternehmensteuersätze sind drastisch gesunken – und fast genauso deutlich die Einkommensteuersätze auf die höchsten Einkommen. Der Durchschnittsteuersatz für mittlere Einkommen hingegen ist konstant angestiegen.

Der Steuerwettbewerb ist also Realität. Was aber nicht bedeutet, dass die Unternehmensteuersätze wirklich einen großen Einfluss auf Investitionsentscheidungen ausüben. Tatsächlich spielen Gewinnsteuern sogar eine recht geringe Rolle bei der Entscheidung von Unternehmen, ob sie im In- oder Ausland investieren (→ Kapitel 69). Einen wesentlich größeren Einfluss haben Wachstums- und Gewinnaussichten sowie die Größe von Märkten: Unternehmen investieren häufig in Staaten mit guten Absatzmöglichkeiten für ihre Produkte (→ Kapitel 70), um mit ihrer Produktion direkt vor Ort präsent zu sein. Weitere wichtige Faktoren sind etwa qualifizierte Arbeitskräfte, die öffentliche Infrastruktur sowie Rechtssicherheit.

Was allerdings nichts daran ändert, dass der internationale Steuerwettbewerb existiert und schädlich ist. Weshalb er begrenzt werden sollte. Denn es ist weder gerecht noch ökonomisch sinnvoll, wenn Unternehmen und reiche Privatpersonen die Infrastruktur, Rechtssysteme, Bildungseinrichtungen und Märkte eines Landes nutzen, sich der Finanzierung von alldem aber entziehen. Es gilt, Schlupflöcher zu schließen und illegale Steuervermeidung strikter zu verfolgen. Steueroasen – die es auch in und unter westlichen Ländern gibt – sind konsequent auszutrocknen. Zudem braucht es wirksame internationale Vereinbarungen zu steuerlichen Mindeststandards.

Im Juli 2021 haben sich 130 Staaten im Rahmen der internationalen Staatenorganisation OECD auf eine globale Mindeststeuer von 15 Prozent verständigt. Mehr als ein erster kleiner Schritt in die richtige Richtung ist dies allerdings nicht. Dafür ist der Mindeststeuersatz zu niedrig und sind die Ausnahmeregelungen und Schlupflöcher zu zahlreich. Es bleibt also nach wie vor viel zu tun.

69: »Hohe Unternehmensteuern gefährden den Standort Deutschland!«

Es war einmal ein mächtiger Lobbyverband des deutschen Kapitals. Wie ein Papagei plapperte dieser Bundesverband der Deutschen Industrie (BDI) immer wieder das Gleiche, getrieben von der Sorge um die Profite seiner Mitglieder. Und so behauptete er regelmäßig, dass der Standort Deutschland durch zu hohe Unternehmensteuern gefährdet sei. So beispielsweise in einer Broschüre aus dem Januar 2020: »Der deutsche Industriestandort gerät im internationalen Vergleich zunehmend ins Hintertreffen. Mehr als 10 Jahre nach der letzten Reform im Jahr 2008 muss das deutsche Unternehmensteuerrecht dringend modernisiert werden.«

Wenn BDI & Co. das Unternehmensteuerrecht »modernisieren« wollen, so wollen sie Steuern für Unternehmen senken. Solche Entlastungen seien notwendig, weil der eigene Wirtschaftsstandort – hier: Deutschland – sonst für Unternehmen uninteressant und unattraktiv werde, eben schlicht zu teuer. Denn wer bezahle schon gerne hohe Steuern und Abgaben, wenn man sich in Ländern niederlassen könne, die weniger verlangten? Staaten stünden schließlich in einer globalen Konkurrenz um die möglichst niedrige Besteuerung von Unternehmen (→ Kapitel 68).

Nun haben sich im Juli 2021 satte 130 Staaten auf eine globale Mindestbesteuerung von Unternehmen verständigt. Abhanden gekommen ist Verbänden wie dem BDI das Argument des internationalen Steuerwettbewerbs damit allerdings nicht. Denn erstens sind die internationalen Vereinbarungen dazu nach wie vor unzureichend. Und zweitens schränkt die Mindeststeuer selbst im besten Fall den Wettbewerb nur ein, sie beendet ihn nicht. BDI & Co. werden daher weiter Druck in Richtung Steuersenkungen machen.

Und dabei werden sie auch weiter mächtig übertreiben. Denn für die Frage, in welchem Land ein Unternehmen investiert, kommt es in erster Linie gar nicht auf die Steuerpolitik an. Wichtiger sind andere Faktoren. So spielt das Ausbildungsniveau der Beschäftigten eine Rolle – Unternehmen brauchen kompetente Fachkräfte. Auch der Zustand der öffentlichen Infrastruktur zählt – etwa gute Straßen, Schienen, Datenautobahnen (unter anderem durch Unternehmensteuern finanziert). Ferner achten Unternehmen auf gute Absatzchancen (→ Kapitel 70) – also auf eine zahlungskräftige Bevölkerung und gute Zugänge zu Märkten in Drittländern. Häufig geht es bei Investitionen im Ausland auch darum, Vertriebs- und Servicenetze aufzubauen. Dann handelt es sich um handelsbegleitende Investitionen, für die steuerpolitische Überlegungen irrelevant sind. Politische Stabilität und eine funktionierende Rechtsstaatlichkeit bringen Unternehmen weitere Vorteile – sie garantieren verlässliche Regelwerke und Prozesse. Eine Studie des Instituts für Weltwirtschaft Kiel zeigte 2022, dass Länder mit umfangreichen Sozialstaaten nicht etwa weniger, sondern mehr ausländische Direktinvestitionen von Unternehmen anziehen.

Die Höhe der Steuern ist ein Entscheidungskriterium, aber nur eines unter vielen. Das zeigt sich nicht zuletzt daran, dass Hochsteuer-Länder in der Regel über eine breite wirtschaftliche und industrielle Basis verfügen. Globale Konzerne unterhalten dort ihre größten Niederlassungen mit vielen Millionen Arbeitsplätzen. Niedrigsteuer-Länder dagegen locken oftmals kaum Investitionen in Steine, Maschinen und Arbeitsplätze an – umso mehr aber Steuertrickser. Niedrige Steuersätze sind attraktiv für (Briefkasten-) Firmen, die auf Gewinnverschiebungen zielen.

Mit Blick auf Deutschland erscheint das Argument der gefährdeten Wettbewerbsfähigkeit des Standortes ganz besonders realitätsfremd. Denn seit den frühen 2000er Jahren weist Deutschland einen sehr hohen Überschuss im Außenhandel auf (wie fast immer seit Bestehen der Bundesrepublik). Es exportiert also weitaus mehr, als es importiert (→ Kapitel 46). Mit dem Bild vom unattraktiven, gefährdeten Standort durch zu hohe Unternehmensteuern ist dies kaum in Einklang zu bringen.

Die Besteuerung von Profiteinkommen hängt im Übrigen eng mit der Verteilung von Einkommen und Vermögen zusammen. Und die ist für Neoliberale im BDI und anderswo ein Tabuthema. Kein Wunder: Die höchsten Einkommen in einer kapitalistischen Gesellschaft basieren auf Unternehmensgewinnen. Und die größten Vermögen beruhen auf Unternehmensbesitz. Jede Senkung von Unternehmensteuern kommt daher vorrangig den Reichsten zu Gute.

70: »Hohe Steuern hemmen die Investitionstätigkeit der Unternehmen!«

Es war einmal ein Präsident des deutschen Industriekapitals, genauer des Bundesverbands der Deutschen Industrie (BDI). Er hieß Siegfried Russwurm, und wie in jedem Bundestagswahlkampf forderte sein Verband auch 2021 die immergleichen Steuersenkungen für Unternehmen. Im Juni des Jahres gab Russwurm in einer Pressemeldung zum Besten: »Die vom BDI vorgeschlagene Senkung der Unternehmensteuerbelastung führt zu einem Wachstumsschub und würde sich zu einem Teil durch zusätzlich generierte Steuereinnahmen von selbst finanzieren. Steuersenkungen sind kein Geschenk für Unternehmen, sondern eine entscheidende Voraussetzung für zusätzliche wirtschaftliche Aktivität und Investitionen am Standort Deutschland.«

Die Forderung nach Unternehmensteuersenkungen ist wohl so alt wie die Besteuerung von Gewinnen. Die meist bemühte Argumentationskette ist simpel: Sind die Steuern auf die Unternehmensprofite zu hoch, dann bleibe zu wenig Geld übrig, um in ausreichendem Umfang zu investieren. Hilfreich seien daher Steuersenkungen für Unternehmen. Denn mehr Geld führe zu höheren Investitionen, es würden Arbeitsplätze geschaffen, und letztlich stiegen Beschäftigung und Wirtschaftswachstum. Dies führe dann auch zu höheren Steuereinnahmen der öffentlichen Hand.

Dieser Gedankengang ist so simpel wie falsch. Entscheidend für die Investitionstätigkeit von Unternehmen sind nicht vergangene Gewinne nach Steuern. Entscheidend sind die Gewinnerwartungen in der Zukunft (und damit die gesamtwirtschaftliche Nachfrage). Nur wenn Unternehmen eine Mehrproduktion auch verkaufen können, werden sie die dafür notwendigen Investitionen ins Auge fassen. Wenn Absatz- und damit Gewinnerwartungen hingegen düster sind, wird kein Unternehmen ins Risiko gehen. Und zwar auch dann nicht, wenn es hohe Nach-Steuer-Gewinne hatte. Sind die Gewinnerwartungen dagegen positiv, dann wird ein Unternehmen Investitionen erwägen. Und auch das ganz unabhängig von der vergangenen Entwicklung. Für solche Investitionen muss es dann keineswegs auf Gewinne aus der Vergangenheit zurückgreifen, sondern es kann und wird sich entsprechendes Geld leihen. Bei guten Gewinnerwartungen wird es dafür in der Regel auch problemlos Kreditgeber finden (→ Kapitel 62).

Neben den Gewinnerwartungen spielt der Zinssatz eine wichtige Rolle. Denn wenn ein Unternehmen Kredite aufnimmt, so muss es zusätzlich zu seinen Produktionskosten auch die Zinszahlungen erwirtschaften. Und der Zinssatz ist auch dann wichtig, wenn eine Investition nicht aus Krediten, sondern aus eigenen Mitteln finanziert wird. Denn ein Unternehmen hat immer die Möglichkeit, sein eigenes Geld in Finanzprodukte zu stecken. Es kann beispielsweise festverzinsliche Wertpapiere kaufen, die ihm Zinseinnahmen bringen. Nur dann, wenn die Gewinnerwartungen aus eigenen Investitionen höher sind als die möglichen Zinseinnahmen aus Finanzprodukten, wird es mit vorhandenen Mitteln real investieren.

Auch ein Blick zurück zeigt, dass die Behauptung von wachstumsfördernden Steuersenkungen den Tatsachen widerspricht. So sollte eine 2001 von der rot-grünen Bundesregierung unter Gerhard Schröder (SPD) durchgeführte Steuersenkung einen kräftigen Wachstumsschub erzeugen (→ Kapitel 77). Tatsächlich trat das Gegenteil ein: Die Konjunktur stürzte ab, und die Steuerausfälle sorgten für beträchtliche Einnahmelücken. Da der Staat in dieser Situation die wirtschaftliche Entwicklung auch noch durch Kürzung seiner Ausgaben belastete (→ Kapitel 57), durchlebte die Bundesrepublik damals die bis heute längste Konjunkturflaute ihrer Geschichte.

Für eine angemessen hohe Unternehmensbesteuerung gibt es im Übrigen gute Gründe, die von Unternehmensverbänden ungern gehört werden. So nutzen Unternehmen die durch Steuern finanzierte staatliche Infrastruktur, etwa Verkehrswege. Und sie profitieren davon, wenn ihre Beschäftigten eine gute Schulbildung erhalten haben. Auch profitieren sie vom sozialen Frieden, wie ihn ein Wohlfahrtsstaat gewährleistet, und von der Rechtssicherheit eines Rechtsstaats. Deshalb ist es mehr als gerechtfertigt, wenn sie sich auch an der Finanzierung staatlicher Leistungen beteiligen.

Darüber hinaus gibt es gute verteilungspolitische Gründe für eine angemessen hohe Besteuerung von Unternehmensprofiten. Denn diese kommen vor allem den ohnehin schon Reichen zu Gute. Die aber verwenden sie keinesfalls regelmäßig für arbeitsplatzschaffende Investitionen, sondern häufig auch für verschwenderischen Luxuskonsum. Aktuell führt dies beispielsweise zu einem Wettstreit zwischen Milliardären um bemannte kommerzielle Weltraumflüge – als ob die Menschheit keine dringlicheren Anliegen hätte.

71: »Der Markt beseitigt Übergewinne von sich aus – eine Übergewinnsteuer ist unnötig!«

Es war einmal ein Ökonom bei der Vereinigung der Hessischen Unternehmerverbände, der in seiner Freizeit einem ganz besonderen Fanclub vorstand: dem Friedrich-August-von-Hayek-Club in Frankfurt am Main. Im Juni 2022 hatte jener Clemens Christmann Gelegenheit, sich als würdiger Anhänger seines Idols zu beweisen. Auf der Webseite der Initiative Neue Soziale Marktwirtschaft sprach er sich gegen die damals diskutierte Übergewinnsteuer aus – denn Übergewinne seien wirtschaftlich sinnvoll: »Steigen in einem Markt die Preise und locken Gewinne, dann versuchen Unternehmer, dort zusätzliche Güter oder Dienstleistungen anzubieten. Mehr Angebot durch bisherige Anbieter oder durch Marktneulinge befriedigt die gestiegene Nachfrage. Das führt tendenziell zum Sinken der Preise und der Gewinne. Hohe Preise senden Marktsignale, die in der Regel über kurz oder lang zu ihrer Beseitigung führen – ganz im Sinne der Konsumenten, die mehr Güter und Dienstleistungen zu niedrigeren Preisen erhalten.«

Clemens Christmann argumentiert hier wettbewerbstheoretisch. Steigen die Preise in etablierten Märkten, so entstehe durch die damit verbundenen höheren Gewinne ein zusätzliches Angebot. Denn bestehende oder neue Anbieter weiteten ihre Produktion aus, um an den Extra-Profiten teilzuhaben. Infolgedessen fielen die Preise und die Gewinne wieder. Wenn Preissignale also frei wirken könnten, werde der Markt über Angebot und Nachfrage alles zum Besten regeln. Eine Sondersteuer auf hohe Gewinne hingegen störe diesen Mechanismus.

Was Clemens Christmann hier referiert, mag oft zutreffen. Übergewinne aber sind Sonderfälle: Erstens gehen sie nicht auf eine besondere Innovation oder Leistung der Unternehmen zurück, sondern auf eine außergewöhnliche Marktsituation. Zweitens führen sie nicht zu einem größeren Angebot (oder sie sollen nicht zu einem größeren Angebot führen), durch das diese Übergewinne perspektivisch wieder abgebaut würden.

Letzteres ist ein wesentlicher Punkt, den Christmann & Co. gerne verschweigen. Übergewinne führen gar nicht zu einem wachsenden Angebot, oder sie sollen es auch nicht. Damit aber können bzw. sollen Übergewinne gar nicht im Christmann'schen Sinne wirken – und es gibt keinen Grund mehr, sie nicht durch eine Sondersteuer abzuschöpfen. Hinzu kommen politische und wirtschaftliche Argumente. So sind Übergewinne verteilungspolitisch problematisch und oft auch ökonomisch schädlich.

Ein Blick in die jüngere Geschichte hätte Clemens Christmann einiges Anschauungsmaterial für solche außergewöhnlichen Marktsituationen geliefert. So gab es Übergewinnsteuern im vergangenen Jahrhundert insbesondere in Kriegs- und Nachkriegszeiten, zum Beispiel in den USA, in Großbritannien und Frankreich. Es sollte ein hoher Finanzbedarf gedeckt werden, und es sollten als ungerecht empfundene Gewinne zumindest in Teilen abgeschöpft werden. Zudem galt es, soziale Härten abzufedern. Auch empfand man es als ungerecht, dass sich ein sowieso schon gut verdienender Teil der Bevölkerung am Krieg bereicherte, während die breite Masse litt. Besonders im Fokus stand dabei die Rüstungsindustrie. Die Gewinne dieses Sektors wurden aufgrund einer Ausnahmesituation – des Kriegszustandes – erzielt. Und eine hohe Produktion von Waffen nach Ende des Krieges (also eine dauerhafte Ausweitung des Angebots) war nicht gewünscht.

Auch die 2022 in Europa diskutierten und etwa in Italien und Großbritannien eingeführten Übergewinnsteuern hatten eine besondere Marktsituation zum Hintergrund. Im Zuge des Überfalls Russlands auf die Ukraine sank das Angebot an Erdöl und Erdgas bei ungefähr gleicher Nachfrage. Dies führte zu steigenden Preisen bei weitgehend unveränderten Produktionskosten. So entstanden Übergewinne vor allem bei Mineralöl- und Stromkonzernen – bei steigenden Preisen für die Bevölkerung. Clemens Christmanns Argumentation gegen eine Übergewinnsteuer ging hier fehl, weil eine

Ausweitung des Angebots an Erdöl und Erdgas mangels entsprechender Infrastruktur und Lieferanten schlicht nicht möglich war.

Anders, als Christmann & Co. gerne kolportieren, stellt es übrigens kein Problem dar, die Höhe eines Übergewinns zu bestimmen. Am einfachsten ist es, die Differenz aus den Gewinnen in Krisenzeiten und den durchschnittlichen Gewinnen der Vorkrisen-Jahre zu bilden. Der so ermittelte Übergewinn kann dann ohne besonderen Aufwand besteuert werden.

72:
»Höhere Mehrwertsteuern sind wirtschaftlich am wenigsten schädlich!«

Es war einmal ein Unternehmer, der als Kreuzritter des Bedingungslosen Grundeinkommens berühmt wurde. Dass dieser Götz Werner auch beinhart für eine neoliberale Steuerreform focht, war dagegen weniger bekannt. Im Rahmen einer öffentlichen Debatte um das Für und Wider einer höheren Konsumbesteuerung sagte er im Juni 2009: »Die Erhöhung der Mehrwertsteuer ist der einzige Weg zur dauerhaften Stärkung der Wirtschaftsleistung und damit für eine langfristige Gesundung der Wirtschaft, weil nur durch höhere Konsumsteuern die direkten Einkommensteuern verringert werden können.«

Mehrwertsteuer hoch, Einkommensteuer runter – diese Forderungen sind neoliberale Dauerbrenner. Dahinter steht die Annahme, dass sich die Mehrwertsteuer (Umsatzsteuer) weniger negativ auf Investitionen, Beschäftigung und die wirtschaftliche Entwicklung auswirke als die Einkommensteuer. Schließlich werde die Mehrwertsteuer von den Unternehmen in den Preisen weitergegeben; sie belaste letztlich die Käuferinnen und Käufer. Daher habe sie keine Auswirkungen auf die wirtschaftlichen Aktivitäten der Unternehmen. Zugleich stärke eine Senkung der Einkommensteuer die Wirtschaftsleistung. Schließlich bleibe so mehr Geld in den Unternehmen, das investiert werden könne. Auch würden auf diese Weise Leistung und Leistungsbereitschaft belohnt.

Das Problem dabei: Außerhalb neoliberaler Märchenwelten funktionieren solche Wege »zur Gesundung der Wirtschaft« nicht. Denn hier, in der Wirklichkeit, spielen auch Nachfrageeffekte eine Rolle. Wenn die Preise durch eine Mehrwertsteuer-Erhöhung steigen, wird dies den Konsum dämpfen. Die Unternehmen verkaufen weniger, sie machen weniger Umsatz. Was wiederum Investitionen und Arbeitsplätze gefährdet. Schließlich werden Unternehmen nur investieren, wenn sie ihre (zusätzliche) Produktion auch absetzen können (→ Kapitel 70).

Werner & Co. wenden an dieser Stelle gerne ein, dass eine niedrigere Einkommensteuer der Mehrwertsteuererhöhung entgegenwirke. Die höheren Nettoeinkommen der Haushalte steigerten die Nachfrage. In der Tat: Die Haushalte und Unternehmen haben mehr Geld in der Tasche, wenn die Einkommensteuer sinkt (oder gar abgeschafft wird, wie Götz Werner an anderer Stelle gefordert hat.)

Das bedeutet allerdings nicht, dass die positiven Nachfrage-Wirkungen einer Einkommensteuer-Senkung die negativen Nachfrage-Wirkungen einer höheren Mehrwertsteuer ausgleichen können. Schließlich geben die Haushalte unterschiedlich große Anteile ihres Einkommens aus. Ärmere Haushalte sparen kaum oder gar nicht – sie müssen ihr Geld quasi vollständig ausgeben, um über die Runden zu kommen. Eine höhere Mehrwertsteuer (Umsatzsteuer) trifft sie deshalb besonders hart. Dies gilt umso mehr, als sie aufgrund ihres niedrigen Einkommens keine oder kaum Einkommensteuer bezahlen, von deren Senkung also auch nicht profitieren. Bei Haushalten mit hohen Einkommen ist es umgekehrt: Eine höhere Mehrwertsteuer trifft sie wenig, da sie viel sparen und (im Verhältnis zum Einkommen) wenig ausgeben. Ersparnisse werden nicht von der Mehrwertsteuer belastet. Von einer Senkung der Einkommensteuer profitieren reichere Haushalte hingegen stark, da sie hohe Einkommensteuern bezahlen.

Diese ungleiche Verteilung von Einkommen und Steuerlasten führt dazu, dass die von Götz Werner (1944-2022) vorgeschlagene Steuerreform in Summe einen negativen Nachfrage-Effekt haben muss. Sie entzieht in großem Umfang denen Geld, die dieses Geld sicher ausgegeben hätten – den ärmeren Haushalten. Und sie gibt es vorwiegend denen, die ohnehin nur einen begrenzten Anteil ihres Einkommens für den Konsum verwenden. Diese Entlastung kann die negativen Nachfrage-Effekte einer höheren Mehrwertsteuer niemals ausgleichen. Im Übrigen ist eine solche Steuerreform auch äußerst unsozial: Sie belastet die, die wenig haben – und entlastet die, die viel haben.

An dieser Stelle wenden manche ein, man könne all diese Effekte durch die Mehrwertsteuersätze ausgleichen. Für Güter des täglichen Bedarfs solle ein niedrigerer Steuersatz gelten als für Luxusgüter, die nur die Reichen kaufen. Tatsächlich spricht nichts dagegen, Yachten oder goldene Armbanduhren höher zu besteuern. Die genannten Probleme löst man damit aber nicht. Denn eine »Umverteilung« über die Mehrwertsteuer kann niemals so treffgenau und umfassend sein wie eine Umverteilung über die Einkommensteuer. Schließlich geben auch die Reichen einen nennenswerten Teil ihres Einkommens für Güter des täglichen Bedarfs aus. Und nicht zuletzt können sie ihre Luxusgüter auch schlicht im Dubai-Urlaub kaufen.

73:
»Einkommensteuern belasten die Leistungsträger!«

Es war einmal ein junger Finanz-Staatssekretär der CDU, dessen Gespür für gefällige Wahlkampf-Parolen ebenso groß war wie seine Karrierehoffnungen. Sein Name war Jens Spahn, und im Juni 2017 sagte er der Deutschen Handwerks-Zeitung: *»Wir wollen möglichst viele Leistungsträger entlasten. Und damit meine ich nicht Millionäre mit Jacht und Villa. Ich meine die Mittelschicht – Angestellte und Selbstständige.« Die Handwerksbosse werden es mit Befriedigung gelesen haben.*

Wer in der Zukunft entlasten will, der unterstellt, dass in der Gegenwart (zu) viel belastet wird. In diesem Sinne will sich Spahn steuerpolitisch für »Leistungsträger« in die Bresche werfen. Das ist ein neoliberaler Dauerbrenner, vor allem in Wahlkampfzeiten – aus gutem Grund: Die Rede von der »Entlastung der Leistungsträger« dürfte auf breite Zustimmung stoßen. Dies umso mehr, als »Leistungsträger« in diesem Zitat ja sogar die »Mittelschicht« umfassen soll, der sich viele Menschen zurechnen.

Und doch dient diese Parole letztlich dazu, steuerliche Umverteilung von unten nach oben zu rechtfertigen (und zugleich unkenntlich zu machen). Sie macht dies aus mindestens zwei Gründen: Erstens bezahlt der ärmere Teil der Bevölkerung gar keine Einkommensteuer. Die Einkommen dieser Menschen sind schlicht zu niedrig. Viele von ihnen gehen allerdings sehr wohl einer Arbeit nach; oft genug werden ja gerade besonders belastende und anstrengende Tätigkeiten schlecht bezahlt. Viele Menschen mit geringem Einkommen können, ja müssen also durchaus als »Leistungsträger« im Sinne der (auf Erwerbsarbeit verkürzten) Definition von Jens Spahn gelten. Von einer Senkung der Einkommensteuer oder anderer Steuern hätten sie aber nichts.

Ganz im Gegenteil: Verschlechtern oder verteuern sich aufgrund geringerer Steuereinnahmen bestimmte öffentliche Leistungen, so trifft dies die Ärmsten mehr als Reiche. Denn vor allem erstere sind auf preiswerte und gute öffentliche Dienste (wie etwa verlässliche Kitas, Schulen, Jugendzentren und öffentliche Verkehre) sowie intakte Infrastrukturen angewiesen. Auch trifft es die Ärmsten besonders, wenn Einkommensteuer-Senkungen etwa durch höhere Umsatzsteuern gegenfinanziert werden, wie Neoliberale es gerne fordern (→ Kapitel 72).

Hinzu kommt zweitens: Am Ende wird bei jeder Entlastung des mittleren Einkommensbereichs eine mindestens genauso hohe, wenn nicht noch höhere Entlastung der Spitzenverdienenden herauskommen. Der Grund dafür ist die progressive Gestaltung der Einkommensteuer, wie sie fast alle Staaten haben. Wer ein höheres

Einkommen bezieht, kann und soll mehr zum Gemeinwesen beitragen. Deshalb sind die Steuerzahlungen auf hohe Einkommen in der Regel höher als auf kleine und mittlere. In vielen Ländern (auch in Deutschland, Österreich und der Schweiz) wird dies dadurch gewährleistet, dass die Steuersätze für hohe Einkommens-Teile höher sind als für untere und mittlere Einkommens-Teile. Auf die ersten beispielsweise 50.000 Euro bezahlt ein Millionär dann (unter ansonsten gleichen Voraussetzungen) die gleichen Steuern wie jemand, dessen Einkommen diese 50.000 Euro nicht überschreitet. Erst auf die darüber hinausgehenden Einkommensbestandteile bezahlt der Millionär einen höheren Steuersatz.

Die Konsequenz dessen ist, dass eine Entlastung mittlerer Einkommensbestandteile zu einer Entlastung nicht nur der mittleren, sondern auch der hohen Einkommen führt. Im Klartext: Nicht nur Spahns »Angestellte und Selbständige« freuen sich über Steuersenkungen, sondern auch und gerade Großunternehmerinnen und Top-Manager.

Dieser unschöne Effekt lässt sich vermeiden. Dazu ist es notwendig, nicht einfach nur die Steuersätze auf untere und mittlere Einkommens-Bestandteile zu senken, sondern zugleich die Steuersätze auf hohe Einkommens-Bestandteile anzuheben. Davon aber wollen Spahn & Co. nichts wissen. Und genau aus diesem Grund ist es reine Augenwischerei, wenn sie behaupten, sie zielten mit ihren Entlastungen auf »die Mittelschicht«. Ein neoliberales Märchen eben.

74: »Die oberen Einkommen tragen den Großteil der Steuerlast!«

Es war einmal ein Stiftungsvorsitzender, ehemaliger Landesminister und (wie könnte es anders sein) Professor der Volkswirtschaftslehre. Sein Name war Karl-Heinz Paqué, seine Partei die FDP und Hand-

lungsbedarf in Sachen Umverteilung sah er nicht. Das machte er im September 2020 in einem Meinungsbeitrag für Welt Online *schon in der Überschrift mehr als deutlich: »Die Reichen zahlen schon den Großteil der Steuern.«*

Aussagen wie diese sind regelmäßig zu hören, wenn (zu Gunsten hoher Einkommen und Gewinne) Steuersenkungen durchgesetzt oder Steuererhöhungen verhindert werden sollen: Die einkommensstärksten Haushalte seien steuerlich ohnehin schon hoch belastet und finanzierten die öffentlichen Haushalte in (über-) großem Umfang.

Tatsächlich trifft dies aber nur zu, wenn man lediglich die direkte Besteuerung von Einkommen in den Blick nimmt – die Einkommensteuer. Diese ist in der Tat »progressiv«: Je höher das Einkommen ist, desto größer fällt der Anteil aus, der als Steuer abzuführen ist (→ Kapitel 73). Die Steuerpolitik der letzten Jahrzehnte hat diesen Mechanismus zwar abgeschwächt, aber nicht abgeschafft.

Dass ihre Aussage nur für die Einkommensteuer gilt, verschweigen die Neoliberalen allerdings gerne. Oder sie formulieren irreführende Überschriften, in denen sie dieses nicht unwesentliche Detail übergehen. Karl-Heinz Paqué gehört zur zweiten Sorte: Er unterschlägt in der Überschrift die Beschränkung seiner Aussage auf die Einkommensteuer, erwähnt sie aber im Text. Die indirekten Steuern thematisiert er allerdings, wie viele Neoliberale, auch dort nicht.

Zu den indirekten Steuern zählen beispielsweise die Umsatzsteuer (Mehrwertsteuer), die Stromsteuer, die Tabaksteuer oder auch die Mineralölsteuer. Sie werden über den Preis einer Ware oder einer Dienstleistung erhoben. Sie werden also auf den (Netto-) Preis aufgeschlagen und vom Hersteller an das Finanzamt abgeführt. Bezahlen muss sie, wer die Ware oder Dienstleistung kauft. Faktisch stellen damit auch indirekte Steuern eine Belastung der Einkommen dar, aus denen der Konsum finanziert wird. Deshalb heißen sie »indirekt«.

Anders als die Einkommensteuer wirken indirekte Steuern nicht progressiv, sondern regressiv: Kleine Einkommen werden also stärker belastet als hohe. Das liegt daran, dass der Anteil am Einkommen, der für den Konsum (etwa von Lebensmitteln, Nahverkehr oder Strom) verwendet wird, bei ärmeren Haushalten größer ist als bei Haushalten mit höherem Einkommen. Damit treffen die indirekten Steuern, die ja den Konsum belasten, Haushalte mit geringerem Einkommen stärker (→ Kapitel 72).

Berücksichtigt man auch die indirekten Steuern, so ändert sich die Verteilung der Steuerlast deutlich. Das zeigte 2016 etwa eine Untersuchung des Deutschen Instituts für Wirtschaftsforschung (DIW). Die untere Hälfte der Einkommen erbrachte in Deutschland damals immerhin 18 Prozent des Steueraufkommens. Auf die reichsten zehn Prozent entfielen unter Berücksichtigung der indirekten Steuern nur noch knapp 42 Prozent – trotz erheblich höherer Einkommen und obwohl sogar Millioneneinkommen zu dieser Gruppe gehören.

Neben den indirekten Steuern sollte man auch die Sozialabgaben berücksichtigen, also die Beiträge zu den Sozialversicherungen (insbesondere Renten- und Krankenversicherung). Schließlich finanzieren auch sie staatliche Leistungen. Werden sowohl Steuern als auch Sozialabgaben einbezogen, dann fällt die Belastung gerade im oberen Bereich noch geringer aus: Während die untere Hälfte der Einkommensbeziehenden 2016 knapp 20 Prozent der Steuer- und Abgabenlast trug, entfielen auf die oberen zehn Prozent etwa 33 Prozent.

Von einer übermäßigen Belastung einkommensstarker Personen oder Haushalte kann also nicht gesprochen werden. Dennoch wurde in den letzten Jahrzehnten unter Verweis auf diese angebliche Tatsache die Steuerlast hoher Einkommen und Gewinne gesenkt. Im Gegenzug hat man die Besteuerung kleiner und mittlerer Einkommen erhöht – keineswegs nur in Deutschland. Es wäre Zeit, diesen Trend umzukehren. So würde der stark gestiegenen sozialen Ungleichheit entgegengewirkt. Zusätzliche Staatseinnahmen könnten zudem dringend erforderliche Ausgaben finanzieren.

75:
»Die Erbschaftsteuer auf Betriebsvermögen gefährdet Arbeitsplätze!«

Es war einmal eine rechte und wirtschaftsliberale Partei, die die Interessen der Unternehmen gerne mit den Interessen der abhängig Beschäftigten verwechselte. Von der Erbschaftsteuer hielt die Schweizerische Volkspartei nicht viel, weshalb sie sich im Mai 2015 im Kanton Zug klar gegen eine Erbschaftsteuer-Initiative auf Bundesebene aussprach: »Teure Steuer gefährdet Arbeitsplätze. Neben Unternehmern und Erben sind auch die Arbeitnehmenden in Familienunternehmen direkt von der Erbschaftssteuer-Initiative betroffen.«

Dass die Besteuerung von Unternehmen Arbeitsplätze gefährde, ist ein beliebtes Argument. Bei der Erbschaftsteuer beschwören die Neoliberalen gleich die Existenzgefährdung ganzer Betriebe herauf. Und wie nicht anders zu erwarten, fällt die Reform der Erbschaftsteuer dann auch regelmäßig ganz im Sinne der Unternehmensverbände aus. Betriebsvermögen wird infolgedessen kaum oder gar nicht besteuert. Deutschland hat wiederholt großzügige Ausnahmen für Betriebsvermögen beschlossen, zuletzt 2016. In der Schweiz ist die Erbschaftsteuer Angelegenheit der Kantone, und auch sie haben Betriebsvermögen in den letzten Jahren zunehmend von der Besteuerung ausgenommen. Österreich hat die Erbschaftsteuer 2008 gleich ganz abgeschafft. Lediglich bei der Vererbung von Grundstückseigentum, das bis weit in die Mittelschicht hinein verbreitet ist, fällt noch eine Grunderwerbsteuer an.

In Deutschland haben die Ausnahmen für Betriebsvermögen unter anderem zur Folge, dass sehr große Erbschaften prozentual geringer besteuert werden als kleinere. Schließlich enthalten gerade die größeren Erbschaften häufig Betriebsvermögen. Aus der Erbschaftsteuer resultiert damit zudem ein relativ geringes Aufkommen. Sie ist kaum mehr als eine Bagatellsteuer.

Dies ist umso unverständlicher, als es eine Gefährdung von Arbeitsplätzen durch die Erbschaftsteuer auch bei hohen Steuersätzen gar nicht gibt. Denn wer Betriebsvermögen erbt, erbt zumeist auch Vermögensgegenstände wie Immobilien, Kunstwerke, Autos oder Wertpapiere. Daraus lassen sich Steuerschulden in der Regel begleichen. Ausnahmen für Betriebsvermögen führen aber dazu, dass Erben um den Verkauf solcher Vermögensgegenstände herumkommen. Diese Ausnahmen schützen daher faktisch gar nicht das Betriebsvermögen, sondern das Eigentum an Bentleys, Picassos und profitabel vermieteten Mehrfamilienhäusern.

Auch gibt es schon heute Regelungen, die die Zahlung der entsprechenden Steuerschuld aus den laufenden Unternehmensgewinnen ermöglichen. Stundungsregelungen erlauben es, die Erbschaftsteuer über mehrere Jahre hinweg zu begleichen. Darüber hinaus wäre denkbar, dass die öffentliche Hand zur Begleichung der Steuerschuld Unternehmensanteile übernimmt und im Gegenzug ein Rückkaufrecht für diese Anteile einräumt.

Aber selbst wenn Unternehmen tatsächlich ganz oder in Teilen veräußert werden müssten, würde dies keineswegs Arbeitsplätze gefährden. Schließlich gibt es keinen Grund anzunehmen, dass Kinder von vererbenden Unternehmern erfolgreichere Unternehmerinnen und Unternehmer werden als mögliche Käuferinnen. Auch gibt es weder in Deutschland noch in anderen Ländern Fälle, in denen Unternehmen aufgrund einer hohen Erbschaftsteuer-Belastung zusammengebrochen wären oder massiv Arbeitsplätze abgebaut hätten.

Das Argument von den angeblich gefährdeten Arbeitsplätzen scheint dennoch nicht totzukriegen. Ein Grund dafür ist die moralische Aufladung der Erbschaftsteuer-Debatte. Durch sie wabern idealisierende Vorstellungen von Familienunternehmen, die soziale Verantwortung übernehmen, Arbeitsplätze vor Ort anbieten und von unternehmerischen Persönlichkeiten geführt werden. Dass die Realität in den Betrieben oft genug anders aussieht, wird gerne ausgeblendet.

Die durch Erbschaften Begünstigten erhalten einen leistungslosen, oft beträchtlichen Vermögenszuwachs. Reiche Erben werden damit doppelt privilegiert, da sie durch ihren familiären Hintergrund meist ohnehin schon über bessere Bildungs- und damit Verdienstmöglichkeiten verfügen. In Verbindung mit der unzureichenden Besteuerung großer Erbschaften hat dies zur Folge, dass die Ungleichheit bei den Vermögen hoch ausfällt.

Insofern gibt es für eine kräftige Besteuerung von Erbschaften ohne Ausnahmen und Privilegien gute Gründe. Die Wirklichkeit aber sieht anders aus. Auch in der Schweiz, wo die Erbschaftsteuer-Initiative 2015 mit 29 Prozent Ja-Stimmen klar gescheitert ist. Gegen die geballte Kampagnenmacht von Unternehmerschaft und Mitte-Rechts-Parteien war sie letztlich chancenlos.

76: »Vermögensteuern belasten schon besteuertes Vermögen!«

Es war einmal ein Professor für Öffentliche Finanzen in Hannover, der hieß Stefan Homburg. Der anfängliche Unterstützer der AfD fiel später durch Vergleiche der Maßnahmen gegen die Corona-Pandemie etwa mit der Machtübernahme der NSDAP 1933 auf. Auch die Vermögensteuer war ihm ein Dorn im Auge, den Profiten der Unternehmen galt dabei seine besondere Sorge. Im August 2019 bemühte er in einem Gastbeitrag für die Tageszeitung Die Welt *das beliebte Argument der Doppelbelastung. Bei ihm mutierte diese sogar zur Dreifachbelastung: »Die Doppelbelastung durch Vermögensteuer und Einkommensteuer mindert folglich den Vermögensstamm […] Für Unternehmer ist es selbst mit der Doppelbelastung nicht getan, da Betriebe ihrerseits vermögensteuerpflichtig werden. Somit zahlt der Unternehmer zunächst Vermögensteuer für seinen Betrieb und hernach für sein Privatvermögen, zu dem der Betrieb gehört.«*

In Deutschland wird die Vermögensteuer seit Ende der 1990er Jahre nicht mehr erhoben. In Österreich hat ein sozialdemokratischer Finanzminister sie 1993 abgeschafft. Auch in vielen anderen Ländern wurde die Besteuerung von Vermögen in den neoliberalen Jahrzehnten deutlich reduziert oder aufgegeben. Dieser Welpenschutz für Millionärinnen und Millionäre gründet nicht in ökonomischer Notwendigkeit, sondern in den politischen Kräfteverhältnissen. Weil die Gegnerinnen und Gegner der Vermögensteuer dies durchaus wissen, ist ihr wichtigstes Argument ein moralisches: Die Vermögensteuer würde auf Vermögen erhoben, die aus Einkommen gebildet wurden. Diese seien schon einmal besteuert worden. Ein einst verdienter Euro würde also doppelt besteuert, im Falle von Betriebsvermögen sogar dreifach (schließlich würden auch Betriebe vermögensteuerpflichtig). Dies halten sie für ungerecht und unmoralisch.

In der Tat führt die Vermögensteuer zu einer Mehrfach-Besteuerung (wobei sich eine Dreifach-Besteuerung recht einfach vermeiden ließe). Damit befindet sie sich allerdings in guter Gesellschaft. Denn fast jeder verdiente Euro wird mehrfach besteuert. Wer von seinem angesparten Einkommen ein Haus kauft, zahlt auf jeden verdienten Euro zunächst Einkommensteuer und dann beim Kauf des Hauses die Grunderwerbsteuer. Und auf fast alle Güter und Dienstleistungen ist die Umsatzsteuer zu zahlen. Zwar wird die formal vom Verkäufer an das Finanzamt abgeführt. Aber sie wird überwälzt, das heißt vom Verkäufer auf den Preis aufgeschlagen und so letztlich von Käuferinnen und Käufern getragen. Dadurch zahlen auch Menschen mit normalem Einkommen doppelt Steuern, wenn sie sich zum Beispiel ein Paar neue Schuhe zulegen: Zunächst wird ihr Einkommen mit der Einkommensteuer belegt, und dann bezahlen sie 19 Prozent Umsatzsteuer, die im Preis für die Schuhe enthalten sind.

Warum aber wird das Argument der Doppelbesteuerung gerade bei Diskussionen um die Vermögensteuer (und die Erbschaftsteuer) immer wieder bemüht? Es geht ganz offensichtlich darum, verteilungspolitische Auseinandersetzungen von vornherein zu unterbinden. Dabei gäbe es gute Gründe, die Vermögensteuer wieder einzuführen. Auf der einen Seite besitzen in Deutschland die oberen zehn Prozent der Bevölkerung zwei Drittel (und das reichste eine Prozent mehr als ein Drittel) der gesamten Vermögen. Auf der anderen Seite nehmen Armut und soziale Ausgrenzung zu, ist die öffentliche Hand in vielen Bereichen unterfinanziert. Auch aus einer gesamtwirtschaftlichen Perspektive spricht alles für eine höhere Besteuerung von Vermögen: In den Nachkriegs-Jahrzehnten wurden große Vermögen, aber auch hohe Einkommen deutlich stärker besteuert als heute – und es gab in den vergangenen 200 Jahren kaum einen Zeitraum mit einer größeren wirtschaftlichen Dynamik.

Zwar ergab eine Untersuchung der Universität Frankfurt am Main 2018 eine hohe Zustimmung der Bevölkerung zu einer möglichen Wiedererhebung der Vermögensteuer in Deutschland. Dennoch sind ernstzunehmende entsprechende politische Initiativen Mangelware. Ein Grund hierfür dürfte sein, dass der Einfluss auf politische Entscheidungsprozesse mit der Höhe des Vermögens zunimmt (→ Kapitel 95).

Apropos Einfluss. Der eingangs erwähnte Professor und laut *Börsen-Zeitung* »gefragte Politikberater«, nebenberuflich auch als Steuerberater tätig, hat während der Corona-Pandemie erfolgreich einen Antrag auf einstweiligen Ruhestand gestellt. Rente mit 60: Sein Vermögen wird für einen standesgemäßen Ruhestand gewiss ausreichen.

77: »Steuersenkungen finanzieren sich selbst!«

Es war einmal ein beinharter US-amerikanischer Verfechter von Steuersenkungen, dessen Name untrennbar mit einer Kurve verbunden war. Das Märchen dahinter formulierte jener Arthur Laffer im September 2017 gegenüber der Wirtschaftszeitschrift Capital *ziemlich launig: »Wenn die Wirtschaft wächst, wachsen auch die Steuereinnah-*

men. Und wenn die Steuersätze niedriger sind, geht das Wirtschaftswachstum hoch. Hört, hört! Damit nervt dieser Spinner aus Tennessee die Welt seit gefühlt Jahrhunderten. Dass Steuersenkungen die Einnahmen erhöhen. Und genau so ist es.«

Steuersätze runter, Wirtschaftswachstum und Steuereinnahmen hoch. Dieses neoliberale Patentrezept vertritt nicht nur Laffer. Niemand aber hat es so werbewirksam veranschaulicht wie der selbsternannte »Spinner aus Tennessee« – jedenfalls, wenn man der Legende glaubt: Angeblich hat er 1974 bei einem Abendessen mit Donald Rumsfeld (1932-2021) (damals Mitarbeiter von US-Präsident Gerald Ford (1913-2006), später Verteidigungsminister) und Dick Cheney (damals Mitarbeiter von Rumsfeld, später US-Vizepräsident) seine bekannte Kurve auf eine Serviette gemalt. Sie hat die Form einer Glocke und zeigt den (angeblichen) Zusammenhang zwischen Steuersätzen und Steuereinnahmen. Danach wachsen die Steuereinnahmen zunächst mit steigendem Steuersatz. Ab einer gewissen Höhe aber drehe sich dieser Zusammenhang in sein Gegenteil: Ein höherer Steuersatz verringere dann das Steueraufkommen, da die Wirtschaft durch die hohen Steuersätze Schaden nehme. Laffer und seine Anhänger, unter anderem die US-Präsidenten Ronald Reagan (1911-2004) und Donald Trump, wähnen sich stets auf jener rechten Seite der Kurve. Steuersatzsenkungen sollen hier zu mehr Wachstum und höheren Steuereinnahmen führen.

Was ist davon zu halten? Grundsätzlich haben Steuersenkungen einen gewissen Selbstfinanzierungs-Effekt. Wenn Haushalte und Unternehmen nach Steuern über mehr Geld verfügen, können sie auch mehr ausgeben bzw. investieren. Dies belebt die Nachfrage und die Beschäftigung (→ Kapitel 06). Will man die Gesamtwirkung beurteilen, muss man allerdings weitere Effekte in den Blick nehmen. Und die machen in der Regel die positiven Effekte von Steuersenkungen mehr als wett.

So spielt die Besteuerung von Unternehmensgewinnen für unternehmerische Investitionsentscheidungen allenfalls eine nachgeordnete Rolle. Die sind vielmehr vorrangig von Gewinnerwartungen abhängig: Unternehmen investieren, wenn zusätzliche Verkäufe und Profite winken (→ Kapitel 70). Hinzu kommt, dass Unternehmen einen großen Teil ihrer Investitionen zumeist nicht aus eigenen Gewinnen, sondern durch Kredite finanzieren. Sie werden also (nur) dann investieren, wenn die erwartete Rendite über den Kreditzinsen liegt. Absatzchancen und Kreditzinsen spielen für Investitionsentscheidungen also eine wichtigere Rolle als der Profit nach Steuern.

Private Haushalte werden Geld, das sie dank Steuersenkungen zusätzlich zur Verfügung haben, zwar nachfragewirksam ausgeben – aber nur teilweise. Einen Teil werden sie sparen, die reicheren Haushalte besonders viel (→ Kapitel 35). Dieses gesparte Geld wird die Nachfrage, die Beschäftigung und die staatlichen Einnahmen nicht steigern. In der Summe wird der Rückgang der Steuereinnahmen aufgrund der Steuersenkung stets größer sein als die zusätzlichen Steuereinnahmen durch höhere Konsumausgaben. Für den Staat ein Minusgeschäft. Und auch der Konjunktur und den Unternehmen schadet es (→ Kapitel 57). Schließlich hätte der Staat das Geld, das ihm nun fehlt, vollständig wieder ausgegeben (→ Kapitel 52). Es wäre also, anders als bei den Privathaushalten, komplett nachfragewirksam geworden.

Insgesamt hat Laffer mit seinen Vorstellungen die Entwicklung des neoliberalen Kapitalismus wie kaum ein anderer Ökonom geprägt. Die zunehmende Ungleichverteilung von Einkommen und Vermögen in so gut wie allen Ländern der Welt beruht auch auf einer Steuerpolitik, die insbesondere die Spitzensteuersätze und die Unternehmensteuern gesenkt hat. Angetrieben war und ist das von der wahnhaften Idee, dadurch das Wirtschaftswachstum zum Wohle aller anzutreiben. Auf die so entstandenen Finanzierungslücken haben Regierungen oft mit Kürzungen staatlicher Investitionen und mit Personalabbau reagiert. Die Folgen: Wachstumsschwächen, Personalmangel, marode Schulen, unzureichende öffentliche und soziale Dienstleistungen, gesperrte Brücken, wachsende soziale Ungleichheit, ein vernachlässigter öffentlicher Verkehr und vieles mehr.

78: »Es ist gut, wenn die Finanzmärkte die Staaten disziplinieren!«

Es war einmal ein glaubensfester Volkswirt, dessen Karriere im Schoß der Kirche beim bischöflichen Cusanuswerk begann und als Präsident der Deutschen Bundesbank endete. Während seiner Amtszeit als oberster Bundesbanker sang jener Hans Tietmeyer ein Loblied auf die internationalen Finanzmärkte. Auf dem Weltwirtschaftsforum im Februar 1996 sagte er unter Applaus: »Ich habe bisweilen den Eindruck, dass sich die meisten Politiker immer noch nicht darüber im Klaren sind, wie sehr sie bereits heute unter der Kontrolle der Finanzmärkte stehen und sogar von diesen beherrscht werden.«

Diese Bemerkung war positiv gemeint: Die internationalen Finanzmärkte disziplinierten die Wirtschaftspolitik und die Finanzpolitik der Staaten. »Schlechte« Politik werde mit höheren Zinskosten und Kapitalabfluss bestraft. Umgekehrt erhielten Länder mit einer guten Wirtschafts- und Finanzpolitik (sowie Unternehmen in diesen Ländern) leichter und zinsgünstiger Kredite.

Tatsächlich ist nicht zu bestreiten, dass die Finanzmärkte seit der Liberalisierung des internationalen Kapitalverkehrs einen enormen Einfluss auf die Wirtschaftspolitik ausüben. Dabei spielt die Hierarchie von Währungen eine Rolle: Staaten mit einer Leitwährung (oder zumindest einer starken Währung mit gutem Ruf) stehen Staaten mit schwächeren Währungen gegenüber. Die Stellung in dieser Hierarchie beruht auf der Einschätzung der Finanzmarkt-Akteurinnen und -Akteure, wie sicher ein Vermögen in der jeweiligen Währung angelegt ist. Dafür ziehen sie verschiedene Kriterien heran, zum Beispiel die aktuelle und die erwartete Inflationsrate sowie die wirtschaftlichen Aussichten eines Landes. Ferner berücksichtigen sie auch nicht-ökonomische Faktoren wie die politische Stabilität und militärische Stärke.

Wird die Sicherheit der Vermögensanlage als eher gering angesehen, dann erhalten die jeweiligen Länder (und deren Unternehmen) Kredite nur zu erhöhten Zinsen. Darüber hinaus können sich manche Staaten und Unternehmen gar nicht in der eigenen Währung verschulden. Denn wer einen Kredit vergibt, wird dies nicht in einer als schwach eingeschätzten Währung tun. Vielmehr wird er oder sie auf eine stabile Währung bestehen, Kreditnehmerinnen und -nehmer erhalten den Kredit also – aus ihrer Sicht – in Auslandswährung. In dieser haben sie auch Zins und Tilgung zu leisten. Für sie birgt das große Risiken: Verliert ihre inländische Währung an Wert gegenüber der Auslandswährung (»Abwertung«, → Kapitel 47), so steigt die in eigener Währung gemessene Verschuldung. Um weiter Zins und Tilgung leisten zu können, müssen sie folglich mehr inländisches Geld aufwenden. Dies wird als »Realschuldeneffekt« bezeichnet.

Tietmeyer & Co. halten dies für richtig und gut, weil sie hierin einen Zwang zu »guter« (also Investoren-freundlicher) Wirtschafts- und Steuerpolitik sowie zurückhaltender Verschuldung sehen. Allerdings haben Kapitalabflüsse und Wertverluste der eigenen Währung oft gar nichts mit der eigenen Politik zu tun. So kann ein sich gut entwickelndes Schwellenland zunächst starke Kapitalzuflüsse verzeichnen, was zu einem Boom und steigenden Preisen an den nationalen Vermögensmärkten (bei Wertpapieren und Immobilien) führt. Wenn nun eine internationale Wirtschaftskrise ausbricht, führt die allgemeine Unsicherheit regelmäßig dazu, dass Vermögen weltweit in den »sicheren Hafen« des Leitwährungslandes verlagert wird – dies sind seit dem Ende des Zweiten Weltkriegs die USA. Unser Beispielland steht dann vor massiven, keineswegs selbst verschuldeten Problemen: Die vorherigen Kapitalzuflüsse kehren sich um, die nationale Währung verliert an Wert, die Schulden in Auslandswährung können nicht mehr bedient werden und die inländischen Wertpapier- und Immobilienmärkte brechen zusammen. Ein positives Wirken der Finanzmärkte ist das gewiss nicht, zumal solche Entwicklungen auch durch bloße Spekulation verstärkt oder ausgelöst werden können.

Im Übrigen zeigt schon ein Blick in die Wirtschaftsgeschichte, dass Hans Tietmeyers (1931-2016) Einschätzung falsch ist. In den 1950er und 1960er Jahren bestand im Westen ein System fester Wechselkurse, und die Finanzmärkte waren im engsten Zaum gehalten. Der Kapitalverkehr war fast komplett unterbunden bzw. strikt reguliert. Dieser Zeitraum zeichnete sich durch ökonomische Stabilität, ein starkes Wirtschaftswachstum und einen hohen Beschäftigungsstand aus. Bedrohliche internationale Wirtschaftskrisen gab es schlicht nicht.

79:
»Ein Staat sollte nicht mehr ausgeben, als er einnimmt!«

Es war einmal ein Professor für Betriebswirtschaftslehre, der vor allem für griffige Wortschöpfungen bekannt wurde. Hermann Simon haben wir die Begriffe »Servicewüste« und »Hidden Champion« zu verdanken. Wir verdanken ihm aber auch ein Zitat, das beispielhaft ist für jene betriebswirtschaftliche Sicht auf volkswirtschaftliche Sachverhalte, die im Neoliberalismus so sehr in Mode kam. Im Juli 2010 mahnte Hermann Simon im manager magazin*: »Kein Staat, kein Unternehmen und keine Familie kann auf Dauer mehr ausgeben, als sie einnimmt.«*

Manchmal muss die »schwäbische Hausfrau« herhalten, hier reicht einfach die »Familie«. Private Haushalte sind für die Hermann Simons dieser Welt Vorbilder, an denen sich Staaten in ihrer Finanzpolitik orientieren sollen. Private Haushalte sollen nicht mehr Geld ausgeben, als sie einnehmen. Was entsprechend auch für Staaten gelte.

Diese Argumentation mag auf den ersten Blick einleuchten – aber eben nur auf den ersten. Denn sie blendet mindestens drei wichtige Sachverhalte aus. Erstens: Geld ist in modernen Volkswirtschaften stets Schuld und Vermögen zugleich. Jeder Euro, jeder Dollar, jeder Yen, den jemand besitzt, wird von jemand anderem geschuldet. Das liegt daran, dass Geld stets und ausnahmslos in Form von Kredit geschöpft wird (→ Kapitel 62).

Dass nun Privathaushalte keine Schulden machen sollen, ist zwar weltfremd. Schließlich wird auch die »schwäbische Hausfrau«

ihr Eigenheim in der Regel durch einen Kredit (teil-) finanzieren. Es trifft aber zu, dass alle Privathaushalte zusammen möglichst viel mehr Guthaben als Schulden haben sollten (was sie auch tun). Damit stellt sich – zweitens – die Frage, wer sich spiegelbildlich verschuldet. Schließlich stehen Geldvermögen ja stets Schulden in gleicher Höhe gegenüber. Diese Schulden können nur die Unternehmen, das Ausland oder der Staat tragen – andere Möglichkeiten gibt es nicht.

Das Ausland entfällt, da dauerhafte übermäßige Auslandsschulden oder -guthaben wirtschaftlich schädlich sind (→ Kapitel 46). Also die Unternehmen: Sie werden in einer gesunden Volkswirtschaft einen Teil der Schulden tragen. Schließlich finanzieren sie ihre Investitionen durch Kredite. Der Umfang dessen ist aber begrenzt.

Damit verbleibt zwingend ein großer Rest der Schulden beim Staat. Das ist – drittens – gar kein Grund zur Panik. Denn ein Staat kann auf Dauer mehr ausgeben, als er einnimmt. Er kann nicht Pleite gehen. Staatsschulden müssen nicht zurückgezahlt werden. Sie werden es in der Regel auch nicht. Vielmehr wird ein Kredit des Staates bei Fälligkeit sofort erneuert. Auslaufende Schuldpapiere werden durch neue Schuldpapiere ersetzt.

Die dadurch steigende Staatsverschuldung stellt kein Problem dar, wenn auch die Wirtschaft ausreichend wächst. Insofern ist die absolute Höhe der Verschuldung (etwa in Euro, Dollar oder Yen) irrelevant. Zur Beurteilung der Tragfähigkeit von Staatsverschuldung wird in den Wirtschaftswissenschaften vielmehr die Schuldenstandsquote herangezogen. Sie gibt das Verhältnis von Staatsverschuldung und Bruttoinlandsprodukt (in Prozent) an. Ein Staat kann sich schließlich mehr Schulden leisten, wenn seine Bevölkerung mehr und höherwertige Güter und Dienstleistungen herstellt – denn dann steigen auch die Einkommen und die Steuereinnahmen. (Hier ist ausnahmsweise ein Vergleich mit Privathaushalten zulässig: Auch die »schwäbische Hausfrau« wird sich ein teureres Eigenheim leisten können, wenn sie über ein höheres Einkommen verfügt.) Die Schuldenstandsquote Deutschlands etwa belief sich

2022 auf 66 Prozent des Bruttoinlandsprodukts, die österreichische auf 78 Prozent, die belgische auf 105 Prozent und die estnische auf 18 Prozent.

Selbst ein Anstieg der Schuldenstandsquote ist in der Regel kein Problem. Eine schwankende Quote ist vielmehr normal. Sie kann ansteigen, wenn der Staat in einer Krise seine kreditfinanzierten Ausgaben erhöhen muss (→ Kapitel 51). Erholt sich die Konjunktur, wird sie anschließend wieder sinken.

Natürlich sollte die Schuldenstandsquote nicht unendlich steigen. Der (einzige) Grund dafür ist die Zinslast. Steigende Zinszahlungen können den Ausgabenspielraum der öffentlichen Hand einschränken. Eine absolute Schwelle, ab der eine Schuldenstandsquote zu hoch ist, gibt es allerdings nicht. Carmen Reinhart und Kenneth Rogoff von der berühmten Harvard-Universität in den USA wollten die Fachwelt 2010 zwar vom Gegenteil überzeugen. Sie glaubten, zeigen zu können, dass Schuldenstandsquoten über 90 Prozent zu einem starken Einbruch des Wachstums führen. Damit sorgten sie weltweit für Aufsehen und übten einen erheblichen politischen Einfluss aus. Drei Jahre später wurden sie allerdings durch einen Studenten widerlegt. Er wies falsche Berechnungen und Schlampigkeit bei der Berücksichtigung von Daten nach. Die 90-Prozent-These brach in sich zusammen.

80:
»Staatsverschuldung belastet künftige Generationen!«

Es war einmal ein Lobbyverein von Unternehmen und Besserverdienenden, der sich den irreführenden Namen »Bund der Steuerzahler« gab. Diese Vereinigung der Reichen und Produktionsmittel-Besitzenden hatte zwei Ziele: Sozialstaatliche Umverteilung zu reduzieren und die von ihnen zu zahlenden Steuern zu senken. Um dies zu erreichen, war ihr kein Argument zu falsch und keine Behauptung zu unsinnig. So rechtfertigte die hessische Filiale des »Bundes« im Januar 2011 die so genannte Schuldenbremse auf ihrer Homepage wie folgt: »Die Schuldenbremse begrenzt die Belastungen, die ansonsten die kommenden Generationen aufgrund der aktuellen Staatsverschuldung und ihrer Verzinsung zu tragen hätten.«

Wenn Staaten also Schulden machen, so geht dies laut Bund der Steuerzahler zu Lasten zukünftiger Generationen. Denn die hätten einst die Zeche zu zahlen – Zins und Tilgung. Mit dieser Ansicht standen die Lobbyisten keineswegs alleine: Immerhin stimmten im selben Jahr vier von fünf Parteien im hessischen Landtag (CDU, SPD, Grüne, FDP) sowie – bei einer Volksabstimmung – 70 Prozent der Bürgerinnen und Bürger der Einführung einer »Schuldenbremse« in der Landesverfassung zu. Seitdem gilt auch für den hessischen Landeshaushalt dieses Beinahe-Verbot jeder Neuverschuldung.

Diese breite Zustimmung zur »Schuldenbremse« macht das immer wieder bemühte Argument der Generationengerechtigkeit aus ökonomischer Sicht gleichwohl nicht richtiger. Wenn der Staat heute Kredite aufnimmt, um etwa Schulgebäude zu sanieren und zusätzliche Lehrkräfte einzustellen, dann steigt der staatliche Schuldenstand tatsächlich zunächst an. Das Gleiche gilt auch für Zinszahlungen (gleichbleibende Zinssätze unterstellt). Allerdings gibt es immer zugleich Personen und Institutionen, die die entsprechenden Staatsschuld-Papiere halten: die Gläubigerinnen und Gläubiger. Ihnen stehen Zinszahlungen zu, und sie haben ein Anrecht auf die Rückzahlung des Kredits. Es wird also immer beides an »kommende Generationen« weitergegeben: sowohl die Staatsverschuldung der öffentlichen Hand als auch die Staatsschuld-Papiere, also die Staatsanleihen. Die roten Zahlen des Staates sind die schwarzen Zahlen der anderen.

Die entsprechenden Zahlungsströme in Form von Zins und Tilgung fließen daher immer in derselben Generation. Wenn Zinszahlungen und Tilgungen aus Staatseinnahmen geleistet werden, dann werden sie vor allem in Form von Steuern aufgebracht. Die Inhaber der Staatsschuld-Papiere, die derselben Generation angehören, kassieren das Geld.

Entscheidend ist letztlich die Frage, ob der Staat in der Zukunft Zins und Tilgung leisten kann. Die Chancen dafür stehen gut, wenn er sein Kreditgeld gut investiert: Im Fall des oben genannten Beispiels – Mehrausgaben für Bildung – ist mit Selbstfinanzierungseffekten zu rechnen, die wahrscheinlich sogar die Kreditaufnahme übertreffen (→ Kapitel 64). Denn es kommt zu zusätzlichen Einkommen und damit Steuereinnahmen. Und wenn letztere dennoch nicht ausreichen, bleibt immer noch die Möglichkeit, die Steuern zum Beispiel auf Kapitaleinkommen zu erhöhen. Das ist insofern folgerichtig, als ein Teil der Kapitaleinkommen aus Zinszahlungen des Staates stammt.

Sparwahn und Kürzungsorgien hingegen haben fatale Folgen. Sie lösen »negative Selbstfinanzierungseffekte« aus – mit dramatischen Folgen für alle Generationen: Wenn der Staat seine Ausgaben und Investitionen kürzt, brechen Wirtschaftsleistung und Beschäftigung ein (→ Kapitel 57), und damit die Steuereinnahmen. Hierdurch können Sparziele wieder und wieder nicht erreicht werden. Der Schuldenstand steigt trotz (oder besser: wegen) der Ausgabenkürzungen an, oder er geht zumindest nicht zurück. Die Rechnung für diese aberwitzige Politik zahlen zum einen diejenigen Menschen, die ihre Arbeit und oft auch ihre ganze Existenz verlieren. Zum anderen werden gerade junge Menschen in eine wenig rosige Zukunft geschickt, wenn Regierungen etwa bei Bildung, Infrastruktur, Verkehr oder Gesundheit kürzen. Mit »Generationengerechtigkeit« hat das gewiss nichts zu tun.

81: »Die Schulden von heute sind die Steuern von morgen!«

Es war einmal ein Wirtschaftsjournalist, dem die staatliche Kreditaufnahme tiefe Sorgenfalten auf die Stirn trieb. Sein Name war Manfred

Schäfers, und er schrieb im Dienst der Frankfurter Allgemeinen Zeitung. *In jenem Blatt erhob er im März 2022 mahnend den Finger in Richtung Finanzminister Christian Lindner (FDP), um ihn an einen alten gemeinsamen Glaubenssatz zu erinnern: »Auch in Krisenzeiten bleibt es dabei: Schulden gibt es nicht zum Nulltarif. Vielmehr gilt weiterhin: Schulden von heute sind Steuern von morgen.«*

Der drohende Unterton ist mehr als deutlich. Schäfers suggeriert, dass die Staatsschulden irgendwann zurückgezahlt werden müssten. Ja mehr noch: Dies sei mit negativen Konsequenzen verbunden. Bürgerinnen und Bürger würden für Zins und Tilgung zur Kasse gebeten, ihnen bliebe dann »weniger Netto vom Brutto«. Zudem werde die Generationengerechtigkeit verletzt. Denn die Schulden von heute müssten durch die Generation von morgen beglichen werden (→ Kapitel 80).

Auf die Spitze getrieben wird diese Argumentation im so genannten Ricardo-Barro-Äquivalenztheorem. Dieses Wortungetüm verdankt seine Existenz dem amerikanischen Ökonomen Robert Barro, der wiederum einen Gedanken des bekannten Ökonomen David Ricardo (1772-1823) aufgegriffen hat. Das Theorem besagt, dass sowohl Mehrausgaben und als auch Steuersenkungen des Staates keinerlei Wirkung zeigen. Sie verpufften schlicht. Grund dafür sei, dass Steuerzahlerinnen und Steuerzahler heute schon wüssten, dass sie für heutige Mehrausgaben oder Steuersenkungen morgen zur Kasse gebeten würden. Und anstatt sich heute trotzdem ein schönes Leben zu gönnen, legten ausnahmslos alle Geld zurück, um die höheren Steuern von morgen auch bezahlen zu können. Geld übrigens, dessen Höhe sie ebenfalls heute schon kennen – auf den Cent genau. Staatliche Mehrausgaben könnten daher niemals zu mehr Nachfrage und Konsum führen, denn der zusätzliche Konsum des Staates würde durch weniger Konsum der Privathaushalte wettgemacht.

Schon diese Annahmen sind absurd. Hinzu kommt, dass in diesem Theorem (zu) viel ausgeblendet wird – etwa, dass staatliche

Mehrausgaben an anderer Stelle Einkommen und Konsum schaffen. So wird eine kreditfinanzierte Erhöhung der staatlichen Investitionen (zum Beispiel durch den Ausbau des Schienenverkehrs) Produktion und Beschäftigung anregen. Dies führt zu zusätzlichen Einkommen und – da große Teile der Einkommen wiederum ausgegeben werden – zu zusätzlichem Konsum. Beides bringt den öffentlichen Haushalten zusätzliche Steuereinnahmen (→ Kapitel 64). Der Satz »Die Schulden von heute sind die Steuern von morgen« erhält hierdurch eine ganz andere Bedeutung.

Es ist nicht plausibel, anzunehmen, dass eine erhöhte Ersparnis der privaten Haushalte diesen Effekt neutralisieren kann. Zwar sind Phasen erhöhten Sparens häufig zugleich Phasen erhöhter staatlicher Neuverschuldung. Das bedeutet aber nicht, dass das Sparen eine Folge der Neuverschuldung wäre – so wenig, wie sinkende Geburtenzahlen eine Folge des Rückgangs der Störche sind. Vielmehr haben sowohl das erhöhte Sparen als auch die erhöhte staatliche Neuverschuldung eine gemeinsame Ursache: eine ökonomische Krise. In Krisenzeiten kommt es zum Angstsparen. Die privaten Haushalte schränken aus Unsicherheit über die weiteren Aussichten ihre Ausgaben ein. Das schmälert allerdings die volkswirtschaftliche Nachfrage und verschärft die Krise. Diesem Effekt wirkt nun die öffentliche Hand durch kreditfinanzierte Mehrausgaben entgegen. Sie sorgt selbst für Nachfrage. Sie stabilisiert so Produktion und Einkommen und ermöglicht einen positiveren Blick auf die Zukunft (→ Kapitel 51).

Schäfers irrt aber noch an einem viel grundsätzlicheren Punkt. Denn es ist schlicht falsch zu unterstellen, dass Staatsverschuldung überhaupt getilgt werden muss. Das muss sie nicht, und das wird sie in der Regel auch nicht (→ Kapitel 79). Was sich für manche beängstigend anhören mag, ist tatsächlich unproblematisch. Denn wenn seine Wirtschaft sich gut entwickelt, kann sich ein Staat eine entsprechende steigende Verschuldung ohne Weiteres leisten: Je höher die Produktion, desto höher sind Einkommen und Steuereinnahmen.

82: »Wenn der Staat heute spart, ist er morgen finanziell umso handlungsfähiger!«

Es war einmal ein deutscher SPD-Politiker namens Olaf Scholz, der einen steilen politischen Aufstieg nahm: Als Bundestagsabgeordneter wurde er Generalsekretär seiner Partei, war danach unter anderem Bundesarbeitsminister, Hamburger Bürgermeister, Bundesfinanzminister und ab 2021 Bundeskanzler. Als oberster Kassenwart der Republik gab er zu Beginn der Corona-Krise im März 2020 gegenüber dem Handelsblatt *die folgende Plattitüde zum Besten: »Unsere solide Haushaltspolitik der vergangenen Jahre bietet uns jetzt den Spielraum, nun alles Notwendige zu tun.«*

Ein Staat solle also durch sparsames Ausgabeverhalten in guten Zeiten dafür sorgen, dass er in schlechten Zeiten umso handlungsfähiger ist. Womit wohl Folgendes gemeint ist: Eine »solide Haushaltspolitik« drücke in guten Jahren ihre Ausgaben und verzichte auf neue Schulden. Nach Möglichkeit senke sie sogar den Schuldenstand. Dadurch ergäben sich in schlechten Jahren finanzielle Spielräume.

Nun steckt hinter dieser Annahme durchaus ein wahrer Kern: In wirtschaftlichen Krisen sollten Staaten ihre Ausgaben ausweiten, auch schuldenfinanziert. Sie stützen so die Konjunktur und sichern Arbeitsplätze sowie Einkommen (→ Kapitel 51). Genau das hatte die schwarz-rote Bundesregierung 2020/21 während der Corona-Pandemie richtigerweise getan.

Insofern ist nicht die zweite Hälfte des Zitats problematisch, sondern die erste. Denn damit Schulden dauerhaft tragfähig sind, müssen sie nach solchen Krisen keineswegs zwingend abgebaut werden. Zur Tragfähigkeit der Staatsverschuldung gibt die Schuldenstandsquote Auskunft. Wenn eine Volkswirtschaft wächst, die Wirtschaftsleistung also größer wird, dann sinkt bei gleichbleibenden Schulden diese Schuldenstandsquote. Es genügt also oft, einfach den wirtschaftlichen Aufschwung wirken zu lassen (→ Kapitel 79).

Es kann nach Krisen sogar schädlich sein, die öffentlichen Ausgaben zu kürzen. Tritt eine Regierung zu früh oder zu stark auf die Ausgabenbremse, so kann dies einen Aufschwung abwürgen. Dann kommen auch die Steuereinnahmen nicht in Schwung. In den 2010er Jahren war dies in mehreren europäischen Staaten der Fall, denen die Europäische Kommission, die Europäische Zentralbank und der Internationale Währungsfonds massive Sparauflagen aufgezwungen hatten (→ Kapitel 57). Die Schuldenstandsquoten der Länder hat dies nicht verringert, sondern weiter nach oben getrieben.

Auch wenn gesellschaftliche und volkswirtschaftliche Bedarfe nicht gedeckt sind, verbietet es sich, im Konjunkturaufschwung öffentliche Ausgaben zu kürzen. Dann braucht es stattdessen höhere Einnahmen durch eine entsprechende Steuerpolitik. Denn zu geringe Ausgaben und unzureichende öffentliche Investitionen haben Folgen. Kurzfristig können sie die Konjunktur ausbremsen, mittel- und langfristig die wirtschaftliche Entwicklung und den gesellschaftlichen Wohlstand.

Staaten können und müssen also in guten wie in schlechten Zeiten ihren Aufgaben nachkommen. Doch eben das ist in Olaf Scholz' Zeiten der »soliden Haushaltspolitik« in Deutschland unterblieben. Investitionen in Straßen, Schienen, Erneuerbare Energien, Bildung, Gesundheit und Wohnraum wurden nicht ausreichend getätigt. Und auch das Personal, das es in Bildung, Gesundheit und sozialen Dienstleistungen gebraucht hätte, wurde nicht finanziert. Was umso unverständlicher ist, als im Falle Deutschlands die Tragfähigkeit der öffentlichen Finanzen nie ein Problem war – auch nicht in der Zeit, auf die Olaf Scholz sich bezieht. Die Schuldenstandsquote stieg im Zuge der Finanz- und Weltwirtschaftskrise auf 82 Prozent in 2010 an. Sie fiel danach unter 60 Prozent in 2019. Im Zuge der Corona-Krise stieg sie dann wieder auf 70 Prozent im Jahr 2021.

Hätte Deutschland seinen finanziellen Spielraum genutzt, wäre es besser durch die Corona-Krise gekommen. So aber hat sich etwa im Bildungsbereich gezeigt, dass die Personaldecke zu dünn ist, dass die baulichen Kapazitäten für Unterricht in kleinen Gruppen nicht ausreichen und dass Digitalisierung an Schulen nicht stattfand. Ähnlich im Bereich Gesundheit: Wichtige Operationen mussten wegen der Pandemie verschoben werden; Pfleger und Ärztinnen arbeiteten wochenlang am Limit. Hinzu kamen überlastete Gesundheitsämter. Vom Mangel an medizinischer Ausrüstung ganz zu schweigen.

Vieles wäre möglich gewesen, hätte die Finanzpolitik sich nicht selbstverschuldet beschränkt. Eine Politik, die die Zukunft im Blick hat, sieht anders aus.

83: »Höhere und durch Schulden finanzierte Staatsausgaben führen zu Inflation!«

Es war einmal ein Journalist namens Henrik Müller, dessen ganzes Interesse der Ökonomie galt. Neben Artikeln schrieb er auch fleißig Bücher zu vermeintlich hochexplosiven Wirtschaftsthemen – so etwa 2010 über den »Sprengsatz Inflation«. Hierin wagte er mit Blick auf die Weltwirtschaftskrise 2008/09 eine kühne These: »Auch die Regierungen pumpen Billionen in die Wirtschaft, die die Steuerzahler von heute, morgen und übermorgen mit Schulden in Rekordhöhe belasten. Dies ist der Nährboden für künftige Inflationsschocks.«

Wenn der Staat mehr Geld ausgebe und dafür Kredite aufnehme, dann führe dies zu einer hohen Inflation bzw. steigenden Preisen. Es ist keineswegs nur Müller, der solche Ängste schürt – und Krisenzeiten sind bekanntlich dafür besonders geeignet. Zur Begründung wird meist angeführt: Erstens, dass Regierungen verschuldeter Staaten ein Interesse daran hätten, Schulden durch Entwertung des Geldes loszuwerden. Zweitens, dass die staatliche Nachfrage die Preise treibe.

Doch schon ein Blick auf die wirtschaftliche Entwicklung nach der von Henrik Müller angeführten Krise in Europa (→ Kapitel 05) zeigt, dass solche Vorstellungen weit an der Realität vorbeigehen. Denn weder in Deutschland noch im Euroraum stieg die Inflation in jener Zeit an. Ganz im Gegenteil war sie in den 2010er Jahren sogar gefährlich niedrig. Sie war so niedrig, dass die Europäische Zentralbank (leider ohne Erfolg) versuchte, sie in die Höhe zu treiben. Erst in den frühen 2020er Jahren gingen die Inflationsraten dann nach oben, und zwar deutlich. Das lag aber weder an der Staatsverschuldung noch an der Zentralbank. Ab 2020 begann vielmehr die Corona-Pandemie, ab 2022 der Ukraine-Krieg. Beide führten zu Lieferengpässen und Produktionsausfällen bei wichtigen Produkten und Rohstoffen. Bei gleicher oder sogar höherer Nachfrage ging so das Angebot etwa an Erdöl, Erdgas, Computerchips, Weizen, Holz und Pflanzenölen zurück. Die Preise explodierten (→ Kapitel 84).

Dass die Realität Müllers These widerspricht, kann nicht überraschen. Zwar ist es durchaus denkbar, dass die öffentliche Hand für eine hohe Inflationsrate verantwortlich ist. Das geht aber nicht auf Knopfdruck oder durch politisches Wollen: Höhere Staatsausgaben können zu höheren Preisen und damit zu Inflation führen, wenn die Produktionsmöglichkeiten einer Volkswirtschaft ausgelastet sind. Denn dann können die Unternehmen nennenswert höhere Preise auch durchsetzen.

Bei einem wirtschaftlichen Einbruch wie 2008/09 (und in solchen Zeiten steigen Staatsausgaben und Schulden besonders stark) ist die Situation aber eine völlig andere. Hier ersetzt die öffentliche Hand mit ihren zusätzlichen Ausgaben den Rückgang der Nachfrage an anderer Stelle. Wenn beispielsweise Unternehmen im Inland oder Käufer im Ausland ihre Ausgaben senken, brechen im Inland Aufträge weg. Die Unternehmen können dann weniger verkaufen. Es drohen Umsatzrückgänge, Entlassungen und Pleiten. Hier kann die öffentliche Hand mit ihren Ausgaben dafür sorgen, dass die Produktionskapazitäten zumindest zum Teil wieder genutzt werden (→ Kapitel 51).

Anders als Henrik Müller behauptet, führen solche Mehrausgaben des Staates auch nicht automatisch zu einer höheren Belastung der Steuerzahlerinnen und Steuerzahler. Im Gegenteil: Wenn der Staat bei einem Einbruch der Konjunktur die Nachfrage nicht stabilisiert, drohen Stagnation und Niedergang. Dies belastet die Privathaushalte wie auch den Staatshaushalt weitaus mehr. Wird hingegen durch Eingreifen des Staates eine Krise rasch überwunden, nehmen mit der höheren Produktion und der steigenden Beschäftigung auch die Staatseinnahmen und die Einkommen wieder zu. Die Schulden von heute sind dann die Grundlage für die Einnahmen und Einkommen von morgen.

Der Vollständigkeit halber sei noch angemerkt, dass eine steigende Nachfrage bei ausgelasteten Produktionskapazitäten zwar der wichtigste denkbare Grund für steigende Preise ist, aber nicht der einzige. Da die Preise ganz wesentlich durch die Kosten der Unternehmen bestimmt werden, können auch stark steigende Löhne, Gewinne oder Rohstoffpreise zu Inflation führen. So wäre theoretisch denkbar, dass Politik Einfluss auf die Löhne nimmt – indirekt auch auf die der privaten Unternehmen. Daher wäre ein Anschieben der Inflation zum Entwerten der Staatsschulden über die Löhne vorstellbar. Insbesondere im Zeitalter des Neoliberalismus aber sind solche Überlegungen absurd: Hier dominiert das Kapital, und die Regierungen tun alles dafür, dass Löhne nur unzureichend steigen – seit Jahrzehnten.

84:
»Wenn die Zentralbank die Notenpresse anwirft, führt das zu Inflation!«

Es war einmal ein Ökonom, der lange Jahre ein Münchner Wirtschaftsforschungsinstitut führte – und lange Jahre lustige Märchen in die Welt setzte. Eine wahre Fundgrube für Sammler! Im Dezember 2020 orakelte dieser Hans-Werner Sinn in einem Interview mit der Frankfurter Allgemeinen Zeitung *zur Frage, ob Inflation drohe: »Langfristig bestehen erhebliche Gefahren. Das lässt sich an der enormen Ausweitung der Zentralbank-Geldmenge erkennen. Die EZB hat immer mehr Zettel verteilt, die Ansprüche auf ein Sozialprodukt beinhalteten, das gar nicht erzeugt wurde.«*

Hans-Werner Sinn behauptet hier, dass eine Ausweitung der Zentralbank-Geldmenge zu Inflation führe. Damit ist er ganz Bruder im Geiste des US-Ökonomen Milton Friedman (1912-2006), eines der wohl bekanntesten Neoliberalen: Eine größere Geldmenge habe eine größere Nachfrage zur Folge, die bei gleichbleibendem Angebot steigende Preise nach sich ziehe. »Langfristig« zwar erst, aber die Gefahr drohe unweigerlich. Und tatsächlich scheint die Entwicklung seit 2021 Hans-Werner Sinn Recht zu geben: Wenige Monate nach dieser Orakelei begann ein starker Anstieg der Inflation, dem in den Vorjahren eine Ausweitung der Zentralbank-Geldmenge durch die Europäische Zentralbank (EZB) vorausgegangen war. Erzählt Hans-Werner Sinn also doch nicht nur lustige Phantasiegeschichten?

Doch, tut er. Ein genauerer Blick auf die Ursachen von Inflation zeigt, warum die ab Mitte 2021 stark steigenden Preise nichts mit der Geldmenge zu tun haben. Zwei Arten der Inflation können dabei unterschieden werden, die gleichwohl häufig zusammenspielen. Bei einer Nachfrageinflation übersteigt die Nachfrage das Angebot. Dies löst dann einen Preisanstieg aus. Dem steht die Kosteninflation gegenüber, die zum Beispiel auf einen Preisanstieg bei Vorprodukten und Rohstoffen zurückgeht (etwa bei Erdöl und Erdgas). Auch die viel beschworenen Lohn-Preis-Spiralen sind eine Form der Kosteninflation: Preissteigerungen werden durch entsprechend hohe Lohnabschlüsse ausgeglichen, die die Unternehmen wiederum in den Preisen weitergeben.

Hans-Werner Sinn unterstellte in seinem Zitat von Ende 2020 eine Nachfrageinflation, weil er annahm, dass eine gestiegene Geldmenge mit gestiegener Nachfrage identisch sei. Das aber ist keineswegs zwingend – und war in der Teuerungskrise ab 2021 auch nicht der Fall. Denn Niedrigzinsen und gestiegene Geldmenge führten in Europa ersichtlich nicht zu einer Nachfrageinflation, vielmehr lag die Inflationsrate in Europa ab 2013 bis zum Jahr 2021 permanent unter der Zielinflationsrate der EZB von zwei Prozent.

Die ab 2021 hohen Inflationsraten haben vor allem zwei Gründe: Erstens pandemiebedingte Störungen der Lieferketten, ausgelöst durch Schwierigkeiten im globalen Warentransport und durch den Ausfall von Produktionskapazitäten. Diese Probleme haben sich durch den Ukraine-Krieg ab Februar 2022 noch verschärft. Zweitens gestiegene Lebensmittel-, Rohstoff- und Energiekosten, ebenfalls Folgen der Corona-Pandemie und des Ukraine-Kriegs.

Damit aber liegt eine Kosteninflation vor. Mit der Geldmenge und einer durch deren Ausweitung gestiegenen Nachfrage hat das ersichtlich nichts zu tun. Zwar gab es auch einen gewissen Nachfrageeffekt: Die Privathaushalte hatten aufgrund der Corona-Kontaktbeschränkungen weniger konsumieren können und deshalb Geld gespart. Das gaben sie nach Beendigung der Maßnahmen verstärkt aus. Mit der Zentralbank-Geldmenge hat allerdings auch das nichts zu tun.

Aber wären die inflationären Prozesse der frühen 2020er Jahre nicht doch ausgeblieben, wenn nicht vorher die Geldmenge gestiegen wäre? Nein! Ausschlaggebend ist nicht der Bestand an Geld. Wird in einer wachsenden und/oder inflationierenden Volkswirtschaft mehr Geld benötigt, dann stellt die Zentralbank dieses frische Geld in der benötigten Menge in einem komplizierten Zusammenspiel mit den Geschäftsbanken zur Verfügung. Faktisch wird die Geldmenge also im Wesentlichen durch die Nachfrage nach Krediten bestimmt (→ Kapitel 62). Eine Zentralbank steuert also nicht die Geldmenge, sondern den Preis für das Ausleihen von Geld: Über ihren Leitzins beeinflusst sie das Zinsniveau in einer Volkswirtschaft.

85: »Die Niedrigzins-Politik der Zentralbank enteignet die Sparer!«

Es war einmal ein Vorstandschef, der sich berufen fühlte, wo immer möglich seine ökonomischen Einsichten zum Besten zu geben. Jener Oliver Bäte leitete mit der Allianz den größten deutschen Versicherungskonzern, als er im Dezember 2020 dem Handelsblatt *sein Leid klagte: »Wir werden noch zehn Jahre Null- oder Negativzinsen haben«, und: »Die Geldpolitik ist dabei, die Sparer zu enteignen.«*

Oliver Bäte bezieht sich hier auf die Zinspolitik der Europäischen Zentralbank (EZB) nach der Finanz- und Weltwirtschaftskrise 2008/2009. Die EZB hatte die so genannten Leitzinsen ab 2012 – ausgehend von einem sowieso schon recht niedrigen Niveau – in mehreren Schritten gesenkt. Ab 2016 lagen sie sogar bei null Prozent. Hinzu kam die so genannte »quantitative Lockerung«: Die EZB kaufte Staatsanleihen und in geringem Umfang andere Wertpapiere. Auch dies führte zu niedrigeren Zinssätzen im Euroraum und in Deutschland, und zwar sowohl für Kredite wie für Sparguthaben. Für diese Niedrigzinspolitik gab es mehrere Gründe, die wichtigsten waren eine (zu) niedrige Inflationsrate, eine unzureichende Konjunkturentwicklung und die Spekulation auf die Pleite einiger Euro-Länder.

In dieser Phase extrem niedriger Zinssätze sprachen viele Kommentatorinnen und Kommentatoren von der »Enteignung der Sparer«. Und in der Tat sind niedrige Zinsen für Besitzerinnen und Besitzer von Sparguthaben relevant. Die entscheidende Größe ist allerdings der so genannte Realzins. Dieser gibt an, wie sich ein gespartes Vermögen unter Berücksichtigung des nominalen Zinssatzes und der Inflation entwickelt. Übersteigt die Inflationsrate das Zinsniveau, dann ist der Realzins negativ; der Wert des Ersparten schrumpft. Liegt der nominale Zinssatz hingegen über der Inflationsrate, dann ist der reale Zinssatz positiv und der Wert des

Ersparten steigt; es gewinnt also an Kaufkraft. Ein Zahlenbeispiel: Bietet eine Bank für eine Einlage einen Zinssatz von drei Prozent und die Inflationsrate beträgt fünf Prozent, so liegt der Realzins bei minus zwei Prozent. Der Wert des Ersparten schrumpft also. Beträgt der nominale Zinssatz hingegen zwei Prozent und die Inflationsrate ein Prozent, dann ist die Realverzinsung mit einem Prozent positiv. Der Wert des Ersparten wächst.

Es trifft zu, dass die Niedrigzinspolitik der EZB zu negativen Realzinsen führte. Sieht man allerdings in die Statistiken der Bundesbank zur realen Verzinsung von Spareinlagen seit 1967, dann wird deutlich: Lange Phasen negativer Realzinsen sind nichts Ungewöhnliches. So war der Zeitraum 1971 bis 1982 durchgehend von negativen Realzinsen für Sparguthaben geprägt, genauso die Jahre 1991 bis 1994 und 2001 bis 2003. Gefühlt mag der Wertverlust von Sparguthaben ab 2012 besonders groß gewesen sein – aber eben nur gefühlt: In früheren Jahren war der Wertverlust oft nicht geringer, und das sogar noch zu Zeiten der vielbeschworenen harten Deutschen Mark.

Zudem darf nicht übersehen werden, dass niedrige Zinsen oft gesamtwirtschaftlich positive Effekte haben – vorausgesetzt, es besteht bei den Unternehmen und den privaten Haushalten eine positive Einschätzung bezüglich der wirtschaftlichen Entwicklung. So sind Kredite zu geringen Zinsen günstig für Unternehmen, die aufgrund einer erwarteten guten Nachfrageentwicklung Investitionen tätigen wollen (→ Kapitel 70). Niedrige Zinsen regen also die private Investitionstätigkeit an – gerade auch in wichtigen Branchen der Industrie oder im Bausektor. Und auch für private Haushalte sind niedrige Zinsen von Vorteil, wenn sie etwa Güter oder Immobilien kreditfinanziert erwerben wollen.

Niedrige Zinsen können die konjunkturelle Entwicklung also stärken, und eben dies war auch Ziel der EZB-Geldpolitik in jener Zeit. Tatsächlich hat unter anderem auch die Niedrigzinspolitik dazu geführt, dass sich das Wirtschaftswachstum in Deutschland nach der internationalen Finanz- und Weltwirtschaftskrise recht gut entwickelte. Das Beschäftigungsniveau erreichte Rekordstände, die Löhne stiegen nach langer Zeit endlich wieder über mehrere Jahre hinweg an. Und nicht zuletzt hat auch die öffentliche Hand profitiert: Die konjunkturbedingt hohen Steuereinnahmen und die Niedrigzinsen haben den öffentlichen Haushalten zeitweise Überschüsse beschert. Die deutsche Schuldenstandsquote (→ Kapitel 79) ist in den 2010er Jahren von 80 Prozent auf unter 60 Prozent gefallen.

Das alles gehört zu einer ehrlichen Bewertung der vielfach gescholtenen Nullzins-Politik der Europäischen Zentralbank. Unter dem Strich hat sie genutzt – und nicht geschadet. Das gilt auch für die allermeisten Sparerinnen und Sparer: Am Ende haben auch sie von drei Prozent höheren Löhnen und drei Prozent niedrigerer Arbeitslosigkeit mehr als von drei Prozent Zins.

Privat und Staat

86: »Private Unternehmen sind effizienter als der Staat!«

Es war einmal ein Verband des Industriekapitals, der nannte sich Bundesvereinigung der Deutschen Industrie. Ganz im Sinne seiner Mitglieder stimmte er stets und überall das Lied von der Überlegenheit der Marktwirtschaft an. So auch in einer Kampfschrift mit dem Titel »Daseinsvorsorge: Nutznießer Staat?« aus dem November 2007: »Die Privatwirtschaft zeigt eindrucksvoll, dass sie in der Regel hochwertige Leistungen zu attraktiven Preisen erbringt. Dabei erbringt sie diese Leistungen meistens wesentlich effizienter als die öffentliche Hand. Anders als die öffentliche Hand steht die Privatwirtschaft grundsätzlich unter einem permanenten Wettbewerbsdruck, der zu einer stetigen Verbesserung und Optimierung des Leistungsangebots führt.«

Lange Rede, kurzer Sinn: Aufgrund des Wettbewerbs zwischen privaten Unternehmen sei die Privatwirtschaft dem Staat in puncto Effizienz und Qualität überlegen.

Nun kann Wettbewerb auf Märkten tatsächlich positive Effekte haben. Er kann zu neuen, verbesserten oder kostengünstigeren Produkten führen. Damit ist aber nichts über die Eigentumsverhältnisse gesagt – Wettbewerb kann auch zwischen Unternehmen stattfinden, deren Kapital der öffentlichen Hand oder den Beschäftigten gehört oder die einer starken Arbeitnehmer-Mitbestimmung unterliegen. Und umgekehrt gibt es keineswegs an allen Märkten mit privaten Unternehmen echten Wettbewerb.

Zudem gibt es Branchen, in denen Markt und Wettbewerb ineffizient sind. Dies gilt zum Beispiel dann, wenn Leistungen große Versorgungsnetze voraussetzen, wie dies etwa bei Strom und Wasser, Telekommunikation sowie im Verkehrssektor der Fall ist. Hier kann jede gewünschte Menge besser durch ein einziges Unternehmen produziert werden als durch mehrere Anbieter. Denn der Betrieb mehrerer paralleler Netze ist unnötig und teuer. Wo Netze dennoch parallel betrieben werden, wie etwa im Bereich der Telekommunikation, konzentrieren sich diese zudem auf dicht besiedelte Räume. Denn nur dort lässt sich so Geld verdienen. Ländliche Regionen haben dann das Nachsehen.

Diese Problematik eines »natürlichen Monopols« löst auch eine Trennung von Netz und Betrieb nicht, bei der ein Netz im öffentlichen Eigentum oder unter öffentlicher Kontrolle bleibt, während der Betrieb durch konkurrierende Anbieter erfolgt. Denn um hier einen (allenfalls halbwegs) funktionierenden Wettbewerb sicherzustellen, braucht es einen enormen staatlichen Regulierungsaufwand. Zugleich sinkt die Leistungsfähigkeit des Gesamtsystems, weil durch die Trennung von Netz und Betrieb beträchtliche Koordinations- und Effizienzprobleme auftreten.

Privatunternehmen und Märkte sind zudem weniger effizient im Erreichen bestimmter gesellschaftlicher Ziele. Dies wird am Beispiel Bildung deutlich. Da die Qualität des Schulbesuchs unabhängig von der sozialen Herkunft und den finanziellen Möglichkeiten der Eltern erfolgen sollte, darf die Entscheidung über Bildungsfragen nicht dem Markt überlassen werden. Erziehung und Bildung müssen als gesamtgesellschaftliche Aufgaben durch die öffentliche Hand wahrgenommen werden.

Zu Ineffizienzen an Märkten führen auch Informationsmängel, etwa im Gesundheitswesen: Patientinnen und Patienten sind meist nicht in der Lage, die Qualität einer Leistung einzuschätzen. Sie können etwa die Diagnose eines Arztes oder einer Ärztin nicht beurteilen. Und sie können nicht ermessen, ob eine vorgeschlagene Therapie sinnvoll ist. Der »Gesundheitsmarkt« kann sich daher nicht durch das Zusammenspiel von Angebot und Nachfrage selbst regulieren.

Ein weiteres Problem ist sehr grundsätzlicher Natur: Private Unternehmen sind in erster Linie an (kurzfristigem) Profit interessiert. Gesellschaftlicher Nutzen oder langfristige Wirtschaftlichkeit sind allenfalls nachrangig. Dies kann zu schädlichen Fehlentscheidungen führen – wie etwa jene spekulativen Wetten von Finanzakteuren gezeigt haben, die in den späten 2000er Jahren eine Finanz- und Wirtschaftskrise historischen Ausmaßes verursachten. Auch die in den 2010er Jahren aufgedeckten Abgas-Betrügereien mehrerer deutscher Autohersteller widersprechen der Annahme, Private wirtschafteten per se effizienter und zum Nutzen aller.

Nicht zuletzt kann Wettbewerb gesamtgesellschaftlich und volkswirtschaftlich schädlich sein, wenn Unternehmen sich mittels Lohndrückerei Vorteile gegenüber der Konkurrenz verschaffen (→ Kapitel 15). Denn die Kosten eines solchen Wettbewerbs müssen die betroffenen Beschäftigten schultern – und oft genug die ganze Gesellschaft.

Der extremistische Glaube an Markt und Privatunternehmen war in den 2000er Jahren vielerorts noch fast Staatsreligion. Spätestens seit den 2020er Jahren aber scheint Ernüchterung eingekehrt. Man habe mittlerweile erkannt, so der Wirtschaftsjournalist Thomas Fricke, »dass […] über Jahrzehnte so viel Personal abgebaut wurde, dass es heute Monate dauert, bis mal ein Reisepass erneuert oder ein Auto angemeldet ist. Und dass es vor lauter gekürzten Bezügen und Geschimpfe auf Staat und Beamte gerade für Hochtalentierte unattraktiv geworden ist, sich beim Staat zu bewerben. Und dass Ökonomen vor lauter Staatsallergie über lange Zeit gar nicht mehr darüber nachgedacht haben, was wirklich gut wäre. Da darf man sich nicht wundern, dass vieles nicht mehr funktioniert. Das spricht nicht per se gegen den Staat, sondern vor allem gegen die lange wirkenden Marktdogmen« (→ Kapitel 57).

87:
»Der Staat weiß nicht besser als der Markt, welche Technologie Zukunft hat!«

Es war einmal ein Wirtschaftsprofessor, der sich durch Mitgliedschaft in den üblich-verdächtigen Kungelrunden für höhere Aufgaben empfahl: Der Träger des Ludwig-Erhard-Preises war Mitglied im Kronberger Kreis, im Wirtschaftsforum der FDP, in der Atlantik-Brücke sowie Botschafter der arbeitgeberfinanzierten Initiative Neue Soziale Marktwirtschaft. Zu staatlicher Technologieförderung hatte Jürgen Donges eine entsprechend klare Meinung, die er im November 2005 im Magazin des ifo-Instituts kundtat: »Wenn der Staat systematisch versucht, sich als Geburtshelfer von neuen, für besonders zukunftsträchtig gehaltene Aktivitäten und Technologien zu betätigen, verstößt er gegen elementare Logik. ›Neue‹ Produkte und Technologien sind definitionsgemäß unbekannt, und was unbekannt ist, kann man nicht gezielt fördern.«

Wer glaubt, dass der Markt (fast) alles regelt, der möchte auch die Entwicklung von Technologien und Industrien dem Markt überlassen – genauer: den Unternehmen und Kapitalgebern. Denn nur der Markt – nicht Politik – könne entscheiden, welche Technologien Sinn und Nutzen haben. Wir brauchen »Technologieoffenheit«, heißt es dann gerne. Geforscht und investiert würde dann nur noch mit Blick auf Rendite (oder »Effizienz«, wie es meist heißt). Bei Jürgen Donges (1940-2021) bleibt sogar offen, ob Grundlagenforschung an öffentlichen Hochschulen noch betrieben werden darf. In seiner Liste politischer Handlungsmöglichkeiten fehlt sie.

Eine solche Argumentation passt weder zur Wirklichkeit, noch kann sie theoretisch überzeugen. Zur Wirklichkeit passt sie nicht, weil ein großer Teil unserer Technologien aus staatlichen Labors oder Forschungseinrichtungen stammt oder mit staatlicher Unterstützung entwickelt wurde. Allen voran die italienisch-amerikanische Ökonomin Mariana Mazzucato hat darauf hingewiesen: Gerade als besonders innovativ geltende Branchen wie die Pharmaindustrie, Energieversorgung, Nano- oder Informationstechnologie haben jahrzehntelang staatliche Unterstützung genossen, sie tun es noch heute. Ohne die öffentliche Hand hätte es beispielsweise das Internet, GPS und Smartphones nie gegeben – und auch keinen Corona-Impfstoff.

Auch theoretisch kann Donges' Argumentation nicht überzeugen. Denn ohne öffentliche Entscheidung und Förderung setzen sich bestimmte Technologien nicht durch, auch wenn sie noch so sinnvoll sind. So haben viele Länder die Nutzung von Wind- und Sonnenenergie vorangetrieben und marktfähig gemacht. Ohne dies wären wir heute von Klimaneutralität noch viel weiter entfernt, als wir es ohnehin sind. Ähnliches gilt mit Blick auf die Zukunft: Der Weg etwa zu klimaneutralem Flugzeug-Treibstoff oder Stahl ist noch weit. Gerade weil hier die Marktfähigkeit noch fern ist, ist das Risiko für Fehlentscheidungen und Fehlinvestitionen groß. Dieses Risiko werden Unternehmen in der Regel nicht tragen – der Staat springt ein.

Hinzu kommt: Wenn neue Technologien komplexe Infrastrukturen voraussetzen, ist marktgläubige »Technologieoffenheit« höchst ineffizient. Als klimaneutrale PKW-Antriebe beispielsweise E-Fuels-Verbrenner, Wasserstoff- und Elektromotoren parallel voranzutreiben und zu subventionieren (und mit ihnen Ladestationen, Tankstellen, Energieleitungen usw.), ist teuer. Zudem erreicht dann keine dieser Technologien Produktionsmengen, die sinkende Preise und eine steigende Nachfrage ermöglichen. Das gilt etwa auch für klimaneutrale Gebäudeheizungen. Sinnvoller ist es in solchen Fällen, politisch festzulegen, welche Technologie Zukunft hat. Dann können Haushalte, Politik und Unternehmen ihre Produktion, Investitionen und Käufe entsprechend ausrichten.

Politik muss also mehr tun, als nur Rahmenbedingungen sicherzustellen. Es braucht eine gestaltende, vorausschauende Technologie- und Industriepolitik.

Donges hält eine solche aber für die »Anmaßung von Wissen«, wie er unter Berufung auf den neoliberalen Vordenker Friedrich August von Hayek (1899-1992) schreibt. Hayek argumentiert, dass

Politik gar nicht über die Informationen verfügen könne, über die die Märkte verfügten. Dies ist faktisch eine Absage an unsere Vernunft, sollen wir diese doch auf unser überschaubares Handeln an Märkten beschränken. Zugleich entziehen Hayek und Donges die Märkte damit jeder Kritik, denn diese Kritik setzte ja anmaßendes Wissen voraus. Marktfolgen wie soziale Verelendung, Klimakollaps oder Artensterben erscheinen dann als unproblematisch – denn der Markt wisse ja besser als Mensch und Staat, was gut ist.

88: »Privatisierungen entlasten den Staatshaushalt!«

Es war einmal ein CDU-Politiker, der häufig als Angela Merkels »Allzweckwaffe« bezeichnet wurde. Tatsächlich setzte die langjährige deutsche Kanzlerin ihren Peter Altmaier vielfältig ein: als parlamentarischen Fraktionsgeschäftsführer, Umweltminister, Kanzleramtschef, geschäftsführenden Finanzminister und schließlich als Wirtschaftsminister. In seiner letzten Funktion forderte er standesgemäß den Verkauf staatlichen Tafelsilbers, auch zur Sanierung des Staatshaushalts: »Der Wert der staatlichen Beteiligungen ist in den letzten Jahren ordentlich gewachsen. Deshalb sollten wir prüfen, welche staatlichen Beteiligungen zurückgefahren werden können. Auch das bringt Geld in die Staatskasse.«

»Privatisierung« meint den Verkauf von öffentlichem Eigentum an Private. Manchmal bezeichnet der Begriff auch allgemeiner die Übertragung staatlicher Aufgaben auf Private. Dies muss dann nicht zwingend einen Verkauf beinhalten. Begründet wird diese Form der Privatisierung unter anderem mit Einnahmen für die öffentliche Hand: Sie sollen etwa ein Defizit im Staatshaushalt stopfen oder den Schuldenstand des Staates senken.

Besonders pfiffig ist ein solches Vorgehen nicht. Denn wenn Private öffentliches Eigentum kaufen, dann nur, wenn sich ihr Investment mittel- oder langfristig lohnt. Sie wollen und müssen damit Einnahmen erwirtschaften. Diese aber könnte genauso der Staat einstreichen – würde er auf den Verkauf verzichten. Zudem ist es eher die Regel als die Ausnahme, dass der Staat die ehemals öffentlichen Unternehmen finanziell aufhübscht, etwa indem er sie entschuldet.

Wie sehr zudem Wunsch und Realität bei den erzielbaren Erlösen auseinanderliegen können, zeigte sich in Griechenland. Im Zuge der so genannten Eurokrise wurden dem Land in den 2010er Jahren unter anderem Privatisierungen aufgezwungen (→ Kapitel 57). 2011 versprach die damalige sozialdemokratische Regierung Privatisierungseinnahmen von 50 Milliarden Euro bis 2016. Tatsächlich aber kamen nur knapp 8 Milliarden Euro zusammen, und das auch nur bis 2022.

Privatisierungen sind für die öffentliche Hand aber nicht nur ein meist mieses Geschäft, sondern diese verliert auch Gestaltungsmöglichkeiten. Ein bekanntes Beispiel hierfür ist der Verkauf öffentlicher Wohnungsbestände in Deutschland. Die privaten Wohnungsunternehmen streichen dank erhöhter Mieten Extraprofite ein – und der öffentlichen Hand steht kein Instrument mehr zur Verfügung, um durch ein preiswertes Angebot an öffentlichem Wohnraum gegenzusteuern.

Privatisierungen sind also meist weder finanziell noch politisch sinnvoll. Da ist es kein Wunder, dass Politik gerne zusätzliche Begründungen dafür anführt. Die vielleicht beliebteste: die angebliche Überlegenheit von Markt und Wettbewerb (→ Kapitel 86). Private Unternehmen wirtschafteten effizienter und kostengünstiger. Das ist aber zu bezweifeln, vor allem im Bereich der öffentlichen und sozialen Dienstleistungen. So hat beispielsweise die Privatisierung der Briefpost und von Krankenhäusern keineswegs zu besseren Leistungen geführt – wohl aber zu privaten Gewinnen. Und die gehen meist auf Kosten der Beschäftigten: Branchen, in denen umfangreich privatisiert wurde, sind oft von schlechteren Löhnen und Arbeitsbedingungen geprägt.

Dennoch – oder gerade deshalb – sind Privatisierungen beliebt. Privates Kapital hat ein grundsätzliches Interesse daran, dass der Staat in möglichst geringem Ausmaß wirtschaftlich tätig ist. Schließlich locken zusätzliche Profitmöglichkeiten. Deshalb betreiben die Unternehmensverbände immerzu Lobbyarbeit in diesem Sinne, und deshalb propagieren sie einen möglichst schlanken Staat. Bei Post- und Paketdiensten, Telekommunikation, Energie, Bahnverkehr, Krankenhäusern, Pflegeeinrichtungen, Wohnungsbeständen, aber auch im Luftverkehr und der Industrie hatten sie damit in vielen Ländern ziemlichen Erfolg.

Wenn es gilt, private Verluste zu verhindern, sehen die Unternehmensverbände das alles allerdings gar nicht mehr so eng. Schnell und laut rufen sie bei großen Krisen nach staatlichen Hilfen und gegebenenfalls sogar nach öffentlichen Beteiligungen. Letztere sollen dann aber ohne Eingriffe in das Geschäft und auch nur vorübergehend erfolgen. Diese Strategie – Verluste der Gesellschaft aufzubürden und Gewinne privat einzustreichen – ist typisch für den neoliberalen Kapitalismus der vergangenen 40 Jahre.

Wer dem etwas entgegensetzen will, muss die wirtschaftliche Tätigkeit des Staates stärken. Insofern: öffentliche Beteiligungen gerne – aber dauerhaft. Dafür spricht auch, dass nur die öffentliche Hand für einen gleichberechtigten und flächendeckenden, qualitativ hochwertigen, kostengünstigen oder kostenlosen Zugang zu elementaren Gütern und Dienstleistungen sorgt.

89: »Öffentlich-Private Partnerschaften machen Politik wieder handlungsfähig!«

Es war einmal ein Vorstandsmitglied eines großen deutschen Baukonzerns. Sein Name – Nikolaus Graf von Matuschka – war lang und edel. Seine Sorge um die Verkehrsinfrastruktur war groß. Im Dezember 2014 sprach er seinen Freunden vom Gesamtverband der

Deutschen Versicherungswirtschaft für deren Verbandszeitschrift Folgendes ins Mikrofon: »Öffentlich-Private Partnerschaften können das Finanzierungsproblem der deutschen Infrastruktur lösen und helfen, den Modernisierungsstau abzubauen. Sonst steuern wir unweigerlich auf einen Verkehrsinfarkt zu.«

Öffentlich-Private Partnerschaften sind eine Form von Privatisierung (→ Kapitel 88). Dabei geht eine staatliche Stelle einen längerfristigen, zeitlich begrenzten Vertrag mit einem privaten »Partner« ein. Dieser übernimmt umfassend die Errichtung oder Sanierung sowie die damit zusammenhängende Planung, den Betrieb und meist auch die Finanzierung einer Infrastruktur. Dafür erhält der Private reichlich Entgelte. Die öffentliche Seite wiederum ist zu entsprechenden Zahlungen verpflichtet. ÖPP-Projekte stellen damit faktisch eine Form der Verschuldung dar, sie werden aber statistisch und politisch oftmals gar nicht als Verschuldung gewertet. Mit ihnen lässt sich daher elegant die Aufnahme von Krediten verstecken. Solche Modelle seien geeignet, den Staat bei den erforderlichen Investitionen in die öffentliche Infrastruktur wieder handlungsfähig zu machen – so sagen es jedenfalls viele Neoliberale.

Und ihnen spielt dabei ein tatsächliches Problem in die Hand: Die Haushaltspolitik der zurückliegenden Jahre und Jahrzehnte hat die Handlungsfähigkeit des Staates drastisch reduziert. Ausgabenkürzungen haben einen enormen Investitionsstau herbeigeführt. Ausgeglichene öffentliche Haushalte gelten seit Jahrzehnten als anzustrebendes politisches Ziel, und Verschuldungsregeln wie die deutsche »Schuldenbremse« setzen den öffentlichen Ausgaben engste Grenzen (→ Kapitel 80). Neue Kredite aufzunehmen gilt als schmutziges Geschäft (→ Kapitel 79); höhere Steuern zu erheben gilt als unmoralisch oder ökonomisch unklug (→ Kapitel 68). In der Folge zerfallen Schul- und Verwaltungsgebäude, Straßen, Brücken und Schienen, weil nur noch unzureichend investiert wird.

In gewisser Weise sind Öffentlich-Private Partnerschaften vor diesem Hintergrund durchaus folgerichtig. Und sie sind attraktiv:

Für Bauindustrie und Finanzwirtschaft, weil sich mit ÖPP gutes Geld verdienen lässt. Für die Gesellschaft, weil sie auf eine intakte Infrastruktur angewiesen ist. Für die politische Elite, weil es ohne ÖPP weniger Flatterbänder zum Durchschneiden gäbe.

Sind ÖPP deshalb aber tatsächlich Lösungen für das »Finanzierungsproblem der deutschen Infrastruktur«? Mit Sicherheit nicht. Sie sind überteuert, weil sie Renditebedürfnisse der Privaten bedienen und hohe Zinskosten erwirtschaften müssen. Sie sind manipulationsanfällig, weil sie für alle Beteiligten falsche Anreize setzen. Sie sind undemokratisch, weil sie kaum mehr rückgängig gemacht werden können, also Bindungswirkung für viele Jahrzehnte (oder für immer) entfalten. Auch sind sie in ihrer Komplexität für demokratische Entscheidungsgremien schlicht nicht zu bewältigen. Und nicht zuletzt sind sie intransparent, weil die entsprechenden Verträge stets geheim gehalten werden.

Was ÖPP-Freundinnen und -Freunde zudem gerne übersehen: Die mangelnde Handlungsfähigkeit des Staates ist politisch gemacht. Sie ist eine Konsequenz neoliberaler Politik. Es waren bewusste (Fehl-) Entscheidungen, die Verschuldungsmöglichkeiten der öffentlichen Haushalte auf fast null zu reduzieren. Und es waren bewusste (Fehl-) Entscheidungen, deren finanzielle Misere durch Steuergeschenke zusätzlich zu verschärfen. Falsche politische Weichenstellungen lassen sich aber auch wieder umkehren. Das ist allemal klüger, als immer findigere, immer teurere und immer undemokratischere Modelle zu ihrer Umgehung zu entwickeln. Oder mit anderen Worten: Besser ein Ende mit Schrecken als ein Schrecken ohne Ende.

Übrigens: Nikolaus Graf von Matuschkas Unternehmen verdient sein Geld unter anderem mit ÖPP. Dass er obiges Zitat in einem Interview mit dem Gesamtverband der Deutschen Versicherungswirtschaft geäußert hat, ist daher kein Zufall. Denn die Finanzindustrie gehört zu den wichtigsten Befürwortern von Öffentlich-Privaten Partnerschaften, hofft sie doch auf profitable Anlagemöglichkeiten.

90: »Öffentlich-Private Partnerschaften nutzen Effizienzvorteile der Privaten!«

Es war einmal ein Verband von Versicherungskonzernen, der an neuen Anlagemöglichkeiten für seine Mitglieder stets interessiert war. In Infrastruktur-Investitionen meinte jener Gesamtverband der Deutschen Versicherungswirtschaft solche Möglichkeiten gefunden zu haben. Um Politik und Wahlvolk die Gelder seiner Mitglieder schmackhaft zu machen, versprach er in einem Positionspapier vom Dezember 2014: »Durch eine stärkere Beteiligung von privatem Kapital können Verkehrsinfrastrukturprojekte vielfach schneller und effizienter realisiert und betrieben sowie Qualitätsverbesserungen erreicht werden.«

Das Argument, dass private Unternehmen effizienter als öffentliche Einrichtungen seien, ist weit verbreitet. Es dient unter anderem dazu, so genannte Öffentlich-Private Partnerschaften (kurz ÖPP oder englisch PPP) zu rechtfertigen – so auch in diesem Zitat. Wenn Bund, Länder oder Kommunen ihre Infrastruktur-Investitionsprojekte für 20 oder 30 Jahre auf private Unternehmen übertragen, so sagen die ÖPP-Befürworterinnen und -Befürworter, dann eröffne dies beträchtliche Effizienzvorteile (→ Kapitel 86). Diese seien sogar so groß, dass der Staat Geld einspare (→ Kapitel 89) und die Privaten dennoch eine Rendite einstreichen könnten. Eine klassische Win-Win-Situation also. Die privaten Unternehmen trügen dabei – so die Theorie – für eine bestimmte Zeit die Verantwortung für die Erbringung bestimmter Leistungen (etwa den Bau, das Instandhalten und die Bewirtschaftung einer Schule, eines Verwaltungsgebäudes oder einer Autobahn). Dafür erhalten sie eine regelmäßige Zahlung durch den öffentlichen Auftraggeber. Da sie die finanzielle Verantwortung für das Gesamtprojekt tragen, seien die Privaten an einer effizienten Projektdurchführung interessiert. Schließlich sei nur so ihre Rendite garantiert. Die öffentliche Hand stelle nur sicher, dass die vereinbarten Leistungen vertragsgemäß erbracht werden.

Diese Argumentation hakt an mehreren Stellen. So haben private Unternehmen Nachteile gegenüber staatlichen Einrichtungen: Sie können Geld nur zu höheren Zinsen aufnehmen, und sie haben Renditen auf das eingebrachte Kapital zu erwirtschaften. Hinzu kommt, dass die juristische Begleitung der hochkomplexen ÖPP-Verträge erhebliche Kosten verursacht. All das macht ÖPP teuer. Erbringt die öffentliche Hand die Leistungen selbst, anstatt sie Privaten zu übertragen, so spart sie diese Kosten ein.

Ferner kann das private Unternehmen – das ist stets eine eigens für das ÖPP-Projekt gegründete Zweckgesellschaft – im Gegensatz zum öffentlichen Auftraggeber in die Insolvenz gehen. Damit sind die Verlustrisiken für die private Seite von vornherein begrenzt. Die öffentliche Hand hingegen ist gezwungen, die jeweilige Infrastruktur unter allen Umständen zur Verfügung zu stellen. Sie wird daher alles für deren Fertigstellung und für den Betrieb tun – im Zweifel auch höhere Kosten übernehmen. Diese unterschiedliche Ausgangslage macht die öffentliche Hand erpressbar. Sie zeigt zudem, dass der Anreiz zur Effizienz für die Privaten begrenzt ist.

Hinzu kommt, dass die ÖPP-Vertragslaufzeit meist kürzer ist als die Nutzungsdauer der betreffenden Infrastruktur. Es besteht also durchaus ein Anreiz für die private Seite, an der Qualität verwendeter Materialien zu sparen – solange die Schule oder die Straße nur eben so lange halten, bis der Vertrag ausläuft. Auch dies kann ÖPP insgesamt teurer werden lassen.

Ein grundsätzliches Problem von ÖPP-Projekten ist die Intransparenz der damit verbundenen politischen Entscheidungsprozesse. Dies liegt unter anderem daran, dass die Vertragswerke nicht nur komplex, sondern auch enorm umfangreich sind. Außerdem unterliegen sie überwiegend der Geheimhaltung. Eine demokratische Kontrolle (insbesondere auch der angeblichen Effizienzvorteile) durch gewählte Parlamente oder die Öffentlichkeit ist dann nicht mehr möglich. Eine transparente politische und öffentliche Diskussion unterbleibt.

2014 untersuchten die Rechnungshöfe des Bundes und der Länder systematisch mehrere ÖPP-Projekte. In ihrem Bericht darüber fällten sie ein harsches Urteil: »Die Rechnungshöfe stellten fest, dass die Effizienzvorteile der ÖPP-Varianten häufig zu hoch ermittelt oder nicht schlüssig nachgewiesen wurden.« Angesichts der zahlreichen Probleme dieser Form von Privatisierung überrascht das nicht.

91: »Wettbewerb macht den öffentlichen Verkehr billiger und besser!«

Es war einmal eine Berliner Verkehrssenatorin, die an die Segnungen des Wettbewerbs im Bahnverkehr glaubte. Ihr Name war Regine Günther, ihre Partei die Grünen und ihre Regierungskoalition eine rot-rot-grüne. Im November 2019 sagte sie anlässlich der Ausschreibung des Berliner S-Bahn-Netzes: »Eine faire wettbewerbliche Ausschreibung ist Voraussetzung dafür, dass die Länder bei dieser größten Ausschreibung in der S-Bahn-Geschichte Angebote mit hoher Qualität zu angemessenen Preisen erhalten.«

Die Senatorin zeigt sich hier überzeugt, dass Wettbewerb den Bahnverkehr sowohl billiger als auch besser mache. Dieser Glaube an den Segen von Konkurrenz und Märkten führte seit den 1980er Jahren zu einem radikalen Wandel in der Verkehrspolitik: Es kam in vielen Ländern zu Liberalisierungen und umfassenden Privatisierungen (→ Kapitel 86) öffentlicher Bahnen. So führte man 1993 in Deutschland Konkurrenz im Bahnverkehr ein; aus der staatlichen Bundesbahn wurde die privatrechtsförmige Deutsche Bahn AG. Während die Schienen-Infrastruktur dabei im Besitz des ehemaligen Monopolisten blieb, ging Großbritannien einen Schritt weiter: Dort wurde das ehemalige Staatsunternehmen British Rail in den 1990er Jahren zerschlagen und später privatisiert. In Neuseeland hatte man 1982 den ehemals staatlichen Bahnbetreiber in ein privatrechtliches Unternehmen umgewandelt und 1993 große Teile davon privatisiert.

Dreh- und Angelpunkt liberalisierter Märkte für öffentlichen Personenverkehr sind Ausschreibungen. Hier bewerben sich konkurrierende Anbieter darum, auf bestimmten Strecken den Verkehr mit Bahnen (oder Bussen) für eine festgelegte Zeit betreiben zu dürfen. Da letzteres in der Regel nicht kostendeckend möglich ist, erhalten sie dafür Subventionen.

Wettbewerb durch Ausschreibung sollte für niedrigere (Subventions-) Kosten und bessere Qualität sorgen. Zwei bis drei Jahrzehnte später ist Ernüchterung angesagt. Das britische Bahnsystem ist heute eines der teuersten in Europa. Seine privatisierte Bahn-Infrastruktur musste Großbritannien 2002 wieder verstaatlichen, da der Infrastrukturbetreiber das Bahnnetz verrotten ließ. Neuseeland hat in den 2000er Jahren in mehreren Schritten sogar fast seinen gesamten Bahnverkehr wieder in staatliche Hände genommen. In Deutschland preisen viele die Bahnreform zwar noch immer als Erfolgsmodell. Aber auch hierzulande sind notwendige Investitionen in den öffentlichen Verkehr unterblieben; Streckenstilllegungen, Personalabbau und Schließungen von Kundenzentren und Bahnhöfen haben den Service verschlechtert; Verspätungen wegen technischer Mängel und überaltertem Material sind eher die Regel als die Ausnahme.

Ein Grund für die Misere ist, dass auf liberalisierten Märkten Rendite und Profit zu obersten Zielen werden. Hinzu kommt, dass Ausschreibungen keinen Wettbewerb um Qualität auslösen (→ Kapitel 15), schließlich schreibt man die zu erfüllenden Qualitätsmerkmale in der Regel detailliert vor. Damit verlagert sich der Wettbewerb auf die Kostenseite: Es kommen nicht die besten, sondern die (oberflächlich betrachtet) billigsten Anbieter zum Zug. Bei den Aufwendungen für Anschaffung und Unterhalt der Fahrzeuge können Verkehrsunternehmen aber kaum Geld einsparen. Bei den Lohnkosten hingegen schon. Und das tun sie auch: Sie drücken Löhne, um gegenüber den Mitbewerbern die Nase vorn zu haben. Sie lassen Verkehrsleistungen durch billigere Subunternehmer erbringen. So befördern Ausschreibungen Lohndumping, Tarifflucht und Auslagerungen.

Immer geht die Ausschreibung von Verkehrsleistungen – wie auch in Berlin oder bei der deutschen Bahn – mit der Zerschlagung eines integrierten Gesamtsystems einher. Oft werden dann Netz und Betrieb voneinander getrennt, meist in sich sogar noch weiter aufgespalten. British Rail etwa hatte man in ungefähr 100 Gesellschaften für Infrastruktur, Unterhaltung, Leasing von Fahrzeugen, Personenverkehr und Güterverkehr zerschlagen. Der Aufwand zur Abstimmung der vielen (oft konkurrierenden) Verkehrsakteure steigt damit erheblich, die Wahrscheinlichkeit von Fehlern auch. Ein Bahnsystem ist schließlich ein komplexes Netzwerk, das reibungslos funktionieren muss.

Auch deshalb hat die Schweiz ihre Bahn nie privatisiert, liberalisiert oder zerschlagen. Das Schweizer Bahnsystem ist das dichteste in Europa. Weltweit gehört es heute trotz widriger geografischer Bedingungen zu den besten, pünktlichsten, effizientesten und zuverlässigsten Bahnsystemen.

92: »Nicht Politik, sondern Verbraucher sollten den Unternehmen Regeln setzen!«

Es war einmal ein christdemokratischer Abgeordneter, der sich als Rechtsprofessor mit Gesetzen gut auskannte. Zu sehr belasten sollten diese die deutschen Unternehmen nicht, weshalb jener Heribert Hirte im Januar 2017 im Bundestag einen Antrag der Grünen kritisierte: »Sie wollen die Bundesregierung auffordern, sich für eine EU-Richtlinie einzusetzen, die vor allen Dingen folgende Aspekte regeln soll: die Transparenz über die Lieferkette, die Verpflichtung, bestimmten Sorgfaltspflichten nachzukommen, den Nachweis der Einhaltung durch Zertifikate und einheitliche Standards für ebendiese Zertifikate. Allerdings besteht kein Anlass, dies in dieser Weise zu regeln, denn wir erleben einen Bewusstseinswandel in der Bevölkerung. Heute sagt man: Solche Produkte wollen wir nicht kaufen. Für acht von zehn Verbrauchern ist es wichtig, vernünftig produzierte Kleidung zu kaufen. Das zeigt doch: Verbrauchermacht wirkt. Wenn ein Produkt qualitativ schlecht ist und mit einer miserablen Lieferkette hergestellt worden ist, dann wird es von den Verbrauchern nicht mehr gekauft. Das bedeutet: Der Markt funktioniert.«

Seit den frühen 2010er Jahren wurde in Europa und weltweit verstärkt die Möglichkeit diskutiert, Unternehmen dazu zu verpflichten, auch bei ihren globalen Zulieferern die Einhaltung von Menschenrechten zu kontrollieren. Um diese so genannten Lieferkettengesetze soll es hier aber nicht gehen, sondern vielmehr darum, wie Hirte gegen sie argumentiert. Er hält sie für unnötig, weil es mit dem Markt einen besseren Mechanismus gebe, um Menschenrechte und Umweltstandards durchzusetzen. Das ist ein von Neoliberalen oft zu hörendes Argument: Verbraucherinnen und Verbraucher üben durch ihre Nachfrage-Macht Druck auf Unternehmen aus. Produkte, die ausbeuterisch oder umweltzerstörend hergestellt wurden, würden schlicht nicht mehr gekauft. Dies zwinge Unternehmen zur Anpassung an Gemeinwohl-Ziele. Weshalb auf politische Vorgaben und Eingriffe verzichtet werden könne.

Nun ist gewiss nichts dagegen einzuwenden, wenn Verbraucherinnen und Verbraucher mit sozialem und ökologischem Bewusstsein einkaufen. Problematisch wird es allerdings, wenn das Politik ersetzen soll. Denn politische Vorgaben können gesellschaftliche Ziele unmittelbar und effektiv durchsetzen. Reichweite und Möglichkeiten des sozialen und ökologischen Konsums hingegen sind begrenzt – und zwar aus mindestens drei Gründen:

Erstens achten Verbraucherinnen und Verbraucher beim Einkauf auch auf Aspekte wie den Preis, den Komfort, die Qualität oder den sozialen Status eines Produktes. Dies läuft oft sozialen und ökologischen Zielen zuwider – die ohnehin für viele Verbraucherinnen und Verbraucher keine Rolle spielen. So konnten in den 2010er Jahren auch zahlreiche Berichte über Selbstmorde und ausbeuterische Arbeitsbedingungen bei Hauptlieferant Foxconn die Absätze des Elektronikkonzerns Apple nicht ausbremsen.

Zweitens gibt es bei vielen Produkten Monopole oder Oligopole, der Markt wird also von einem oder wenigen Herstellern beherrscht. Dies kann es erschweren oder sogar unmöglich machen, die Produkte eines sozialer oder ökologischer produzierenden Anbieters zu wählen – weil es die schlicht nicht gibt.

Drittens ist es unmöglich, Informationen über alle Produkte zu erlangen, die wir jeden Tag konsumieren. Deren Zahl ist unfassbar groß – und sie wird noch um ein Vielfaches größer, berücksichtigen wir auch deren Vorprodukte. Nur in wenigen Ausnahmefällen kennen wir die Produktionsbedingungen der Hersteller, deren Produkte wir kaufen. Und noch weniger kennen wir die ihrer Zulieferer. Gütesiegel, die beispielsweise auf fairen Handel oder Bio-Landwirtschaft hinweisen, helfen da nur bedingt weiter. Denn auch deren Zahl ist mittlerweile groß und unübersichtlich, zudem gibt es nicht wenige schwarze Schafe. Auch kennen viele Produkte und Produktgruppen gar keine Siegel.

Es ist also eine Illusion, zu glauben, Verbrauchermacht könne politische Regulierung ersetzen. Dennoch gibt es natürlich gute Gründe dafür, durch mehr Transparenz und Information die Verbraucherinnen und Verbraucher zu stärken. Gerade davon aber halten Neoliberale meist nicht viel. So lehnen sie regelmäßig weitreichende ökologische und soziale Berichtspflichten für Unternehmen ab – auch Heribert Hirte in obigem Zitat. Wie das mit der angeblich großen Bedeutung der Verbrauchermacht zusammenpassen soll, wissen vermutlich nur sie selbst.

Demokratie und Gesellschaft

93:
»Keine Demokratie ohne Markt und Kapitalismus!«

Es war einmal ein Journalist mit freundschaftlichen Beziehungen zu einem Banker, dessen Finanzinstitut Steuern in großem Stil hinterzog. Am Ende seiner journalistischen Karriere sollte diese Nähe Josef Joffe zum Verhängnis werden. Aber er kannte auch bessere Zeiten – etwa die, in der man ihm den Ludwig-Erhard-Preis verlieh. In seiner Dankesrede formulierte er im Juli 2012 folgenden Satz: »Es gibt zwar Kapitalismus ohne Demokratie, aber keine Demokratie ohne Kapitalismus.«

Nach Josef Joffe und vielen anderen ist Demokratie ohne Markt und Kapitalismus unmöglich. Ihre Begründungen dafür sind vielfältig, drehen sich aber im Kern stets um denselben Gedanken: Der Kapitalismus sei eine Wohlfahrtsmaschine; der (möglichst freie) Markt sei der effektivste Mechanismus, um Wohlstand zu schaffen. Und dieser kapitalistische Wohlstand stabilisiere Gesellschaften. Weil der Markt allerdings eine bestimmte Politik voraussetze (etwa die Garantie des Eigentums und wirtschaftspolitische Zurückhaltung), forderten das Bürgertum bzw. die Mittelschicht demokratische Mitsprache. Mit anderen Worten: Der Kapitalismus schaffe überhaupt erst die Voraussetzungen für Demokratie. Ohne Kapitalismus keine Demokratie.

Diese Darstellung ist insofern mindestens unvollständig, als keineswegs nur das Bürgertum mehr demokratische Mitsprache einfordert. Und ganz im Gegenteil war dessen Demokratiefreude regelmäßig dann begrenzt, wenn die Arbeiterbewegung ihrerseits politische Rechte verlangte. Dass beispielsweise das Wahlrecht nicht vom Geldbeutel abhing, musste in den frühen Demokratien in harten Kämpfen durchgesetzt werden. Und zwar zumeist gegen den Widerstand weiter Teile des kapitalistischen Bürgertums.

Hier kommt eine Demokratie-kritische Haltung zum Vorschein. Sie ist auch heutigen Neoliberalen zu eigen – allerdings in unterschiedlichem Ausmaß. Gemäßigte wie Josef Joffe halten die heutige Demokratie für ausreichend, um den Staat in seine Schranken zu weisen. Radikalere sehen das anders. Der neoliberale Sozialphilosoph Friedrich August von Hayek (1899-1992) etwa hat viele Buchseiten darauf verwendet, Alternativen zur Demokratie zu entwickeln. Um Markt und Kapitalismus vor staatlichen Eingriffen zu schützen, wollte er die Macht demokratischer Gremien ebenso beschneiden wie die politische Mitsprache weiter Teile der Bevölkerung. Und er beließ es nicht bei grauer Theorie. 1973 errichtete in Chile das Militär unter General Augusto Pinochet eine neoliberale Diktatur. Hayek verteidigte dies offensiv: »Ich ziehe einen liberalen Diktator einer demokratischen Regierung, der es an Liberalismus mangelt, vor.«

Trotz aller Unterschiede sind sich demokratische und undemokratische Neoliberale darin einig, dass Demokratie kein Selbstzweck sei. Sie habe vielmehr dem Markt zu dienen. Sie dürfe nicht zu sehr in Märkte eingreifen, müsse Eigentumsrechte und Vertragsfreiheit gewährleisten, öffentliche Ordnung garantieren und Umverteilung auf ein Minimum beschränken. Josef Joffe deutet dies in seiner Preisrede an, wenn er davon spricht, dass der »Raubtierkapitalismus« ein »Hauskater« geworden sei, »der an der Leine des Wohlfahrts- und Umverteilungsstaates läuft, aber freundlicherweise kräftig genug ist, um uns märchenhaften Reichtum zu verschaffen.«

Vorrang des Marktes vor demokratischer Politik: Diese Auffassung erklärt vielleicht, weshalb Neoliberale auch vor der undemokratischen Machtungleichheit in heutigen Demokratien die Augen verschließen. Aus wirtschaftlicher Macht resultiert politische Macht, mit allen negativen Auswirkungen. So haben finanzstarke Interessen größere Chancen auf politisches Gehör (→ Kapitel 95). Nicht zuletzt der Einfluss von Konzernen ist national und international beträchtlich. Und die Finanzierung von Parteien durch Unternehmen und reiche Privatpersonen steht zu Recht immer wieder in der Kritik. Das sind nur einige Beispiele dafür, wie unter kapitalistischen Bedingungen formal gleiche demokratische Rechte zu ungleicher demokratischer Mitsprache führen.

Übrigens: Wie viele der mächtigsten Journalistinnen und Journalisten des Landes unterhalten wohl eine so enge Freundschaft zu Arbeitslosen, Niedriglöhnern oder Wanderarbeiterinnen, wie sie der Top-Journalist Josef Joffe offenbar zum Hamburger Top-Banker Max Warburg unterhielt? Darüber ernsthaft nachzudenken, wäre für die Demokratie sinnvoller, als über den Segen des Kapitalismus für die Demokratie zu schwadronieren.

94: »Politik will Wahlen gewinnen, daher denkt sie nicht langfristig!«

Es war einmal eine deutsche Journalistin mit klarem neoliberalem Kompass und Abneigung gegen einen starken Sozialstaat. Insbesondere von einer auskömmlichen gesetzlichen Alterssicherung hielt Dorothea Siems nicht viel, und so schrieb sie im Juni 2017 in einem Leitartikel der Zeitung Die Welt: *»Die zu Ende gehende Legislaturperiode hat gezeigt, dass die Sozialpolitiker fatalerweise nicht Willens sind, die langfristigen Kosten ihrer Wünsche zu sehen. Politiker denken in Wahlperioden.«*

Das Image von Politikerinnen und Politikern ist bekanntlich nicht das Beste. Dass sie nur kurzfristig denken, nur bis zur nächsten Wahl – das ist Vorwurf an jedem Stammtisch und in jeder Sonntagsrede der Wirtschaftslobby. Und weiter: Politik neige zum Geschenkemachen, um sich die Wiederwahl zu sichern (nicht zuletzt, um so den eigenen Geldbeutel zu füllen). Die langfristigen Folgen ihrer Entscheidungen bedenke sie dabei nicht, etwa steigende Kosten und Schulden. Die Zeche der Party müssten wir alle bezahlen (→ Kapitel 81). Fazit: Soziale Politik gebe es nicht aus vernünftigen Gründen, sondern weil die Demokratie falsche Anreize setze.

Ein solches Welt- und Menschenbild ist simpel. Zu simpel. Denn warum sollten Politikerinnen und Politiker nicht auch aus Überzeugung und guten Gründen handeln können? Aus der Überzeugung etwa, die soziale Gerechtigkeit langfristig zu stärken? Soziale Sicherheit und Teilhabe sind ja wichtige und legitime langfristige Ziele. Und umgekehrt können auch Wählerinnen und Wähler ihre Stimme einfach aus Überzeugung vergeben. Der damalige Bundeskanzler Gerhard Schröder (SPD) etwa gewann 2002 die Bundestagswahl mit dem Versprechen, den Sozialstaat um- und abzubauen. Auch viele, die dadurch Nachteile zu erwarten hatten, machten ihr Kreuzchen bei der SPD. Sie glaubten dem Gerede von der Notwendigkeit all dessen. Ein »Geschenk« war das gewiss nicht, eher ein Kuckucksei.

Gegen das Märchen von den kurzfristig Geschenke verteilenden Politikerinnen, Politikern und Parteien spricht auch, dass diese sich widersprüchlichen Erwartungen und Interessen gegenübersehen und daher auf unterschiedliche Bevölkerungsgruppen und Klassen (→ Kapitel 32) zielen. Sie haben zudem immer über Verteilungsfragen zu entscheiden: Ein »Geschenk« für die einen ist fast immer eine Last für die anderen – und umgekehrt. Höhere Renten für Versicherte bedeuten höhere Rentenbeiträge, die auch die Arbeitgeber mitbezahlen müssen. Und niedrigere Rentenbeiträge, von denen auch Arbeitgeber profitieren, bedeuten niedrigere Renten. Mietobergrenzen dämpfen die Mieten, zugleich aber auch die Renditen der Vermieterinnen und Vermieter. Ein Verzicht auf Obergrenzen wiederum lässt vielerorts die Mieten und Renditen explodieren. Geschenk und Last gehen also stets Hand in Hand. Auffällig ist allerdings, dass für die Neoliberalen langfristig schädliche »Geschenke« stets nur jene politischen Entscheidungen sind, die den Sozialstaat stärken.

Hinzu kommt: Stellen wir uns für einen Moment vor, Politikerinnen und Politiker handelten tatsächlich nur mit dem Ziel, die eigene Macht und den eigenen Geldbeutel zu vergrößern. Wäre es dann überhaupt zielführend, Arbeitnehmer, Mieterinnen, Rentner oder Studentinnen mit sozialen Wohltaten zu beglücken? Vermutlich nicht. Denn das Geld steckt anderswo, und Geld ist bekanntlich Macht. Wer ein ordentliches Budget für den eigenen Wahlkampf braucht, wird sich um Spenden bei den richtigen Leuten bemühen. Wer im Falle eines Scheiterns im unsicheren politischen Geschäft weich fallen will, macht sich frühzeitig einen guten Namen in bestimmten Kreisen. Und wer nach der politischen Karriere einen lukrativen Aufsichtsrats-Sitz oder Beraterjob wünscht, legt sich nicht mit potentiellen späteren Jobgebern an. Unternehmen bzw. Arbeitgeber zu bedienen, das lohnt sich langfristig für solche Politikerinnen und Politiker also weitaus mehr, als der Bevölkerung kurzfristige »Geschenke« zu machen.

Übrigens: Mit der so genannten Neuen Politischen Ökonomie (auch Public-Choice-Theorie) ist das eingangs beschriebene Denken sogar wissenschaftlich geadelt worden. Dieser neoliberale »Forschungs«-Ansatz versteht Politik als ein System, das wie ein Markt funktioniere. Er unterstellt unter anderem, dass Politikerinnen und Politiker stets egoistisch ihren persönlichen Eigennutz verfolgten. Seit den 1970er Jahren war diese Neue Politische Ökonomie eine wesentliche theoretische Grundlage für die von Neoliberalen immer wieder betriebene Einschränkung der Demokratie.

95:
»Weniger Staat bedeutet mehr Freiheit!«

Es war einmal eine politische Stiftung, die schon die Jüngsten von der rechten Sache überzeugen wollte. Also setzte sie zur politischen Bildung von Schülerinnen und Schülern eine Webseite mit dem hochtrabenden Titel »Adenauer Campus« auf. Dort verkündete jene

Konrad-Adenauer-Stiftung in einem undatierten Text: »Wettbewerb und Freiheit sind zwei Seiten einer Medaille. Freiheit bedeutet, dass niemand an der Teilhabe am Wettbewerb gehindert wird, weder durch andere Marktteilnehmer noch durch den Staat.«

Freiheit als Freiheit am Markt. Der Liberalismus kennt zwar mehr Freiheitsbegriffe als diesen. Das Recht auf politische Teilhabe beispielsweise, auf freie Wahlen und körperliche Unversehrtheit. Im Zeitalter des Neoliberalismus aber ist Freiheit vorrangig Freiheit am Markt: Vertragsfreiheit, Berufsfreiheit, Recht auf Eigentum, freien Kapitalverkehr und ähnliches. Als frei gilt dann, wer unbehelligt als Anbieterin oder Nachfrager, als Anlegerin oder Käufer, als Selbständige oder Arbeitnehmer auftreten kann. Zwilling dieser Freiheit ist die Selbstverantwortung: Für Erfolg oder Misserfolg am Markt habe jeder Mensch alleine geradezustehen. Dem Staat bleibe nur noch die Aufgabe, Markt und Wettbewerb zu garantieren. Einige Neoliberale fordern zwar eine staatliche Kartellpolitik. Diese solle verhindern, dass einzelne Unternehmen so groß und mächtig werden, dass sie den freien Wettbewerb (und damit die Freiheit) einschränken können. Andere Neoliberale allerdings lehnen sogar das ab, weil es die Freiheit verletze, groß und mächtig zu werden – freier Marktzugang und Wettbewerb sorgten in der langen Frist sowieso für das Verschwinden von Marktmacht.

Zwänge, die sich am Markt ergeben, schränken aus dieser Perspektive unsere Freiheit nicht ein. Denkt man dies weiter, so ergeben sich merkwürdige Konsequenzen: Wer etwa als Alleinerziehende nicht genug arbeiten bzw. verdienen kann, um sich über Wasser zu halten, darf die Freiheit zu verhungern genießen (das eigene Kind gleich mit). Das gilt auch für alle, die krank oder alt sind. Und wer aufgrund niedriger Einkommen keine Mietwohnung bezahlen kann, genießt die Freiheit, unter Brücken zu schlafen. Frei sind sie auch deshalb, weil der Staat sie nicht mit Arbeitslosengeld, Kindergeld, Krankenversorgung, Renten oder Sozialwohnungen belästigt.

Zugegeben: So radikal argumentieren die wenigsten Neoliberalen.

In der Regel plädieren sie für einen Staat, der zumindest die größte Not lindert. Auch die Konrad-Adenauer-Stiftung äußert sich entsprechend. Doch wollen weder die »Gemäßigten« noch die Radikalen sehen, dass Freiheit immer auch eine materielle Seite hat. Freiheit bedeutet eben auch, selbstbestimmt an Gesellschaft – am kulturellen, wirtschaftlichen und demokratischen Miteinander – teilhaben zu können. Dafür braucht es Zeit, Muße, Geld und Sicherheit. Es braucht einen Anteil am gesellschaftlichen Wohlstand, der über das nackte Überleben hinausgeht. Insofern setzt Freiheit in einem gewissen Maße Gleichheit voraus – die der Markt alleine nicht herstellen kann.

Ohne solche materiellen Voraussetzungen von Freiheit sind auch die klassischen Freiheitsrechte nur leere Hüllen. Denn wer Wahlrecht, Meinungsfreiheit und Koalitionsfreiheit mit Leben füllen möchte, braucht Zeit und Geld etwa für Bildung, Austausch und Mobilität. Hinzu kommt, dass wirtschaftliche Macht und hohe Einkommen immer auch mit politischer Macht einhergehen. Das Wahlrecht ist dann nur formal ein gleiches. So zeigte 2016 eine Studie an der Universität Osnabrück, dass nicht nur in den USA, sondern auch in Deutschland politische Entscheidungen weitaus häufiger den Vorstellungen und Wünschen der finanziell Bessergestellten folgen als denen der Einkommensschwächeren. Und direkten Einfluss gewinnt, wer sogar »eigene« Politikerinnen, Politiker und Parteien aufbaut – wie es etwa Frank Stronach (Österreich), Peter Thiel (USA), Silvio Berlusconi (1936-2023) (Italien) und Ihor Kolomoisky (Ukraine) vorgemacht haben.

Die Begrenzung wirtschaftlicher Macht ist vor diesem Hintergrund ebenso freiheitsfördernd wie die Umverteilung zu Lasten der Reichen. Dies gilt für die Presse- und Meinungsfreiheit ganz besonders. Denn gerade sie stehen auf der Kippe, wenn sich publizistische Macht in wenigen Händen konzentriert. Rupert Murdoch und erneut Berlusconi sind nur die extremsten Beispiele für die Gefahr, die von geballter kapitalistischer Medien- und Meinungsmacht ausgeht. Wogegen unter anderem unabhängige öffentlich-rechtliche Medien helfen, die Vielstimmigkeit gewährleisten.

96: »Der Kapitalismus ist überlegen, weil er spontane Ordnung ist – ohne Planung!«

Es war einmal ein ehemaliger Marxist, der zum Neoliberalen wurde. Seine einstigen Überzeugungen bekämpfte Rainer Zitelmann danach umso energischer, etwa in seinen Büchern: »Der Kapitalismus ist – anders als der Sozialismus – nicht ein Gedankensystem, das der Wirklichkeit übergestülpt wird, sondern eine weitgehend spontane, evolutionär entstandene Ordnung, die eher ›von unten‹ wächst als von oben angeordnet wird.« Damit sei der Kapitalismus überlegen, was viele nicht verstünden: »Die Vorstellung, dass eine Wirtschaft ohne aktives Zutun und ohne Planung besser funktioniert als mit, ist vielen Intellektuellen fremd.«

Der Kapitalismus als spontane Ordnung, entstanden durch Evolution, also ohne bewusstes menschliches Zutun und ohne Planung: Diese Auffassung ist weit verbreitet. Am prominentesten hat sie wohl der Ökonom und Sozialphilosoph Friedrich August von Hayek (1899-1992) vertreten. Kapitalismus und Markt hätten sich durch zahlreiche Handlungen von Einzelpersonen herausgebildet. Aus Regelmäßigkeiten seien nach und nach Verhaltensregeln geworden, die sich als sinnvoll herausstellten. Solche spontanen Ordnungen könnten mehr Informationen verarbeiten als zentral geplante Organisationen. Deshalb seien sie für große, komplexe Gesellschaften besser geeignet. Gerade in neoliberalen Zeiten ist eine solche Sichtweise beliebt, legt sie doch eine gern gesehene Schlussfolgerung nahe: Wenn der Kapitalismus spontane, ungeplante Ordnung ist, dann sollte sich der Staat aus Märkten heraushalten. Dann seien nicht Planung, Regulierung und Verstaatlichung gefragt, sondern Spontaneität, Deregulierung und Privatisierung.

Eine solche Sichtweise ist geschichtsvergessen und naiv. Geschichtsvergessen ist sie, weil sie nicht zur Kenntnis nimmt, dass der Kapitalismus nur dank Gewalt und Unterdrückung entstehen konnte. Im Kapitalismus braucht es Kapital, das sich investiert und vermehrt. Ursprünglich wurde es unter anderem durch gewaltsame koloniale Ausbeutung zusammengerafft. Auch die Entstehung des kapitalistischen Finanzsystems war eng mit dem kolonialen Handel verbunden. Und vielerorts entstand ursprüngliches Kapital durch das gewaltsame Vertreiben von Bauern aus Ländereien, die sie seit Jahrhunderten rechtmäßig, aber ohne formale Besitzrechte beackerten. Selbst in unserer Zeit ist Ähnliches zu beobachten: Der Reichtum der Oligarchen einst realsozialistischer Länder beruht fast immer auf der Aneignung von Volkseigentum durch ehemalige Apparatschiks in der Umbruchzeit. Ohne Macht und Obrigkeit also kein Kapitalismus.

Naiv ist das Märchen von der spontanen Ordnung, weil Markt und Kapitalismus nicht ohne Staat und Planung zu haben sind. Auch im Kapitalismus gibt es Organisationen. Die wohl wichtigsten sind Unternehmen und Staaten. Für beide ist Planung unverzichtbar. Unternehmen planen ihre Produktion, ihre Finanzen, ihr Personal, ihre Investitionen und vieles mehr. Der Aufwand, um in Großkonzernen die Handlungen und Entscheidungen von mehreren 10.000 Beschäftigten weltweit aufeinander abzustimmen, ist enorm. »Spontan« ist da wenig. – Staaten wiederum planen die Entwicklung ihrer Volkswirtschaft, beginnend bei der räumlichen Planung vor Ort über Infrastrukturprojekte bis hin zum Bildungswesen, Rechtssystem, zur Geldversorgung und vielem mehr. Sie schaffen damit (auch) die Bedingungen dafür, dass Märkte funktionieren können. Und mehr noch: Sie schaffen Märkte (→ Kapitel 86). Am unmittelbarsten wird dies bei netzgebundenen Märkten deutlich, beispielsweise für Strom, Gas oder Bahnverkehr. Hier wäre die Errichtung paralleler Netze durch konkurrierende Unternehmen unwirtschaftlich. Wettbewerber müssen daher die gleichen Netze nutzen, was enormen Koordinationsbedarf mit sich bringt. Um hier Wettbewerb zu ermöglichen, haben die Staaten daher höchst komplexe Regelwerke entworfen. Sie durchzusetzen, ist aufwändig und teuer. Und für die Netznutzung setzen die Staaten Preise fest.

Vor allem letzteres – staatlich festgesetzte Preise – ist unter Neoliberalen eigentlich verpönt. Nicht aber, wo es darum geht, einen Markt zu schaffen. Und auch darüber hinaus ist den Neoliberalen klar, dass sie den Staat brauchen, um Markt und Wettbewerb zu erzeugen. Sie planen den Markt. Und kommt es am Ende hart auf hart, haben sie auch nichts gegen Polizeiknüppel und Haftzellen, um die kapitalistische Ordnung zu schützen.

Allzu spontan sind Märkte und Kapitalismus also nicht.

97:
»Am Markt dient der Egoismus des Menschen dem Allgemeinwohl!«

Es war einmal eine Journalistin, deren Rechtfertigung des Kapitalismus recht typisch ausfiel. Heike Göbel glaubte an den Eigennutz im Menschen und dessen Zivilisierung durch die Marktwirtschaft. Zu Weihnachten 2006 schrieb sie in der Frankfurter Allgemeinen Sonntagszeitung*: »Der schottische Moralphilosoph Smith beschrieb 1776, welche Vorteile ein so mächtiger natürlicher Trieb wie der Eigennutz für das Fortkommen einer Gesellschaft hat: ›Nicht vom Wohlwollen des Fleischers, Brauers oder Bäckers erwarten wir unsere Mahlzeit, sondern von der Bedachtnahme auf das eigene Interesse.‹ Anders als die meisten anderen Lebewesen sei der Mensch auf die Hilfe seiner Mitmenschen angewiesen, und er werde auf diese vergeblich hoffen, wenn er sich nur auf den guten Willen verlasse. Erfolgversprechender sei es, ihr Eigeninteresse zu seinen Gunsten zu wecken, und ihnen – über ein Tauschgeschäft – klarzumachen, daß die Hilfe auch für den anderen von Nutzen ist.«*

Es ist eine oft zu lesende Argumentation: Der Mensch sei von Natur aus ein eigennütziges, gar egoistisches Wesen. Daran könne man nichts ändern. Und gerne beruft sich, wer so argumentiert, auf Adam Smith. Dieser habe gezeigt, wie Marktwirtschaft Eigennutz und Egoismus in gute Bahnen zu lenken vermöge. Am Markt handle jeder Mensch zwar zum eigenen Wohl, aber gerade hierdurch entstehe wie durch Zauberhand Allgemeinwohl.

Adam Smith (1723-1790) gilt heute als einer der wichtigsten Vordenker des Liberalismus. Doch würde er sich wohl im Grabe umdrehen, könnte er lesen, wie manche ihn heute auslegen. So etwa, wenn seine Passage vom »Wohlwollen des Fleischers, Brauers und Bäckers« als Beschreibung des Marktes missverstanden wird. Schließlich befasst er sich hier mit der gesellschaftlichen Arbeitsteilung, genauer gesagt mit den Vorteilen von Spezialisierung: Nicht jeder Mensch stellt alles selbst her, sondern die einen Fleisch, andere Bier und Dritte Brot. Anschließend tauschen sie diese Produkte. Eine solche arbeitsteilige Gesellschaft wird produktiver sein, pro Arbeitsstunde also mehr herstellen können, und so den Wohlstand steigern.

Der Mensch ist zum Überleben darauf angewiesen, Natur zu verändern. Er macht dies für sich selbst und gemeinsam mit anderen. Und er macht dies durch Arbeit. In einer arbeitsteiligen Gesellschaft hängt die Existenz daher davon ab, an der Arbeitsteilung mitzuwirken. Also etwa Fleisch anzubieten, um Brot oder Bier zu erhalten. Das mag man, wie Adam Smith, als eigennützig bezeichnen. Sein Kernthema ist hier aber nicht der Eigennutz, sondern Selbsterhaltung in einer arbeitsteiligen Gesellschaft. (In diesem Sinne ist selbst das Atmen »eigennützig«.)

Gemeinsam mit anderen die Natur zu verändern und dabei die eigene Existenz zu sichern: Es ist mindestens gewagt, aus diesen Zeilen herauslesen zu wollen, dass der Mensch ein egoistisches Wesen sei, das am Markt diesem Egoismus zum Wohle aller freien Lauf lasse. Dies gilt umso mehr, als Adam Smith den Menschen mindestens im gleichen Maße für ein soziales und moralisches Wesen hält: In dessen Natur, schreibt er, lägen Prinzipien, »die ihn dazu bestimmen, an dem Schicksal anderer teilzunehmen.« Was an Märkten nicht weniger gilt als außerhalb.

Der Moralphilosoph Adam Smith redete also keineswegs

einem Marktextremismus das Wort. Sein Interesse war vielmehr, Regeln für ein gutes Zusammenleben zu finden. Darin hat der Markt für ihn insofern einen Platz, als sich dort der Austausch arbeitsteilig hergestellter Güter vollzieht. Keineswegs aber forderte Adam Smith »freie« Märkte, an denen ein menschlicher Egoismus entfesselt wirken könne. Ganz im Gegenteil hielt er staatliche Regulierung für ebenso notwendig wie die Korrektur von Marktergebnissen, also Umverteilung. Gewiss: Sozialist war er nicht. Aber eben auch kein Marktextremist. Wirtschaft ist bei Adam Smith eingeordnet in ein Gefüge, in dem Moral, Recht und Politik klare Grenzen setzen.

Adam Smith ist also ein schlechter Kronzeuge für die Neoliberalen. Dennoch führen sie ihn gerne als solchen an, wenn sie Eigennutz und Markt abfeiern. Indem sie Egoismus auf eine vermeintliche Natur des Menschen zurückführen, die am Markt zum Guten gewendet werde, entziehen sie bestehende Missstände einer Kritik. Sei es beispielsweise die Ausbeutung von Menschen, der Missbrauch wirtschaftlicher Macht oder eine verhärtete soziale Ungleichheit: Gerade hier käme es darauf an, gesellschaftliche Ursachen zu ergründen. Nicht ob der Mensch ein egoistisches Wesen ist, wäre also zu fragen, sondern anderes: Inwiefern provozieren gerade Märkte und Kapitalismus ein Verhalten, das gesellschaftlich schädlich ist? Und was wäre dagegen zu tun?

98:
»Wir brauchen Reformen!«

Es war einmal ein Journalist, für den Veränderungs-Stimmung mindestens so wichtig war wie der Inhalt von Veränderungen. In einer Kolumne auf Spiegel Online *schrieb dieser Nikolaus Blome im April 2021 mit Blick auf den bevorstehenden Bundestags-Wahlkampf: »Besonders für die liberalen Konservativen wird es die Probe aufs Exempel: Können sie überhaupt Reform? Erkennen sie ihren ›Agenda-*

Moment‹, wenn es mit dem Alten an bestimmten Punkten nicht mehr geht, folglich das Neue, die Reformen, die nicht Selbstzweck sind, sondern staatstragende Notwendigkeit?«

Krampfhaft pathetisch formuliert, spricht Blome hier liberale Konservative explizit an. Sein eigentlicher Appell aber dürfte sich an die gesamte politische Klasse richten. Er suggeriert, dass es Momente gebe, in denen Veränderung unumgänglich sei. Es brauche dann »Reformen«, weil das »Alte« überkommen sei und überwunden werden müsse. Solche Reformen seien ohne Alternative (→ Kapitel 57). Und ein solcher Moment sei aktuell gegeben.

Man muss vielleicht vorwegschicken, dass aus neoliberaler Sicht immer höchste Zeit für »Reformen« ist. Aber nicht immer finden sie Gehör wie in den späten 1990er und frühen 2000er Jahren. Damals war die (vorläufige) Hoch-Zeit des Neoliberalismus, entsprechende Veränderungs-Stimmung weit verbreitet. Und sie hatten hart dafür gearbeitet: Viele Jahre lang zeichneten interessierte Politikerinnen und Politiker, Verbände, Medien, Wissenschaftlerinnen und Wissenschaftler ein extrem negatives Bild der sozialen und wirtschaftlichen Lage. Und zwar keineswegs nur in Deutschland. Der Sozialstaat sei zu teuer und befördere Faulheit (→ Kapitel 07), die Arbeitsmärkte zu unflexibel (→ Kapitel 02), die Hochschulen zu wenig innovativ und arbeitsmarkt-orientiert, die öffentliche Verwaltung zu behäbig, die Steuern zu hoch (→ Kapitel 70) und die Gewerkschaften (→ Kapitel 14) zu ideologisch wie auch zu mächtig. Als Vorbild galten stets jene Länder, die niedrigere Sozialstandards zu bieten hatten (oder von denen man das zumindest irgendwie vermutete): Beim Kündigungsschutz Dänemark, beim Bremsen der Löhne die Niederlande, bei der Entmachtung der Gewerkschaften Großbritannien, bei der Schwächung des Tarifvertragssystems Neuseeland und beim Abbau der Sozialhilfe die USA.

Überall war der Ruf nach »Reformen« zu hören, und quasi überall fanden sie früher oder später auch statt. Wer besonders klug klingen wollte, sprach von »Strukturreformen«. Wer Alarm schlagen wollte, sprach von »Reformstau«. Geradezu beispielhaft ist es dem neoliberalen Neusprech damals – und bis heute – gelungen, den Begriff zu besetzen und inhaltlich in sein Gegenteil zu verkehren. »Reform«, damit wollten linke demokratische Parteien und Gewerkschaften einst fortschrittliche Verbesserungen erreichen. Es war das demokratische, gewaltlose und planvolle Konzept, das den revolutionären Umsturz ersetzen sollte. Es war das Versprechen, dass alles besser würde. Reformen sollten die soziale und politische Teilhabe der »kleinen Leute« gewährleisten, soziale Sicherheit ausbauen, Bildungswege für alle erschließen, die Beschäftigten gegenüber ihren Arbeitgebern stärken und Umverteilung für mehr soziale Gerechtigkeit ermöglichen.

Gewiss, geblieben ist auch im neoliberalen Zeitalter die Idee, dass durch Reformen alles besser würde. Es warteten Arbeit, Wachstum, Wohlstand. Aber zunächst einmal müssten dafür »alle« durch ein Tal der Tränen: Weniger Staat, weniger soziale Sicherheit, weniger Kündigungsschutz, mehr Leiharbeit, mehr Arbeitsmarktorientierung im Bildungssystem, weniger Stellen im öffentlichen Dienst, mehr Privatisierungen, weniger Tarifverträge, niedrigere Lohnsteigerungen. Dann, und nur dann, würde es irgendwann aufwärtsgehen. Es ist wie der Glaube an ein zukünftiges Himmelreich. Mit der einstigen Idee von Reform hat es nichts mehr zu tun.

Dass dieses Himmelreich komme, schreiben sie gerne und viel – aufgrund welcher Wirkmechanismen aber, das machen die neoliberalen Reformerinnen und Reformer auffällig selten zum Thema. Und am seltensten sprechen sie über die Verteilungswirkungen ihrer Politik. Dabei käme es doch genau hierauf an: Gehen alle Menschen durch das Tal der Tränen – oder nur manche? Kommen am Ende alle ins Himmelreich – oder nur wenige? Sieht man genauer hin, so zeigt sich: Nur einige wenige (→ Kapitel 32) profitieren von niedrigeren Steuern und Sozialbeiträgen, einem schlechteren Kündigungsschutz, niedrigeren Sozialleistungen und einem geringeren Lohnwachstum. Und das nicht irgendwann, sondern ziemlich schnell. Warum das so ist? Dafür empfehlen wir einen Blick in die anderen Kapitel.

99:
»Leistung lohnt sich!«

Es war einmal eine Partei, die sich auf äußerst kurze Märchen verstand. In einem Parteitagsbeschluss gab jene CDU im Dezember 2018 zum Besten: »Leistung lohnt sich«. Genau das sei Kern der »Sozialen Marktwirtschaft«.

Gerade einmal drei Worte braucht dieser ur-neoliberale, ja sogar urkapitalistische Glaubenssatz: Wer sich anstrengt, werde am Markt belohnt. Wer etwas leistet, profitiert. Krieg' Deinen Allerwertesten hoch, dann hast Du Erfolg. Diese Überzeugung schafft einen Glauben an Gerechtigkeit, sie ist letztlich der Kitt für ganze Gesellschaften. Auch, weil sie eine für viele Menschen annehmbare Erklärung für soziale Ungleichheiten liefert. Denn da gibt es noch eine andere Seite der Medaille: Wenn Leistung sich lohnt, dann muss selbst schuld sein, wer arm und elend lebt. Er oder sie hätte sich nur eben mehr bemühen müssen (→ Kapitel 06).

Allein, es ist nicht, wie es scheint. Menschen, die trotz aller Anstrengungen auf keinen grünen Zweig kommen, gibt es mehr als genug. An entsprechenden Medienberichten sowie wissenschaftlichen Studien mangelt es nicht. Auch dass beispielsweise Frauen mehr leisten müssen als Männer, um das gleiche Gehalt zu bekommen, ist ausreichend belegt. Arbeiterkinder bekommen für gleiche Leistung regelmäßig schlechtere Noten in der Schule – mit entsprechenden Nachteilen später in Ausbildung, Studium und Beruf. Und der Zugang zu bestimmten, gut bezahlten Berufen ist für Migrantinnen und Migranten schwieriger als für andere. Nicht zuletzt sollte auch die sich immer weiter öffnende Schere zwischen niedrigen und hohen Einkommen, zwischen Armen und Reichen am Märchen von der sich lohnenden Leistung zweifeln lassen: »62 fleißigste Menschen genauso reich wie 3,7 Milliarden faulste Menschen zusammen«, so brachte die Satire-Webseite *Der Postillon* den Unsinn dieses Glaubenssatzes im Januar 2016 auf den Punkt.

Dass ein Markt Leistung gerade nicht systematisch und regelmäßig belohnt, macht einerseits den Kern von Marktwirtschaft aus. Andererseits ist es für den Kapitalismus ein Problem. Der neoliberale Ökonom Friedrich August von Hayek (1899-1992) fasste das Wirken des Marktes einst wie folgt zusammen: Dieser sei ein »unpersönlicher Prozeß«, der »die Signale der Preise« so setze, dass »den Leuten mitgeteilt« werde, »was zu tun ist«. Damit aber könne der Markt gerade »keine Rücksicht auf Bedürfnisse und Verdienste« nehmen. Und genau darin liege seine Effizienz begründet. Falsch ist diese Überlegung nicht. Doch während sie aus kritischer Sicht Anlass für eine Korrektur von Marktergebnissen ist, für Umverteilung, Sozialstaat und Gewerkschaften, schlussfolgert Hayek das genaue Gegenteil: Der Markt sei effizient, gerade weil er Leistung ignoriere. Und weil er effizient sei, sei er auch gerecht.

Damit erfasst der österreichische Ökonom und Sozialphilosoph die Wirklichkeit immerhin besser als die meisten seiner Gesinnungsgenossinnen und -genossen. Und er erkennt klarer das Problem, vor dem die Neoliberalen stehen: Wie motiviert man Menschen zu Anstrengung und Leistung, wenn sich solcherlei Bemühungen am Ende oft nicht auszahlen? Seine Antwort ist so einfach wie ehrlich: »Es ist gewiß wichtig in der Marktordnung […], daß die Individuen davon überzeugt sind, daß ihr Wohlergehen primär von ihren eigenen Anstrengungen und Überzeugungen abhängt. Tatsächlich gibt es nur wenige Umstände, die eher dazu geeignet sind, einen Menschen energisch und effizient zu machen, als die Überzeugung, daß es hauptsächlich von ihm selbst abhängt, ob er die Ziele erreicht, die er sich gesetzt hat. Aus diesem Grunde wird diese Überzeugung oft durch Erziehung und die herrschende Meinung ermutigt – wie mir scheint, im allgemeinen sehr zum Vorteil der meisten Mitglieder der Gesellschaft […].« Anders formuliert: Auch wenn es unwahr ist, dass Leistung sich systematisch und regelmäßig lohne, ist es doch richtig, genau dies immer wieder zu behaupten.

Es gibt übrigens eine interessante Variante dieses Märchens: Leistung müsse sich wieder lohnen, heißt es dann. Oder in den Worten der CDU: »Wer etwas leistet, wer hart arbeitet, wer sich an die Regeln hält, muss am Ende mehr haben, als wenn er nichts tut.« Nicht Zweifel am Segen des Marktes wird hier gestreut, sondern Kritik an der Umverteilung des Staates geübt. Dieser nehme den »Leistungsträgern« »unserer« Gesellschaft zu viel weg. Er mache Erfolg zunichte, verfälsche dessen Ergebnisse, entwerte so Leistung (→ Kapitel 35). Mit solchen Behauptungen werden insbesondere Steuersenkungen eingefordert und begründet – Markt vor Staat also, einmal mehr.

100: »Unternehmerinnen und Unternehmer schultern besonders große Risiken!«

Es war einmal ein sozialdemokratischer Fraktionsvorsitzender, der wusste: Gegen das Kapital gewinnt man keine Wahl. In einem Interview mit dem Magazin Stern *im September 2014 warb jener Thomas Oppermann deshalb für eine unternehmensfreundliche SPD: »Wir müssen innovative, kreative Leute anlocken und sie dabei ermuntern, dass sie Risiken eingehen, Unternehmen gründen, Arbeit schaffen. Wenn sie das machen, müssen sie hinterher aber auch belohnt werden.« Und auf Nachfrage, was dies konkret bedeute, sprach er sich für eine zurückhaltende Steuerpolitik aus: »Dass man maßhalten muss, wenn man an der Steuer-Schraube dreht.«*

Der Steuerstaat solle also Unternehmerinnen und Unternehmer aus zwei Gründen nicht zu sehr in die Pflicht nehmen: Erstens, weil sie Arbeit schüfen. Und zweitens, weil sie dabei Risiken eingingen. Im Nachfolgenden sei der zweite Punkt genauer in den Blick genommen: Wer ein Unternehmen gründe oder besitze, der schultere hohe (auch finanzielle) Risiken. Diesen Umstand führen die Neoliberalen nicht nur – wie hier Thomas Oppermann (1954-2020) – gerne gegen höhere Steuern ins Feld, sondern auch gegen eine stärkere Regulierung von Unternehmen.

Um es vorweg zu nehmen: Ja, Unternehmerinnen und Unternehmer tragen finanzielle und andere Risiken (wie Anlegerinnen und Anleger auch). Sie bringen eigene Gelder ein, die verloren gehen können. Und sie haften für die Güter und Dienstleistungen, die sie verkaufen. Das ist Kapitalismus. Hier besitzt ein kleiner Teil der Bevölkerung Produktivkapital (→ Kapitel 32), das durch Investitionen gemehrt werden soll. Was eben mit Risiken einhergeht. So weit, so banal.

Oppermann & Co. blenden allerdings aus, dass der Staat in diesem Kapitalismus einiges dafür tut, das unternehmerische Risiko klein zu halten. Bei Gesellschaften mit beschränkter Haftung (GmbH) ist das schon im Namen erkennbar, bei Aktiengesellschaften (AG) sowie Kommanditisten von Kommanditgesellschaften (KG) gilt jedoch das Gleiche: Scheitert das Unternehmen, so haften die Unternehmerinnen und Anleger nur mit ihrem Eigenkapital.

Der Staat ist es auch, der das Risiko etwa durch Normierungen und Grenzwerte beschränkt. Wenn ein Produkt wegen bestimmter Schadstoffe gesundheitsgefährdend ist, vorgegebene Grenzwerte aber einhält, so kann der Hersteller nicht belangt werden. Und zwar auch dann nicht, wenn sich die Grenzwerte später als zu hoch herausstellen. Auch für Schäden, die nach aktuellem Stand von Wissenschaft und Technik nicht vorhersehbar waren, muss ein Unternehmen im Regelfall nicht haften. Letztlich werden auf diese Weise Risiken auf die Verbraucherinnen und Verbraucher sowie auf die Allgemeinheit abgewälzt. Und selbst wenn eine Schadenersatzpflicht vorliegt, ist der Nachweis unternehmerischer Verantwortung vor Gericht alles andere als einfach.

Auch die abhängig Beschäftigten tragen einen Teil des unternehmerischen Risikos. Ein kriselndes Unternehmen kann sich durch Entlassung ihrer entledigen, wenn auch nicht nach Belieben (→ Kapitel 03). Erhalten die Entlassenen anschließend Sozialleistungen, so haftet die Allgemeinheit mit.

In quasi allen Ländern ist es zudem üblich, im Rahmen öffentlicher Wirtschaftsförderung Eigenkapital-Mittel, Bürgschaften oder zinsgünstige Kredite an Unternehmen zu vergeben. Damit übernimmt die öffentliche Hand einen Teil des Ausfallrisikos. Noch sehr viel grundsätzlicher macht die Allgemeinheit unternehmerisches Handeln überhaupt erst möglich, indem sie beispielsweise für Bildung sowie für Straßen, Schienen und weitere Infrastruktur sorgt. Müssten die Unternehmen solche Investitionen selbst tätigen, etwa den Straßenbau zum eigenen Werk, so wäre ihr Risiko um einiges höher.

Und wenn es trotz alldem dann doch schiefgeht, hilft das Insolvenzrecht. Es wälzt finanzielle Schäden auf die Gläubigerinnen und Gläubiger ab. Sie erhalten ihr Geld nicht oder nur teilweise zurück, wenn ein Unternehmen seine Verluste nicht mehr tragen kann.

Einen beträchtlichen Teil der Risiken aus unternehmerischer Tätigkeit übernehmen also die Allgemeinheit bzw. der Staat, aber auch Gläubigerinnen und Beschäftigte. Anders wäre kapitalistisches Wirtschaften wohl auch nicht möglich. Müssten Unternehmen alle Risiken tatsächlich selbst tragen, dürfte es weder große Investitionsprojekte noch hochkomplexe Technologien geben.

Im Gegenzug für die öffentliche Risiko-Übernahme ist aber eine angemessene, hohe Besteuerung ebenso gerechtfertigt wie die Regulierung unternehmerischen Handelns. Erstere, weil mit den übernommenen Risiken auch öffentliche Aufgaben einhergehen. Letztere, um die Risiken möglichst klein zu halten.

101: »Neoliberale sind sozial – nicht marktradikal!«

Es war einmal ein Vorstandsmitglied einer Genossenschaftsbank, das Wert legte auf »Klarheit und Präzision in der Verwendung aktueller Begriffe«. In diesem Sinne schrieb Ralf Kölbach im März 2018 auf seiner Webseite: »weder dem Ordoliberalismus […] noch dem eng verwandten soziologischen deutschen Neoliberalismus […] kann man ›soziale Kälte‹ und Unterstützung großer Konzerne oder gar Monopole vorwerfen. Ganz im Gegenteil steht deutscher Neoliberalismus für einen starken Staat, der einen fairen Wettbewerb sicher zu stellen hat. Und er steht für soziale Verantwortung [...].«

Mit anderen Worten: Manche Neoliberale seien gar nicht so böse, wie oft behauptet wird. Insbesondere seien einige – nämlich die deutschen – sogar sozial, was deren Kritikerinnen und Kritiker regelmäßig verschwiegen. Auch der damalige Bundespräsident Joachim Gauck schlug in diese Kerbe, als er 2014 in einer viel beachteten Rede an der Universität Freiburg ein Loblied auf den so genannten Ordoliberalismus sang.

Ein sozialer Neoliberalismus? Um dieses Märchen zu verstehen, ist ein Blick zurück hilfreich. Ab den 1930er Jahren fanden sich Liberale aus verschiedenen Ländern zusammen, die im Detail recht unterschiedliche Vorstellungen von Politik und Ökonomie hatten. Aber sie teilten (mindestens) eine Grundeinstellung und eine Grundidee: eine ausgeprägte Sympathie für Privateigentum und Märkte – sowie die Überzeugung, dass deren Durchsetzung und Entfesselung eine politische Aufgabe sei. Gespalten waren die Neoliberalen in der Frage, wie stark der Staat zum Erhalt des Wettbewerbs in Märkte eingreifen solle: Insbesondere die deutschen Vertreter forderten unter der Selbstbezeichnung »Ordoliberalismus« einen starken Staat zur Verhinderung von Marktmacht und Monopolen. Ihre Kontrahenten hingegen hielten Marktmacht für legitim, wenn diese sich an Märkten herausgebildet hatte.

In gewisser Weise waren die deutschen Neoliberalen – die Ordoliberalen – also tatsächlich weniger marktradikal als andere. Solche Unterschiede gab es, wenngleich man sie nicht überbewerten sollte. Vor allem bedeuten sie nicht, dass die »deutschen Neoliberalen« sozialer gewesen seien als andere. So akzeptieren beispielsweise Neoliberale verschiedenster Denkrichtungen Einkommenstransfers an die Allerärmsten, solange dies Marktprozesse nicht verzerre. Und einem umfassenden Sozialstaat, wie Deutschland ihn heute hat, standen und stehen Ordoliberale genauso skeptisch gegenüber wie die anderen Neoliberalen auch.

Dennoch werden sie – in Abgrenzung von den »bösen« Neoliberalen – gerne als die »Guten« und die Sozialen dargestellt. So sollen sie etwa auch die Erfinder der »Sozialen Marktwirtschaft« sein. Tatsächlich geht dieser Begriff wesentlich auf den ordoliberalen Ökonomen, Soziologen und Politiker Alfred Müller-Armack (1901-1978) zurück. Dennoch handelt es sich dabei um ein (gewolltes?) Missverständnis. Denn wenn Ordoliberale von »sozial« sprechen, so meinen sie in erster Linie die Abwesenheit von Marktmacht. So definierte der ordoliberale Vordenker Walter Eucken (1891-1950) »soziale Gerechtigkeit« als Kombination aus Achtung des Eigentums und Sicherung des Wettbewerbs. Und vom ersten Bundeswirtschaftsminister und späteren Bundeskanzler Ludwig Erhard (CDU) stammt der Satz: »Je freier die Wirtschaft, umso sozialer ist sie auch«.

Ludwig Erhard (1897-1977) war von den Ordoliberalen stark beeinflusst. Entsprechend stand er dem nach 1949 entstandenen bundesdeutschen Sozialstaat eher skeptisch gegenüber. Die Verbesserungen bei der Rentenversicherung im Zuge der Rentenreform 1957 zum Beispiel setzte Bundeskanzler Konrad Adenauer (CDU) gegen ihn durch – auch auf Druck von Gewerkschaften und SPD. Zugleich war aber auch Ludwig Erhard klar, dass eine große Mitte-Rechts-Partei wie die CDU die Kapitalismus-skeptische Bevölkerung der Nachkriegszeit mitnehmen musste. Der Begriff der »Sozialen Marktwirtschaft« sollte dies leisten. Und das tat er ja auch – bis heute. Selbst Teile der Mitte-Links-Parteien beziehen sich positiv auf ihn.

Das »Soziale« in der »Sozialen Marktwirtschaft« gründet also keineswegs in der ordoliberalen Theorie. Dieser Begriff (wie auch der Sozialstaat selbst) war vielmehr ein Produkt politischer Strategie, um in der Bundesrepublik die Marktwirtschaft durchzusetzen. Die Ordoliberalen selbst aber standen – wie die anderen Neoliberalen – moderner Sozialpolitik und sozialstaatlicher Umverteilung skeptisch bis ablehnend gegenüber.

Quellenangaben

Die jeweils erste Quellenangabe verweist auf die Quelle des Zitats im jeweiligen Kapitel, etwaige weitere Angaben verweisen auf verwendete Studien und Texte. Fremdsprachige Zitate haben die Autoren übersetzt.

01: *Plickert, Philip* (2015): »Ungleichheit ist ein gehyptes Problem«. https://blogs.faz.net/fazit/2015/09/10/ungleichheit-ist-ein-gehyptes-problem-6502/ (Abruf 04.11.2022).

02: *Eichhorst, Werner / Tobsch, Verena* (2014): Flexible Arbeitswelten. Bericht an die Expertenkommission »Arbeits- und Lebensperspektiven in Deutschland«. Gütersloh.
Heimberger, Philipp (2020): Arbeitsschutz ist kein Jobkiller. https://makronom.de/strukturreformen-arbeitsschutz-ist-kein-jobkiller-37746 (Abruf 03.12.2020).
Kleinknecht, Alfred / Naastepad, C.W.M. et al. (2013): Schadet die Flexibilisierung des Arbeitsmarktes der Innovation? In: WSI Mitteilungen 4 (2013). S. 229-238.
Pini, Paolo (2013): Produttività e regimi di protezione del lavoro. https://keynesblog.com/2013/03/20/produttivita-e-regimi-di-protezione-del-lavoro/ (Abruf 04.08.2016).

03: *Anonym* (2007): »Der Bürger ist selber verantwortlich«. Benediktiner-Abtprimas Notker Wolf erklärt im domradio seine Teilnahme an einer Arbeitgeber-PR-Initiative. https://www.domradio.de/nachrichten/2007-07-19/benediktiner-abtprimas-notker-wolf-erklaert-im-domradio-seine-teilnahme-einer-arbeitgeber-pr (Abruf 13.11.2020).

04: *Lesch, Hagen* (2005): Lohnpolitik und Beschäftigung in Deutschland. In: IW-Trends 4 (2005).

05: *Tilz, Jana* (2013): »Ein Euro-Crash wäre für alle verheerend«. https://www.focus.de/finanzen/news/staatsverschuldung/tid-26328/ifo-chef-sinn-im-interview-ein-euro-crash-waere-fuer-alle-verheerend_aid_773625.html (Abruf 17.09.2016).
OECD (2010): Die OECD in Zahlen und Fakten 2010. Wirtschaft, Umwelt, Gesellschaft. Paris.

06: *Anonym* (2001): »Es gibt kein Recht auf Faulheit«. Interview mit Gerhard Schröder. In: Bild vom 06.01.2001.
Lang, Sebastian/ Gross, Christiane (2019): Einflussfaktoren auf das Stigmabewusstsein Arbeitsloser. In: Zeitschrift für Soziologie 48 (2019). S. 243–262.

07: *Anonym* (1977): Arbeitslos – feines Leben auf fremde Kosten? In: Der Spiegel vom 16.05.1977. S. 24-30.
Zick, Andreas / Küpper, Beate / Krause, Daniela (2016): Gespaltene Mitte – feindselige Zustände. Rechtsextreme Einstellungen in Deutschland 2016. Bonn.

08: *Siems, Dorothea* (2007): Gesamtmetall Präsident Kannegiesser in der Welt über Zeitarbeit, politische Zickzack-Kurse und Managergehälter. https://www.gesamtmetall.de/en/aktuell/interviews/gesamtmetall-praesident-kannegiesser-der-welt-ueber-zeitarbeit-politische (Abruf 21.04.2022).

09: *Siebert, Horst* (2008): Der Mindestlohn kostet viele Arbeitsplätze. In: Frankfurter Allgemeine Zeitung vom 02.01.2008.
Mindestlohn-Kommission (2018): Zweiter Bericht zu den Auswirkungen des gesetzlichen Mindestlohns. Bericht der Mindestlohnkommission an die Bundesregierung nach § 9 Abs. 4 Mindestlohngesetz. Berlin.

10: *Anonym* (2004): Koch fordert Billiglohn in Deutschland. https://rp-online.de/wirtschaft/unternehmen/koch-fordert-billiglohn-in-deutschland_aid-16933325 (Abruf 30.10.2022).

11: *Rüttgers, Jürgen* (2015): Bildung und Forschung brauchen Freiheit – nur so kann Deutschland wachsen. https://www.focus.de/politik/experten/ruettgers/gastbeitrag-von-juergen-ruettgers-bildung-und-forschung-brauchen-freiheit-nur-so-kann-deutschland-wachsen_id_5173423.html (Abruf 18.04.2020).

12: *Sachverständigenrat zur Begutachtung der gesamtwirtschaftlichen Entwicklung* (1999): Jahresgutachten 1999/2000. In: Deutscher Bundestag: Drucksache 14/2223.

13: *Göbel, Heike* (2007): Warum gibt es Angebot und Nachfrage? In: Frankfurter Allgemeine Sonntagszeitung vom 25.02.2007.

14: *Anonym* (2014): Ifo-Chef Sinn will 42 Stunden-Woche. https://www.focus.de/finanzen/news/sinn-interview/interview_aid_7123.html (Abruf 27.12.2020).

15: *Verband der Bayerischen Metall- und Elektro-Industrie* (2021): Mehr Flexibilität – Anforderungen an tarifliche Arbeitsbedingungen. Positionspapier. München.

16: *Kisling, Tobias/ Klay, Alexander* (2022): »Verantwortungslose Forderung«. Interview mit Stefan Wolf. https://www.gesamtmetall.de/aktuell/interviews/verantwortungslose-forderung (Abruf 30.08.2022).
Bundesarbeitsgericht BAG 10.06.1980 – 1 AZR 168/79.
Geffken, Rolf (2021): Der Professor und die Viererbande. Wie Nazi-Juristen um Hans Carl Nipperdey das deutsche Arbeitsrecht bis heute prägen. In: Der Freitag vom 22.04.2021.

17: *Sievers, Markus* (2006): DIW-Chef Zimmermann: »Lohnnebenkosten müssen sinken«. In: Frankfurter Rundschau vom 06.11.2006.

18: *Anonym* (2010): Merkel, Manager und »zu viel Symbolik«. https://www.sueddeutsche.de/politik/konjunkturgipfel-in-berlin-merkel-manager-und-zu-viel-symbolik-1.367380 (Abruf 13.09.2022).
Schmale, Oliver (2022): Wie ein Schwabe einen Autozulieferer ausbaute und nach China verkauft. https://www.faz.net/aktuell/wirtschaft/unternehmen/autozulieferer-allgaier-wie-dieter-hundt-den-konzern-gepraegt-hat-18154558.html (Abruf 16.01.2023).

19: *Fleischhauer, Jan* (1998): Logik des kalten Buffets. In: Der Spiegel vom 19.07.1998. S. 64-75.
Baumol, William (2012): The Cost Disease. Why Computers get cheaper and Health Care Doesn't. New Haven.
Statistisches Bundesamt (2021): Verbraucherpreisindizes für Deutschland Jahresbericht. Wiesbaden.
Wirth, Harry (2022): Aktuelle Fakten zur Photovoltaik in Deutschland. https://www.ise.fraunhofer.de/content/dam/ise/de/documents/publications/studies/aktuelle-fakten-zur-photovoltaik-in-deutschland.pdf (Abruf 10.01.2023).

20: *Christlich-Demokratische Union Deutschlands* (2021): Wohlstand umverteilen. https://www.cdu-botschaften-tankstelle.de/artikel/wohlstand-umverteilen (Abruf 06.09.2022).

21: *Deutsche Bundesregierung* (2002): Sozialbericht 2001. In: Deutscher Bundestag: Drucksache 14/8700.
Zahradnik, Franz / Schreyer, Franziska et al. (2016): Wenig gebildet, viel sanktioniert? Zur Selektivität von Sanktionen in der Grundsicherung des SGB II. In: Zeitschrift für Sozialreform 62,2 (2016). S. 141-179.

22: *Moog, Stefan / Raffelhüschen, Bernd* (2015): Ehrbarer Staat? Die Generationenbilanz. Berlin.
Lieb, Wolfgang (2015): Drittmittel korrumpieren die Idee der Universität. In: Mitteilungen der Deutschen Mathematiker-Vereinigung 23,2 (2015). S. 74-77.

23: *Werding, Martin* (2018): Demographischer Wandel, soziale Sicherung und öffentliche Finanzen. Langfristige Auswirkungen und aktuelle Herausforderungen. Gütersloh.
Vereinte Dienstleistungsgewerkschaft (2016): Die Gesetzliche Rente stärken! Gutes Leben im Alter ist möglich. Berlin.

24: *Kleinheyer, Marius* (2020): Die Rente ist unsicher! https://www.flossbach-vonstorch-researchinstitute.com/de/studien/die-rente-ist-unsicher/ (Abruf 25.11.2022).
Mackenroth, Gerhard (1952): Die Reform der Sozialpolitik durch einen deutschen Sozialplan. In: Schriften des Vereins für Socialpolitik NF. Band 4. Berlin.

25: *Beeger, Britta* (2016): Rentenpläne belasten die Jungen. https://www.faz.net/aktuell/wirtschaft/was-wird-aus-der-rente/plaene-fuer-rente-gehen-auf-kosten-der-jungen-generation-14200685.html (Abruf 19.04.2018).

26: *Bundeskartellamt* (o. J.): Gesundheitswirtschaft. https://www.bundeskartellamt.de/DE/Wirtschaftsbereiche/Gesundheitswirtschaft/Gesundheitswirtschaft_node.html (Abruf 27.11.2022).
Bremische Bürgerschaft (2022): Kommerzialisierung des Pflegesektors – Auswirkungen, Strukturen, Qualität. Drucksache 20/1548.
OECD (2021): Health at a Glance. Paris.

27: *Hehli, Simon* (2017): Der medizinische Fortschritt treibt die Kosten in die Höhe. https://www.nzz.ch/meinung/teures-gesundheitswesen-der-fortschritt-als-kostentreiber-ld.146715?reduced=true (Abruf 15.06.2020).

28: *Bettray, Nadine* (2021): Gesundheitswesen: Steigende Ausgaben bringen das System immer mehr in Schieflage. https://www.aktiv-online.de/news/

gesundheitswesen-steigende-ausgaben-bringen-das-system-immer-mehr-in-schieflage-16052 (Abruf 09.08.2022).
Eberhard, Sveja (2018): Verliert das Alter seinen Schrecken? In: Gesundheit und Gesellschaft 5 (2018). S. 23-27.
Gesundheitsberichterstattung des Bundes (o. J.): Gesundheitsausgaben in Deutschland in Mio. €, je Einwohner. Gliederungsmerkmale: Jahre, Ausgabenträger, Art der Einrichtung, Art der Leistung. https://www.gbe-bund.de/gbe/pkg_isgbe5.prc_menu_olap?p_uid=gastd&p_aid=23266261&p_sprache=D&p_help=2&p_indnr=863&p_indsp=&p_ityp=H&p_fid= (Abruf 12.01.2023).
Gesundheitsberichterstattung des Bundes (o. J.): Gesundheitsausgaben in Deutschland als Anteil am BIP und in Mio. € (absolut und je Einwohner). Gliederungsmerkmale: Jahre. https://www.gbe-bund.de/gbe/pkg_isgbe5.prc_menu_olap?p_uid=gastd&p_aid=11181997&p_sprache=D&p_help=0&p_indnr=522&p_indsp=&p_ityp=H&p_fid= (Abruf 12.01.2023).
Hontschik, Bernd (2018): Das Märchen von den teuren Alten. https://taz.de/Privatisierung-des-Gesundheitswesens/!5544982/ (Abruf 12.01.2023).

29: *Junge Liberale Hamburg* (2020): Bauen und Wohnen. Wohnungspolitik für Hamburg. https://julis-hh.de/buergerschaftswahl/wohnen/ (Abruf 02.12.2020).

30: *Grabitz, Ileana* (2019): Ein Geschenk für die Besserverdiener. Mietendeckel in Berlin. https://www.zeit.de/wirtschaft/2019-08/mietendeckel-berlin-katrin-lompscher-wohnungsmarkt-immobilien (Abruf 27.09.2019).

31: *Wissenschaftlicher Beirat beim Bundesministerium für Wirtschaft und Energie* (2018): Soziale Wohnungspolitik. Gutachten. https://www.bmwk.de/Redaktion/DE/Publikationen/Ministerium/Veroeffentlichung-Wissenschaftlicher-Beirat/gutachten-wissenschaftlicher-beirat-soziale-wohnungspolitik.pdf?__blob=publicationFile&v=11 (Abruf 05.10.2022).

32: *Straubhaar, Thomas* (2013): Die deutsche Klassengesellschaft ist ein Phantom. In: Die Welt vom 21.02.2013.
Fülberth, Georg (2020): Das Kapital kompakt. 6. Auflage. Köln.

33: *Brink, Nina* (2015): 15 Prozent Arme? – »Reiner Unfug!«. Interview mit Walter Krämer. https://www.deutschlandfunkkultur.de/armut-in-deutschland-15-prozent-arme-reiner-unfug-100.html (Abruf 26.07.2022).
Der Paritätische Gesamtverband (2022): Zwischen Pandemie und Inflation. Paritätischer Armutsbericht 2022. Berlin.

34: *Wößmann, Ludger* (2018): Für gerechte Bildung. https://www.sueddeutsche.de/wirtschaft/forum-fuer-gerechte-bildung-1.4245251 (Abruf 23.11.2021).
Atkinson, Anthony (2016): Ungleichheit. Was wir dagegen tun können. Stuttgart.
OECD (2022): Education at a glance 2022. Paris.

35: *Mankiw, N. Gregory / Taylor, Mark P.* (2016): Grundzüge der Volkswirtschaftslehre. 6. Auflage. Stuttgart.
Dabla-Norris, Era / Kochhar, Kalpana et al. (2015): Causes and Consequences of Income Inequality. A Global Perspective. o. O.
Wilkinson, Richard / Pickett, Kate (2010): Gleichheit ist Glück. Warum gerechte Gesellschaften für alle besser sind. Frankfurt am Main.

36: *Müller, Hildegard* (2005): Soziale Sicherung: Aufgaben des Staates und Aufgaben des Bürgers. In: Borchard, Michael / Margedant, Udo (Hg.): Sozialer Bundesstaat. Sankt Augustin. S. 39-62.

37: *Nef, Robert* (1998): Neidgesellschaft und Umverteilungsstaat im Vormarsch. In: Schweizer Monatshefte 78,10 (1998). S. 17-22.
Frank, Robert (2005): Positional externalities cause large and preventable welfare losses. https://www.aeaweb.org/assa/2005/0108_1015_0601.pdf (Abruf 18.09.2014).
Levine, Adam Seth / Frank, Robert / Dijk, Oege (2010): Expenditure Cascades. http://ssrn.com/abstract=1690612 (Abruf 18.09.2014).

38: *Eichhorst, Werner / Buhlmann, Florian* (2015): Die Zukunft der Arbeit und der Wandel der Arbeitswelt. In: IZA Standpunkte 77 (2015).
Thränhardt, Dietrich (2013): Innereuropäische Migration zwischen guter Arbeit und Marginalisierung. In: Tölle, Hartmut / Schreiner, Patrick (Hg.): Migration und Arbeit in Europa. Köln. S. 16-31.

39: *Schröder, Kristina* (2017): Von Lohnlücken und freien Entscheidungen. Der Beweis für Diskriminierung beim Gender Pay Gap ist nicht erbracht. https://www.kristinaschroeder.de/aktuelles/archiv/von-lohnluecken-und-freien-ent/ (Abruf 08.09.2022).
Eurostat (2020): Gender pay gap in unadjusted form. https://ec.europa.eu/eurostat/databrowser/view/sdg_05_20/default/table?lang=en (Abruf 22.04.2023).
Murphy, Emely / Oesch, Daniel (2016): The Feminization of Occupations and Change in Wages: A Panel Analysis of Britain, Germany, and Switzerland. In: Social Forces 94,3 (2016). S. 1221–1255.

40: *Schink, Nena* (2017): »Gehalts-Exzesse sind Fehler des Aufsichtsrats«. https://www.wiwo.de/erfolg/management/dieter-vogel-gehalts-exzesse-sind-fehler-des-aufsichtsrats/19414224.html (Abruf 15.11.2021).
Piketty, Thomas (2014): Das Kapital im 21. Jahrhundert. München.
Weckes, Marion (2018): Manager to Worker Pay Ratio 2017. Das Verhältnis der Vorstandsvergütung zur Mitarbeitervergütung im DAX 30. In: Mitbestimmungsreport 44 (2018).
Hartmann, Michael (2016): Die globale Wirtschaftselite. Eine Legende. Frankfurt am Main u.a.

41: *Anonym* (1982): Economist Arthur B. Laffer, who helped inspire President Reagan's economic policies, says Reaganonmics shares the attitude of President John F. Kennedy toward tax cuts. https://www.upi.com/Archives/1982/03/30/Economist-Arthur-B-Laffer-who-helped-inspire-President-Reagans/3290386312400/ (Abruf 23.12.2022).
Cingano, Federico (2014): Trends in income inequality and its impact on economic growth. In: OECD Working Paper 16 (2014).
Lazere, Donald (o. J.): A Rising Tide Lifts All Boats: Has the Right Been Misusing JFK's Quote? http://hnn.us/articles/73227.html (Abruf 04.12.2022).
Ostry, Jonathan / Berg, Andrew / Tsangarides, Charalambos (2014): Redistribution, inequality, and growth. In: IMF Staff Discussion Note 2 (2014).

42: *Splitthoff, Lukas* (2015): Diskussionsabend um TTIP – Globalisierung gestalten. https://www.wn.de/Muensterland/Kreis-Coesfeld/Havixbeck/2015/03/1911822-Diskussionsabend-um-TTIP-Globalisierung-gestalten (Abruf 27.01.2017).

43: *Bank für Internationalen Zahlungsausgleich* (2017): 87. Jahresbericht. https://www.bis.org/publ/arpdf/ar2017_ec_de.pdf (Abruf 05.08.2022).
Heritage Foundation (2022): Index of Economic Freedom. https://www.heritage.org/index/ranking (Abruf 23.12.2022).
Zamora Vargas, Daniel (2021): Wie China dem sowjetischen Schicksal entging. Interview mit Isabella Weber. https://jacobin.de/artikel/wie-china-dem-sowjetischen-schicksal-entging-isabella-weber-schocktherapie-preisliberalisierung-hyperinflation-preispolitik-sowjetunion-russland-maoismus-marktsozialismus/ (Abruf 20.12.2022).

44: *Christlich-Demokratische Union Deutschlands* (2014): Transatlantisches Freihandelsabkommen. Der größte Markt der Welt mit Chancen für Arbeit, Beschäftigung und Wachstum in Deutschland und Europa. https://www.cdu.de/system/tdf/media/dokumente/140508-transatlantisches-freihandelsabkommen.pdf?file=1 (Abruf 26.08.2015).

Kurz, Heinz (2008): Klassiker des ökonomischen Denkens. Band 1. München.
Chang, Ha-Joon (2003): Was der Freihandel mit einer umgestoßenen Leiter zu tun hat. In: Le monde diplomatique vom 13.06.2003.

45: *Deutsche Bundesregierung* (o. J.): Freier Handel – ein Gewinn für alle. https://www.bundesregierung.de/breg-de/themen/freihandel/freihandel-318088 (Abruf 30.09.2020).

46: *phoenix* (2017): Martin Schulz: Wirtschaftspolitische Rede bei der IHK Berlin am 08.05.17. https://www.youtube.com/watch?v=ZANrzcvdi1Q (Abruf 07.02.2018).

47: *Johnson, Harry* (1969): The Case For Flexible Exchange Rates, 1969. https://files.stlouisfed.org/files/htdocs/publications/review/69/06/Flexible_Jun1969.pdf (Abruf 01.01.2023).
Moggridge, Donald (2008): Harry Johnson. A life in economics. Cambridge et al.

48: *Eckert, Daniel* (2016): Die Deutschen verspielen ihren größten Trumpf. https://www.welt.de/wirtschaft/article156100596/Die-Deutschen-verspielen-ihren-groessten-Trumpf.html (Abruf 16.11.2022).

49: *Schirm, Stefan A.* (1999): Wie beeinflußt die Globalisierung der Weltwirtschaft die nationale Politik? In: Reiter, Erich/ Schöpfer, Gerald (Hg.): Wirtschaft und Sicherheitspolitik. Graz.

50: *Fleurot, Grégoire* (2014): Comment François Hollande s'est mis à dos les économistes de gauche. https://www.slate.fr/economie/82407/hollande-economistes-gauche-offre-say (Abruf 14.12.2022).

51: *Vates, Daniela* (2019): Warum sich Friedrich Merz von der CDU verlassen gefühlt hat. https://www.dnn.de/Nachrichten/Politik/Warum-sich-Friedrich-Merz-von-der-CDU-verlassen-gefuehlt-hat (Abruf 27.01.2019).
Kalecki, Michał (1987): Krise und Prosperität im Kapitalismus. Marburg.

52. *Herholz, Andreas* (2015): »Wir müssen wieder mehr über das Erwirtschaften reden«. Interview mit Rainer Dulger. https://www.gesamtmetall.de/aktuell/interviews/wir-muessen-wieder-mehr-ueber-das-erwirtschaften-reden (Abruf 13.04.2022).

53: *Schäfer, Holger* (2001): Arbeit auf Staatskosten: Ein Rezept gegen Arbeitslosigkeit? In: Thema Wirtschaft 69 (2001).

54: *Schneider-Sickert, Christian* (2018): »Heuschrecken« retten heute Unternehmen und finanzieren Start-ups. In: Die Welt vom 18.07.2018.
Büschemann, Karl-Heinz (2015): Die Rastplätze und die Heuschrecken. In: Süddeutsche Zeitung vom 17.08.2015.
Scheuplein, Christoph (2020): Wie entwickeln sich Unternehmen mit Private-Equity-Eigentümern in Deutschland? In: Study 447 (2020).

55: *Sigm, Thomas* (2004): Länder fordern: 24 Stunden einkaufen. https://www.tagesspiegel.de/wirtschaft/lander-fordern-24-stunden-einkaufen-1139659.html (Abruf 15.09.2022).

56: *Höltschi, René* (2019): Deutsche Klimaschützer misstrauen dem Markt. https://www.nzz.ch/wirtschaft/klimaschutz-in-deutschland-kein-vertrauen-in-den-markt-nzz-ld.1509284 (Abruf 12.04.2020).

57: *Deutsche Bundesregierung* (2012): Regierungserklärung von Bundeskanzlerin Dr. Angela Merkel zum G8-Gipfel am 18./19. Mai 2012 in Camp David und zum NATO-Gipfel am 20./21. Mai 2012 in Chicago vor dem Deutschen Bundestag am 10. Mai 2012 in Berlin. https://www.bundesregierung.de/breg-de/service/bulletin/regierungserklaerung-von-bundeskanzlerin-dr-angela-merkel-808652 (Abruf 17.10.2022).
Basu, Kaushik (2016): Structural reform is safe advice. https://twitter.com/kaushikcbasu/status/718265519586086913?lang=da (Abruf 29.12.2022).

58: *Institut der deutschen Wirtschaft* (o. J.): Bürokratie. https://www.iwkoeln.de/themen/unternehmen-und-maerkte/buerokratie.html (Abruf 14.11.2022).

59: *Anonym* (o. J.): Protektionismus. https://www.wirtschaftundschule.de/wirtschaftslexikon/p/protektionismus/ (Abruf 09.10.2022).

60: *Anonym* (2016): Deutsche Bank: Lindner würde Pleite zulassen. https://www.derwesten.de/politik/deutsche-bank-lindner-wuerde-pleite-zulassen-id12306922.html (Abruf 02.05.2017).

61: *Weber, Axel* (2010): Volkswirtschaftliche Perspektiven für die Kapitalmärkte. Rede bei der 180-Jahr-Feier der Börse München in München am 17. Dezember 2010. https://www.bundesbank.de/resource/blob/689042/d715b74f10d256761d7dd7279bcd8a46/mL/2010-12-17-weber-volkswirtschaftliche-perspektiven-kapitalmaerkte-download.pdf (Abruf 23.08.2022).

62: *Vereinigung der hessischen Unternehmerverbände* (2022): Erwartungen der hessischen Wirtschaft an die Politik nach der Landtagswahl in Hessen 2023. Frankfurt am Main.

63: *Gövercin, Eren* (2013): »Es wird böse enden«. Interview mit dem Ökonom Detlev Schlichter, der eine funktionierende Marktwirtschaft und eine freie Gesellschaft mit einem staatlichen Papiergeldsystem für unvereinbar hält. https://www.heise.de/tp/features/Es-wird-boese-enden-3398876.html?seite=all (Abruf 17.10.2022).

64: *Vereinigung der kommunalen Arbeitgeberverbände* (o. J.): Wir über uns. https://www.vka.de/schwerpunkte/tarifverhandlungen/positionen-der-vka (Abruf 30.07.2021).
Horn, Gustav / Gechert, Sebastian et al. (2014): Streitfall Fiskalpolitik. Eine empirische Auswertung zur Höhe des Multiplikators. In: IMK Report 92 (2014).

65: *Schuster, Jacques* (2012): Die Faulheit der Politik. https://www.welt.de/print/welt_kompakt/debatte/article110616010/Die-Faulheit-der-Politik.html (Abruf 27.12.2017).

66: *Potrafke, Niklas* (2019): Tragfähige deutsche Staatsfinanzen? Der Schein trügt. https://www.welt.de/debatte/kommentare/article191252527/Staatsfinanzen-Deutschland-leistet-sich-ein-zu-teures-Sozialssystem.html (Abruf 12.11.2022).

67: *Dams, Jan / Seibel, Karsten* (2019): Jetzt verliert selbst die FDP den Glauben an Steuersenkungen. https://www.welt.de/wirtschaft/article193196625/Steuersenkungen-Jetzt-verliert-selbst-die-FDP-den-Glauben-daran.html (Abruf 28.12.2019).

68: *Gersemann, Olaf* (2016): Steuerwettbewerb ist gut. https://www.welt.de/print/die_welt/debatte/article159665848/Steuerwettbewerb-ist-gut.html (Abruf 09.11.2022).
Egger, Peter / Nigai, Sergey / Strecker, Nora (2019): The Taxing Deed of Globalization. In: American Economic Review 109,2 (2019). S. 353–390.

69: *Bundesverband der Deutschen Industrie* (2020): Unternehmensteuern modernisieren. Berlin.
Driffield, Nigel / Görg, Holger et al. (2022): Multinational Enterprises and the Welfare State. In: Transnational Corporations 29,2 (2022). S. 1–24.

70: *Bundesverband der Deutschen Industrie* (2021): Steuersenkungen für Unternehmen haben positive Effekte auf Wirtschaftswachstum. https://bdi.eu/artikel/news/bdi-praesentiert-gutachten-steuersenkungen-fuer-unternehmen-haben-positive-effekte-auf-wirtschaftswachstum/ (Abruf 22.11.2021).

71: *Christmann, Clemens* (2022): Warum eine sogenannte Übergewinnsteuer überflüssig ist. https://www.insm-oekonomenblog.de/30939-warum-eine-so-genannte-uebergewinnsteuer-ueberfluessig-ist/ (Abruf 29.10.2022).

72: *Interfakultatives Institut für Entrepreneurship der Universität Karlsruhe (TH)* (2009): Verheerende Folgen von Wahlkampfgeschenken verhindern. Pressemeldung vom 29.06.2009.
Diefenbach, Ute (2005): Wir können den Menschen von der Arbeit befreien. Interview mit Götz Werner. In: Frankfurter Rundschau vom 23.09.2005.

73: *Birk, Karin / Range, Steffen* (2017): »Wir wollen möglichst viele Leistungsträger entlasten«. Finanzstaatsekretär Spahn über die Steuer- und Finanzpolitik der Union und was sie dem Handwerk bringt. https://www.deutsche-handwerks-zeitung.de/wir-wollen-moeglichst-viele-leistungstraeger-entlasten/150/3094/352423 (Abruf 17.12.2018).

74: *Paqué, Karl-Heinz* (2020): Die Reichen zahlen schon den Großteil der Steuern. https://www.welt.de/debatte/kommentare/article216702350/Ungleichheit-Die-Reichen-zahlen-schon-den-Grossteil-der-Steuern.html (Abruf 02.12.2022).
Bach, Stefan / Beznoska, Martin / Steine, Viktor (2016): Wer trägt die Steuerlast in Deutschland? Steuerbelastung nur schwach progressiv. In: DIW Wochenbericht 51/52 (2016). S. 1207-1215.

75: *Nussbaumer, Karl* (2015): Erbschaftsteuer gefährdet Arbeitsplätze. https://www.svp-zug.ch/artikel/erbschaftssteuer-gefaehrdet-arbeitsplaetze-1/ (Abruf 28.11.2022).

76: *Homburg, Stefan* (2019): Olaf Scholz rührt einen fatalen Mix für die Mittelschicht an. https://www.welt.de/wirtschaft/article199153399/Vermoegensteuer-Olaf-Scholz-ruehrt-einen-fatalen-Mix-fuer-die-Mittelschicht-an.html (Abruf 28.07.2020).
Sachweh, Patrick / Eicher, Debora (2018): Einstellungen zur Vermögensteuer in Deutschland. Eine Vignettenanalyse anhand aktueller Umfragedaten. In: WSI-Mitteilungen 5 (2018). S. 370-381.
Anonym (2009): Gefragter Politikberater. In: Börsen-Zeitung vom 26.11.2009.
Petter, Jan (2020): Mein Prof und die Corona-Verschwörung: Wie Studierende sich gegen Stefan Homburg wehren. https://www.spiegel.de/start/stefan-homburg-studierende-in-hannover-wehren-sich-gegen-corona-aeusserungen-a-1a536f1b-2182-45d8-ae96-55684c00f844 (Abruf 19.08.2023).

77: *Anonym* (2017): »Steuern sind schlecht«. Interview mit Arthur Laffer. https://www.capital.de/wirtschaft-politik/steuern-sind-schlecht (Abruf 05.09.2022).

78: *Schmale, Holger* (2010): Regierungen zeigen die Instrumente. https://www.fr.de/wirtschaft/regierungen-zeigen-instrumente-11667665.html (Abruf 26.07.2021).

79: *Simon, Hermann* (2010): Vom richtigen Umgang mit Schulden. https://www.manager-magazin.de/magazin/artikel/a-708041.html (Abruf 04.11.2022).
Herndon, Thomas/ Ash, Michael/ Pollin, Robert (2013): Does High Public Debt Consistently Stifle Economic Growth? A Critique of Reinhart and Rogoff. In: PERI Working Paper Series 322 (2013).
Reinhart, Carmen/ Rogoff, Kenneth (2010): Growth in a Time of Debt. In: American Economic Review Papers & Proceedings 100 (2010), S. 573–578.

80: *Bund der Steuerzahler Hessen* (2011): Welche Bedeutung hat die Schuldenbremse für die Belastung kommender Generationen? http://www.steuerzahler-hessen.de/Welche-Bedeutung-hat-die-Schuldenbremse-fuer-die-Belastungkommender-Generationen/34895c1513/index.html (Abruf 07.04.2017).

81: *Schäfers, Manfred* (2022): Der Schuldenschleier. https://www.faz.net/aktuell/wirtschaft/christian-lindners-bundeshaushalt-taeuschung-um-die-neuverschuldung-17882296.html (Abruf 11.04.2022).

82: *Greive, Martin / Hildebrand, Jan* (2020): Olaf Scholz: »Wir werden die Wirtschaft nicht hängen lassen«. In: Handelsblatt vom 17.03.2020.

83: *Müller, Henrik* (2010): Sprengsatz Inflation. Können wir dem Staat noch vertrauen? Frankfurt am Main.

84: *Frühauf, Markus* (2020): »Es bestehen erhebliche Gefahren«. Interview mit Hans-Werner Sinn. In: Frankfurter Allgemeine Zeitung vom 10.12.2020.

85: *Herz, Carsten / Jones, Kathrin / Schnell, Christian* (2020): Allianz-Chef Oliver Bäte. »Die Sparer werden betrogen«. In: Handelsblatt vom 23.12.2020.
Deutsche Bundesbank (o. J.): Habenzinsen Banken / Spareinlagen mit Mindest-/Grundverzinsung mit dreimonatiger Kündigungsfrist / Realverzinsung. https://www.bundesbank.de/dynamic/action/de/statistiken/zeitreihen-datenbanken/zeitreihen-datenbank/723452/723452?listId=www_szista_rzsuh&tsId=BBK01.SU0022R&dateSelect=2003 (Abruf 30.12.2022).

86: *Bundesverband der Deutschen Industrie* (2007): Daseinsvorsorge: Nutznießer Staat? Für einen fairen Wettbewerb zwischen Staat und Privatwirtschaft und mehr Investitionen, höhere Effizienz und Gebührenoptimierung. Berlin.
Fricke, Thomas (2023): Warum die Wirtschaft auf Dauer mehr Staat braucht. https://www.spiegel.de/wirtschaft/soziales/warum-die-wirtschaft-auf-dauer-mehr-staat-braucht-kolumne-a-c77fc7b3-8029-4470-9d15-36d2390a07b7 (Abruf 16.01.2023).

87: *Jürgen Donges* (2005): Industrie- und technologiepolitischer Aktivismus: ökonomisch fragwürdig. In: ifo Schnelldienst 22 (2005). S. 3-6.
Mazzucato, Mariana (2014): Das Kapital des Staates. Eine andere Geschichte von Innovation und Wachstum. München.
Fricke, Thomas (2023): Der Markt wird den Klimawandel nicht stoppen. https://www.spiegel.de/wirtschaft/soziales/mythos-technologieoffenheit-der-markt-wird-den-klimawandel-nicht-stoppen-kolumne-a-4d572c43-1ead-4588-9224-cf9db306415b> (Abruf 31.03.2023).

88: *Dams, Jan / Schuster, Jacques / Vetter, Philipp* (2021): Altmaier hält Lockdown auch bei Inzidenz von unter 50 für möglich. https://www.welt.de/wirtschaft/article225366649/Peter-Altmaier-haelt-Lockdown-auch-bei-Inzidenz-von-unter-50-fuer-moeglich.html (Abruf 08.11.2022).
Höhler, Gerd (2023): Athen treibt Privatisierungen voran. In: Handelsblatt vom 10.01.2023.

89: *Anonym* (2014): »Öffentlich-private Partnerschaften ähnlich sicher wie Staatsanleihen«. https://www.gdv.de/de/themen/news/-oeffentlich-private-partnerschaften-aehnlich-sicher-wie-staatsanleihen--19508 (Abruf 27.03.2017).
Eicker-Wolf, Kai / Schreiner, Patrick (2017): Mit Tempo in die Privatisierung. Autobahnen, Schulen, Rente – und was noch? Köln.

90: *Gesamtverband der Deutschen Versicherungswirtschaft* (2014): Zur Finanzierung der Verkehrsinfrastruktur. Positionspapier. Berlin.

91: *Šustr, Nicolas* (2019): Der Wettbewerb kann starten. Neue Züge und womöglich neue Betreiber – Koalition stellt Weichen für S-Bahn-Zukunft. https://www.nd-aktuell.de/artikel/1128317.der-wettbewerb-kann-starten.html (Abruf 18.11.2022).

92: *Hirte, Heribert* (2017): Rede zum Antrag von Bündnis 90/Die Grünen, »Kleidung fair produzieren – EU-Richtlinie für Transparenz- und Sorgfaltspflichten in der Textilproduktion schaffen«. In: Deutscher Bundestag: Plenarprotokoll 18/212 vom 19. Januar 2017.

93: *Joffe, Josef* (2012): Zur Kritik am Kapitalismus. Rede anlässlich der Verleihung des Ludwig-Erhard-Preises. https://www.ludwig-erhard.de/wp-content/uploads/Preisrede_Josef-Joffe_Ludwig-Erhard-Preis-f%C3%BCr-Wirtschaftspublizistik-2012.pdf (Abruf 26.07.2022).
Caldwell, Bruce / Montes, Leonidas (2015): Friedrich Hayek and his visits to Chile. In: The Review of Austrian Economics 28,3. S. 261-309.
Hayek, Friedrich August von (1981): Recht, Gesetzgebung und Freiheit. Die Verfassung einer Gesellschaft freier Menschen. Band 3. Landsberg.
Hayek, Friedrich August von (2005): Die Verfassung der Freiheit. 4. Auflage. Tübingen.
Knödler, Gernot (2022): Im Namen der Freundschaft. »Zeit«-Herausgeber Josef Joffe intervenierte im Cum-Ex-Steuerskandal zu Gunsten eines Bankiers – und bezeichnete Informanten als Verräter. https://taz.de/Zeit-Herausgeber-Josef-Joffe/!5854057/ (Abruf 13.01.2023).

94: *Siems, Dorothea* (2017): Lasst Experten an die Rente! https://www.welt.de/print/die_welt/debatte/article165555765/Lasst-Experten-an-die-Rente.html (Abruf 09.09.2022).

95: *Konrad-Adenauer-Stiftung* (o. J.): Die Freiheit des Marktes. https://www.adenauercampus.de/lernlabor/soziale-marktwirtschaft/lernmodul-freiheit-des-marktes (Abruf 19.04.2022).
Elsässer, Lea / Hense, Svenja / Schäfer, Armin (2016): Systematisch verzerrte Entscheidungen? Die Responsivität der deutschen Politik von 1998 bis 2015. Osnabrück.

96: *Zitelmann, Rainer* (2018): Der Kapitalismus ist nicht das Problem, sondern die Lösung. München.
Hayek, Friedrich August von (1986): Recht, Gesetzgebung und Freiheit. Regeln und Ordnung. Band 1. 2. Auflage. Landsberg.
Hayek, Friedrich August von (1996): Die verhängnisvolle Anmaßung. Die Irrtümer des Sozialismus. Tübingen.

97: *Göbel, Heike* (2006): Warum ist Egoismus gut? In: Frankfurter Allgemeine Sonntagszeitung vom 24.12.2006.
Smith, Adam (1999): Der Wohlstand der Nationen. 8. Auflage. München.

98: *Blome, Nikolaus* (2021): Der Agenda-Moment. https://www.spiegel.de/politik/deutschland/reform-stau-in-deutschland-der-agenda-moment-a-0a2186de-970b-4370-949c-908cb55b7ea1 (Abruf 27.07.2021).

99: *Christlich-Demokratische Union Deutschlands* (2018): Beschluss: Wirtschaft für den Menschen – Soziale Marktwirtschaft im 21. Jahrhundert.

https://www.cdu.de/system/tdf/media/images/780x439_artikel_slider/181208-beschluss-soziale-marktwirtschaft.pdf?file=1 (Abruf 04.11.2020).
Anonym (2016): 62 fleißigste Menschen genauso reich wie 3,7 Milliarden faulste Menschen zusammen. https://www.der-postillon.com/2016/01/62-fleiigste-menschen-genauso-reich-wie.html (Abruf 04.11.2020).
Hayek, Friedrich August von (1977): Der Atavismus sozialer Gerechtigkeit. In: Hayek, Friedrich August von: Drei Vorlesungen über Demokratie, Gerechtigkeit und Sozialismus. Tübingen. S. 23-38.

100: *Hoidn-Borchers, Andreas / Rosenkranz, Jan* (2014): »Die SPD muss moderner werden«. Interview mit SPD-Fraktionschef Thomas Oppermann. In: Stern vom 25.09.2014.
Schreiner, Patrick (2014): Von Leistung und Gegenleistung, oder: Oppermann und das unternehmerische Risiko. https://www.nachdenkseiten.de/?p=23393 (Abruf 30.12.2022).

101: *Kölbach, Ralf* (2018): »Neoliberalismus« – ein umkämpfter Begriff. https://ralfkoelbach.de/blog/die-geistige-machete/neoliberalismus-ein-umkaempfter-begriff/ (Abruf 15.07.2021).
Gauck, Joachim (2014): Rede auf der Festveranstaltung zum 60-jährigen Bestehen des Walter Eucken Instituts am 16. Januar 2014 in Freiburg. https://www.bundesregierung.de/breg-de/service/bulletin/rede-von-bundespraesident-dr-h-c-joachim-gauck-810476 (Abruf 13.01.2023).
Eucken, Walter (1990): Grundsätze der Wirtschaftspolitik. 6. Auflage. Tübingen.
Fuhrmann, Uwe (2021): Die Entstehung der »Sozialen Marktwirtschaft« 1948/49. Eine historische Dispositivanalyse. Konstanz.

***

Die Kapitel 02, 05-06, 09, 14, 22, 25-26, 30, 42, 44, 46, 51, 60, 65, 73, 75, 80 und 89-91 erschienen von 2015 bis 2019 zuerst als Kolumne »Märchen des Neoliberalismus« in *Lunapark21*. Die Kapitel 03-04, 07-08, 11-13, 17, 23, 27, 29, 34-35, 37-38, 40-41, 45, 52, 56, 61, 64, 67, 69-70, 74, 76, 78, 81, 83-84, 86-87, 95, 98-99 und 101 erschienen von 2020 bis 2023 zuerst ebenfalls als Kolumne »Märchen des Neoliberalismus« in der Wirtschaftszeitung *OXI*. Alle diese Texte wurden für diese Buchveröffentlichung überarbeitet und aktualisiert.

Zum Weiterlesen

Biebricher, Thomas (2022): Neoliberalismus – zur Einführung. Hamburg.

Bürger, Hans / Rothschild, Kurt W. (2009): Wie Wirtschaft die Welt bewegt. Die großen ökonomischen Modelle auf dem Prüfstand. Wien.

Chang, Ha-Joon (2012): 23 Lügen, die sie uns über den Kapitalismus erzählen. München.

Fülberth, Georg (2023): Kapitalismus. 5. Auflage. Köln.

Harvey, David (2007): Kleine Geschichte des Neoliberalismus. Zürich.

Heine, Michael / Herr, Hansjörg (2012): Volkswirtschaftslehre. Paradigmenorientierte Einführung in die Mikro- und Makroökonomie. 4. Auflage, Berlin.

Herrmann, Ulrike (2016): Kein Kapitalismus ist auch keine Lösung. Die Krise der heutigen Ökonomie oder Was wir von Smith, Marx und Keynes lernen können. Frankfurt am Main.

Klein, Naomi (2012): Die Schock-Strategie. Der Aufstieg des Katastrophen-Kapitalismus. München.

Krämer, Ralf (2015): Kapitalismus verstehen. Einführung in die Politische Ökonomie der Gegenwart. Hamburg.

Piketty, Thomas (2022): Eine kurze Geschichte der Gleichheit. München.

Slobodian, Quinn (2019): Globalisten. Das Ende der Imperien und die Geburt des Neoliberalismus. Berlin.

Themenregister

Die Ziffern verweisen auf die jeweiligen Kapitel (nicht auf die Seitenzahlen).